21世纪经济管理新形态教材·金融学系列

金融风险管理

胡德宝　周　玮 ◎ 编著

清华大学出版社

北　京

内 容 简 介

本书透视了中国银行业风险管理历程,结合巴塞尔资本协议的历史沿革,剖析了巴塞尔委员会监管理念的变化及其本质,并将 COSO 和 BASEL 两大管理体系融会贯通,把握现代商业银行的发展趋势,探讨了传统商业银行面对大数据、互联网等全新业态的困扰及回归本质后的风险管理思路,为全周期、全领域的金融监管方向提供了参考。

作为理论与实务紧密结合的教材,本书同时适用于金融风险管理领域的学界与业界。本书适合银行及非银行企业的风险管理领域的专业人士借鉴使用,也适合有志于从事风险管理研究和实务工作的硕士、博士研究生以及高年级本科生作为课程教材。

图书在版编目(CIP)数据

金融风险管理/胡德宝,周玮编著.—北京:清华大学出版社,2024.4
 21 世纪经济管理新形态教材.金融学系列
 ISBN 978-7-302-66106-1

Ⅰ.①金…　Ⅱ.①胡…②周…　Ⅲ.①金融风险－风险管理－高等学校－教材　Ⅳ.①F830.9

中国国家版本馆 CIP 数据核字(2024)第 081985 号

责任编辑:张　伟
封面设计:汉风唐韵
责任校对:王荣静
责任印制:刘　菲

出版发行:清华大学出版社
　　　网　　址:https://www.tup.com.cn,https://www.wqxuetang.com
　　　地　　址:北京清华大学学研大厦 A 座　　邮　　编:100084
　　　社 总 机:010-83470000　　　　　　　邮　　购:010-62786544
　　　投稿与读者服务:010-62776969,c-service@tup.tsinghua.edu.cn
　　　质量反馈:010-62772015,zhiliang@tup.tsinghua.edu.cn
印 装 者:三河市少明印务有限公司
经　　销:全国新华书店
开　　本:185mm×260mm　　印　张:11.25　　　　字　　数:235 千字
版　　次:2024 年 4 月第 1 版　　　　　　　　印　　次:2024 年 4 月第 1 次印刷
定　　价:45.00 元

产品编号:103000-01

前　言

　　本书为中国人民大学研究生精品教材建设项目成果，受到中国人民大学"中央高校建设世界一流大学（学科）和特色发展引导专项资金"支持。为深入学习贯彻习近平总书记对研究生教育工作的重要指示和全国研究生教育会议精神，落实《中国人民大学新时代研究生教育改革行动方案》，推进落实"课程培优行动"工作，进一步发挥研究生教材在课程教学中的重要作用，切实保障和不断提高研究生培养质量，学校决定设立中国人民大学研究生精品教材建设项目，本书有幸获得项目资助。本书作为课程教学的重要资源和研究生的学习资源，是研究生进行学术研究和实践操作的重要基础，能够提供广泛的学习材料，帮助研究生扩展知识面、强化知识内涵。而且，本书中蕴含的理论知识和实践案例，能够帮助学生发现解决问题的关键，对于提升研究生课程培养质量具有重要意义。

　　从国家治理的宏观层面到金融机构管理的微观层面，金融风险管理的重要性和必要性日益得到关注和重视。党的十八大以来，中央对防范金融风险高度重视，将防范化解系统性风险和区域性风险作为金融工作根本性任务。在2017年全国金融工作会议上，习近平总书记强调指出，防止发生系统性金融风险是金融工作的永恒主题。2022年12月15日，习近平总书记在中央经济工作会议上讲话时强调指出："有效防范化解重大经济金融风险"，"我们必须坚持标本兼治、远近结合，牢牢守住不发生系统性风险底线。"2023年10月30日至31日的中央金融工作会议上，习近平总书记再次指出："坚持把防控风险作为金融工作的永恒主题。"金融机构无时无刻不在面对各种风险，而动荡的国际地缘政治形势以及复杂多变的宏观经济环境等不确定性因素，加剧了金融风险，使传统的应对小概率的"黑天鹅"事件转变到管理好日常可见的"灰犀牛"风险。也就是说，金融市场存在着各种各样的风险，这些风险可能给金融机构带来巨大的损失，因此需要专业人士进行专门的管理。一个拥有优秀风险管理人才和系统的金融机构，能够更好地预测和抵御各种风险，降低资产损失和利润下降的风险，从而在市场竞争中取得优势。因此，金融风险管理水平是决定金融制度安排的重要标志，是金融机构竞争力的重要体现。金融风险管理专业的理论和实践能够为金融机构提供有效的理论基础与技术支持，帮助它们更好地应对风险并管理好风险，提升市场竞争力。金融风险管理专业对于金融市场的健康发展和金融机构的可持续发展具有重要意义，金融机构需要专业人才来进行风险管理，行业内的职业发展前景广阔，为相关专业的研究生提供了良好的职业发展机会。

　　中国人民大学国际学院金融风险管理学科作为国内第一个聚焦金融风险管理并将其纳入全日制专业学位研究生课程体系的专业，已经走过10年的历程。在中国人民大学学校和学院领导的关怀爱护下，在全体教职员工和业界专家的共同努力下，金融风险管理学科办学取得了优异的成果。经过前期的探索和积累，学科突出特色、大胆创新，将业界资源引入课堂体系中,相互融合,并已经建立了较为成熟和完善的学科培养体系,也在国内外学界和业界建立了良好的声誉。学生的培养质量也得到社会各界和用人单位的高度认可。截至 2023 年 6 月,本学科共招收 10 届硕士研究生和 4 届博士研究生,共培养了 8 届硕士毕业生,毕业生实现了 100% 的高水平就业。为了进一步完善学科的教学知识体系,培养与金融行业发展相适应的高素质人才,并结合本学科的教学知识体系和最近几年我国金融行业的发展变化,在学院领导的指导下,我们对学科专业内容特别是与本专业有关的基础知识以及与本学科关系密切的相关学科的知识点进行了适当调整和完善,形成了本书。

希望学生通过本书的系统学习,从专业实践的视角对中国银行业 20 余年风险管理进行回顾,并对中国银行业风险管理的历史、现状和未来的发展有一个全面的了解。同时,希望学生在对前期理论学习进行梳理的基础上,明确风险理论与业界实践的结合点,全面理解、掌握目前业界在风险管理领域亟待解决的现实问题及未来发展的方向,提高驾驭金融机构风险管理的能力。

本书共分为九章。整体上看,主要内容分为四个部分。

第一部分包括第一章、第二章和第三章,从风险专业视角看 1994 年中国开始实行市场经济以来银行业风险管理历程,并结合巴塞尔委员会与巴塞尔资本协议的历史发展沿革,剖析巴塞尔委员会监管理念的变化及其本质。

第二部分包括第四章、第五章,介绍 COSO(Committee of Sponsoring Organization,发起人委员会)及风险管理框架的历史沿革与其风险管理理念综述,现代商业银行风险管理理念与巴塞尔委员会监管理念差异及未来发展趋势,COSO 与 BASEL 两大风险管理体系风险理念差异的影响及其应对策略。

第三部分包括第六章、第七章、第八章,从信贷管理与信用风险管理的差异溯本清源式区分传统商业银行风险管理与现代商业银行风险管理的差异,在分析传统商业银行基本功能后,探讨传统商业银行面对大数据、互联网等全新业态的困扰及回归本质后的风险管理思路,并结合中国金融监管体系的发展脉络,分析金融市场监管及全周期、全领域的机构监管的内容,明确了未来我国的金融监管趋势和方向。

第四部分为第九章,聚焦中国的金融监管及当今商业银行金融风险管理领域的前沿问题,进行了深入剖析。

本书凝结了编著者多年的教学实践心得。多年来,胡德宝和周玮为金融风险管理专业硕士教授相关课程,在前期积累提炼的基础上,形成了目前的教材版本。本书在编写过程中得到了关雅鑫和黄宏楣的大力支持,她们对教材提出了十分宝贵的修改意见,在此对她们的工作表示衷心的感谢。

当然,由于时间仓促,加之编著者水平有限,难免有挂一漏万甚至不精准的问题,期待读者及专家对本书提出修改意见,并不吝赐教。

胡德宝、周玮

2023 年 9 月 19 日

目　录

第一章

从企业视角看巴塞尔委员会与巴塞尔资本协议

- **本章学习要点**
1. 了解巴塞尔委员会成立的背景和初衷；
2. 掌握巴Ⅰ在专业技术层面的意义和不足；
3. 掌握巴Ⅱ在专业技术层面的意义与不足；
4. 了解巴Ⅲ改革的意义；
5. 认清巴塞尔委员会的本质。

扩展阅读1.1 从汉代的《申鉴·杂言》看风险管理思想

第一节　巴塞尔资本协议发展的历史沿革

巴塞尔银行监管委员会(Basel Committee on Banking Supervision,BCBS,以下简称"巴塞尔委员会")是 20 世纪 70 年代在十国集团中央银行行长倡议下,1974 年成立于瑞士第三大城市巴塞尔的国际清算银行下的常设监督机构,最早是以国际银行业监管者多边论坛的形式出现,参加者全部是各个国家和地区的监管当局。论坛每两年举办一届,旨在促进各国(地区)银行监管当局的交流与合作。该委员会自成立以来就不断地制定一些银行业监管规定,虽然这些规定并不具法律约束力,但十国集团的监管部门都会在规定时间内在本国范围内组织实施。经过十国集团一段时间的实施检验,这些规定以其合理性、科学性和可操作性,得到国际银行业及其各监管当局的认可。许多不是十国集团国家的监管部门也开始自愿地在本国银行业内部借鉴并遵守巴塞尔委员会制定的各项协定和资本协议。

一、巴Ⅰ产生的背景与贡献及缺陷

对银行业稍有关注的人可能还记得,在 20 世纪最后 10 多年间,我们在一些地方不时会遇到这样的场景:银行的某个网点门前,竖立起巨大的气球彩门,四周到处是彩旗飘飘,挂起的大幅标语上书写着:"热烈庆祝某某银行存款超××××亿元。"在我国改革开放之初及一个较长时期内,无论是国家还是企业,资金不足、流动性短缺始终是一个不可回避的问题。那时的商业银行同样面临资金来源不足的巨大压力。当时,银行喊出的口号是:"存款立行。"商业银行作为经营货币的企业,在利率管制的环境下,面对整个社会资金短缺的现实,存款就是一切,只要有了存款就可以发放贷款,就有了占领市场份额、提高收益的"本钱"。但是,当时整个银行业都忽视了一个问题,即银行也是企业,银行的存款本质上就是负债,以负债发放贷款是资产的运用。然而,我们知道一个企业抵御风险损失的能力取决于它的资本实力。但是,这个最基本的经济学原理却似乎被整个行业忘却了,当时的银行业完全忽视了资产对资本的影响,并最终导致了21世纪初开始的国内银行业的全面性股份制改革。

中国银行业20世纪末的这种放款冲动并不是孤立的,早在20世纪七八十年代,国际银行业也同样存在这种放款的冲动。一两家银行出现这种情况尚不足以对整个银行体系造成重大影响,但是,这种情况如果在整个银行体系形成一种趋势,那就是灾难性的。为此,巴塞尔委员会于1988年公布了《关于统一国际银行的资本计算和资本标准的报告》。这就是后来被广泛提及的"巴塞尔资本协议",或称旧巴塞尔协议,简称巴Ⅰ。该协议的主要内容由四部分组成:第一,资本的分类;第二,风险权重的计算标准;第三,1992年资本与资产的标准比例和过渡期的实施安排;第四,各个国家和地区的监管当局自由决定的范围。该协议的核心思想在于前两项内容:第一,将商业银行的资产业务与资本挂起钩来,并对资本进行分类;第二,将商业银行的资产根据其质量的差异设置等级,并赋予不同的风险权重。

(一) 资产与资本挂钩

通过资本与资产的比值关系,将银行的资产与资本紧密关联。我们知道资本与资产的比是杠杆比率,协议通过此比率规范了商业银行的贷款发放。由于资产的类别、性质以及借款人的差异都会导致商业银行的资产质量的变化,为了科学地评估商业银行的资产质量,巴Ⅰ将银行资产负债表的表内、表外项目划分为0、20%、50%和100%四个不同的风险权重档次。通过风险权重调整后的资产称为风险资产,一个银行的全部风险资产等于银行内部经过风险权重调整后的资产总额,用式(1-1)表示。

$$风险资产 = \sum (资产额 \times 风险权重) \tag{1-1}$$

这时杠杆比率公式就改变为:总资本/风险资产;同时,巴Ⅰ还对杠杆比率进行了规范,要求它们的比率大于等于8%,并将这个比率称为资本充足率。

$$资本充足率 = \frac{总资本}{风险资产} \geqslant 8\% \tag{1-2}$$

在式(1-1)中最重要的是风险权重的设置,它代表了巴塞尔委员会对资产风险程度的主观判断,是委员会给予商业银行资产的一种风险缓释政策。

(二) 资本分类

巴Ⅰ将商业银行的资本划分为核心资本和附属资本两类,对各类资本按照各自不同的特点进行明确界定。风险权重划分的目的是为衡量资本设定标准。有了风险权重,巴Ⅰ所确定的资本对风险资产8%(其中核心资本对风险资产的比重不低于4%)的标准目标比率才具有现实意义和可操作性。

通过以上方法,巴Ⅰ协调了商业银行资产、负债与资本的关系,建立了资本充足率,即资本约束资产的风险管理理念和监管要求,从资本标准及资产风险两个方面对银行提出明确要求,建立了资本与风险两位一体的资本充足率监管机制。这说明巴塞尔委员会开始真正认识到资本是抵御风险、弥补风险损失的最后一道防线。因此,必须将资本与作为风险载体的资产有机联系在一起。而资产的风险程度又与资产的性质相关,所以,巴Ⅰ以不同的风险权重对不同风险的资产进行区分,形成规模相同的资产因风险不同而对应不同的资本量,换句话讲,同样的资本量可以保障不同规模的资产。

巴塞尔委员会的上述要求在国际银行业内树立了资本是抵御风险损失的最后一道防线的理念,资本的这一功能决定了其风险资本(capital at risk)的本质,即**企业用于防范风险损失的资本称为风险资本**。

1988 年公布、1992 年实施的巴Ⅰ对国际银行业产生了巨大的影响,受到了不少国家和地区监管部门的高度重视,各个国家和地区的监管部门纷纷表态将在本国范围内参照资本协议的要求实施监管。由于各个国家和地区的监管机构在本国是根据法律授权实施监管,因此,一旦监管机构宣布按照巴塞尔资本协议规定,要求商业银行执行资本充足率,其计算出的风险资本就被赋予了法律意义,这时的风险资本实质上已经成为监管资本。[①] 中国银行业监督管理委员会(以下简称"中国银监会")于 2004 年初正式颁布了《商业银行资本充足率管理办法》,标志着中国银行业开始全面接受巴塞尔委员会的监管理念和要求。

(三) 巴Ⅰ的不足与缺陷

虽然巴Ⅰ在稳定金融体系、管理商业银行风险方面作出了重要的贡献,但是自协议实施之日起就受到国际活跃银行(internationally active banks)的质疑。其主要的不足和缺陷表现在两个方面。

(1) 统一的风险权重敏感性不足。巴塞尔委员会对银行资产规定了统一的四个档次的风险权重,目的是区分银行不同的资产对资本的需求。但是,在全球范围内,面对不同的地区、不同的行业、不同的经济体、不同管理水平的银行均采用单一的评判标准,难免显得僵化和武断。因此人们质疑其敏感性不足,未能有针对性地对银行资产和客户进行科学、合理的划分。

(2) 主动实施巴塞尔资本协议的银行在市场竞争中反而处于不利的地位。根据协议的要求,银行按照资本充足率的规定计算出的资本,是用于弥补银行资产业务中可能出现的超出一般准备的风险损失。因此,这部分资本必须保持高度的安全性和流动性。这实际上就是要求商业银行必须将这部分资本以现金形式存放于最为保险的银行中,一般就是中央银行;而中央银行对于这类流动性极强的存款只能按照活期存款向商业银行支付存款利

---

① 由于监管者的法律地位,按照监管要求计算出的资本已经被赋予法律意义,因此,在有些国家和地区,又将监管资本称为法定资本。

息。商业银行这样做的结果,虽然保证了这部分资本的安全性和流动性,但是资本的盈利性要求显然是无法满足的。

我们知道资本是逐利的,资本的投资是要关注机会成本的。如果企业的利润无法满足资本的盈利要求,自然不会受到资本的青睐。而商业银行将资本存放于中央银行所得到的利息,与资本要求的收益率之间必然有很大的差异,为了满足资本收益率的要求,商业银行就需要通过资产业务的定价将这部分差额收取回来。也就是说,商业银行在产品的定价中,需要将资本的成本纳入产品的价格组成。商业银行只有这样做才能在保证资本的安全性和流动性的同时,满足资本的盈利性要求。

但是,商业银行这样做又无疑给自己上了一套无形的枷锁,因为巴塞尔委员会并不具有法律地位,其所制定的任何制度都不具有法律的强制性。在 20 世纪 90 年代,除了国际活跃银行以外,全球其他地区和国家的商业银行并没有接受巴塞尔资本协议的相关内容,即除了国际活跃银行以外,国际上其他商业银行并没有执行巴塞尔资本协议资本充足率的责任和义务。因此,这些未执行的银行在国际市场上营销自己的产品时,其产品的价格可以不包含资本的成本,这就使得在相同情况下,这些商业银行的产品价格始终低于国际活跃银行,形成了其他商业银行对国际活跃银行的竞争优势。

二、巴 I 的发展:巴塞尔新资本协议

针对巴 I 的上述不足与缺陷,国际活跃银行开始寻找解决风险权重敏感性不足的替代方法。巴塞尔委员会首先注意到西方国际活跃银行自 20 世纪 70 年代起,针对市场风险引入计量经济学理论进行风险损失的测量实践,这些银行在实施巴 I 后已经开始在信用风险领域探索这一方法的可行性,并持续进行吸收更新。最终,巴塞尔委员会在历经 5 年的征求意见和数次大规模的测试之后,于 2004 年 6 月正式发布了《巴塞尔新资本协议——统一资本计量和资本标准的国际协议:修订框架》,俗称巴塞尔新资本协议,简称巴 II。事实上,从巴 I 到巴 II 的演变过程中,风险损失的测量方法与布雷顿森林体系(Bretton Woods System)有着千丝万缕的联系。

(一)借鉴先进银行市场风险测量方法

熟悉国际金融的人都知道,布雷顿森林体系是一个第二次世界大战后由美国主导的国际金融货币体系。美国为了从第二次世界大战的胜利成果中获取最大的利益,于 1944 年 7 月在美国新罕布什尔州一个叫布雷顿森林的小镇召开了联合国国际货币金融会议,以确定第二次世界大战后的全球金融货币体系。在此次会议上,确立了以美元和黄金为基础的金汇兑本位制,其实质是建立一种以美元为中心的国际货币体系,基本内容包括美元与黄金挂钩、国际货币基金组织(IMF)会员国的货币与美元保持固定的汇率。与布雷顿森林体系一起建立的还有国际货币基金组织和世界银行两大国际金融机构。前者负责向成员国提

供短期资金融资,目的是保障国际货币体系的稳定;后者提供中长期信贷来促进成员国经济复苏。

布雷顿森林体系的主要内容有六点,其中关键的是以下四点:第一,美元与黄金挂钩。各国确认 1944 年 1 月,美国规定的 35 美元一盎司的黄金官价,每一美元的含金量为 0.888 671 克黄金。各国政府或中央银行可按官价用美元向美国兑换黄金。第二,其他国家货币与美元挂钩。其他国家政府规定各自货币的含金量,通过含金量的比例确定和美元的汇率。第三,实行可调整的固定汇率制。各国货币对美元的汇率,只能在法定汇率上下各 1% 的幅度内波动。若市场汇率超过法定汇率 1% 的波动幅度,各国政府有义务在外汇市场上进行干预,以维持汇率的稳定。第四,确定国际储备资产。规定美元与黄金处于等同的地位,使美元成为各国外汇储备中最主要的国际储备货币。

布雷顿森林体系的建立,促进了第二次世界大战后资本主义世界经济的恢复和发展。然而,该体系的运转与美元的信誉和地位密切相关。1949 年,美国的黄金储备为 246 亿美元,占当时整个资本主义世界黄金储备总额的 73.4%。20 世纪 50 年代,美国的进出口贸易除个别年度略有顺差外,其余各年度都是逆差;进入 20 世纪 60—70 年代,美国深陷越南战争的泥潭,财政赤字巨大,国际收入情况恶化,美元的信誉受到冲击,爆发了多次美元危机。各国纷纷抛售美元、抢购黄金,使美国黄金储备急剧减少。1968 年 3 月的半个月中,美国黄金储备流出了 14 多亿美元,3 月 14 日一天,伦敦黄金市场的成交量达到了破纪录的 400 吨。美国失去了维持黄金官价的能力,被迫宣布不再按每盎司 35 美元官价向市场供应黄金,市场金价开始自由浮动。由于美元危机和美国经济危机的频繁爆发,以及制度本身的矛盾,布雷顿森林体系于 20 世纪 70 年代初宣告破产。其具体标志是:首先,美元停止兑换黄金。1971 年 7 月第七次美元危机爆发,尼克松政府于 8 月 15 日宣布实行"新经济政策",停止履行外国政府或中央银行可用美元向美国兑换黄金的义务;同年 12 月,美联储拒绝向外国中央银行出售黄金。至此,美元与黄金挂钩的体制名存实亡。其次,取消固定汇率制度。1973 年 3 月,西欧出现抛售美元、抢购黄金和马克的风潮。1973 年 3 月 16 日,欧洲一些主要的西方货币开始实行对美元的浮动汇率。至此,第二次世界大战后开始执行的固定汇率制度彻底垮台。美元停止兑换黄金和固定汇率制的垮台标志着第二次世界大战后以美元为中心的货币体系瓦解。

随着以美元为中心的固定汇率制的瓦解,国际市场上的资金随着各国利率的变化而流动,进而加大了国际金融市场上汇率和利率的风险。为此,国际货币基金组织于 1972 年 7 月成立了委员会,专门研究国际货币制度的改革问题。该委员会于 1974 年 6 月提出一份《国际货币体系改革纲要》,对黄金、汇率、储备资产、国际收支调节等问题提出了一些原则性的建议,为以后的货币改革奠定了基础。1976 年 1 月,国际货币基金组织理事会"国际货币制度临时委员会"在牙买加首都金斯敦举行会议,讨论国际货币基金组织协定的条款,签订了"牙买加协议";同年 4 月,国际货币基金组织理事会通过了《国际货币基金组织协定第二修正案》,从而形成了新的国际货币体系。

以浮动汇率为标志的牙买加体系建立后，国际金融业开始关注汇率和利率变化对商业银行资产的影响。20世纪70年代至80年代，一些国际活跃银行利用计量经济学的原理，提出了基于银行内部VaR(value-at-risk,风险价值)模型的内部模型计量方法，对商业银行账户内的资金头寸在未来一段时间内可能因市场上汇率或利率的波动而出现的损失进行测量。其基本原理就是测算银行账户内的头寸在未来一段时间内发生损失的概率和损失的比率，然后将损失发生概率、损失比率和账户内头寸的价值相乘得到未来一段时间可能发生的损失额，详见式(1-3)。

$$预期损失 = 账户内资金头寸的价值 \times 发生损失的概率 \times 损失比率 \qquad (1\text{-}3)$$

这一方法在20世纪90年代初基本成熟，为商业银行管理市场风险提供了一个极具价值的工具。计量经济学在商业银行市场风险管理中的成功运用，为商业银行解决巴塞尔资本协议资本充足率规定中风险权重敏感性不足的问题提供了一个思路。

自20世纪90年代中期起，国际上一些先进银行开始尝试利用上面的方法测量信用风险。根据信用风险是指因交易对手的违约行为而导致其资产与预期收益的不确定性的这一定义，各商业银行开始探讨客户的违约概率和商业银行产品的损失比率。这一方法在21世纪初已经基本成型，国际上的一些先进银行可以通过客户违约概率对客户的资信进行信用风险评级。

(二) 巴Ⅱ的积极意义

20世纪90年代以来，在国际金融市场自由化进程加快、国际银行业快速扩张以及新技术广泛应用的背景下，国际金融市场间的联系更加紧密。随着衍生金融品种及其交易规模的迅猛增长，银行业越来越深地介入衍生品种的交易，一些银行以资产证券化和控股公司的形式来逃避资本监管，并将信用风险转化为市场风险或操作风险，银行与金融市场间的相互影响也越发显著。1995年巴林银行、大和银行的倒闭以及1997年东南亚爆发的金融危机，让人们意识到，金融业存在的不仅仅是信用风险或市场风险等单一风险，而且信用风险、市场风险和操作风险等众多风险互相交织、共同作用。

所有这些问题引发巴塞尔委员会对全球金融体系风险的全面而深入的思考。1997年9月巴塞尔委员会推出的《有效银行监管的核心原则》，表明该委员会已经确立了全面风险管理的理念。该文件共提出了涉及银行监管7个方面的25条核心监管原则，是一个具有实质性意义的监管框架，为下一步全面深化对银行业的监管预留了广阔的空间。与此同时，从20世纪90年代中期开始，国际活跃银行等先进银行借鉴市场风险管理技术，研究开发了信用风险计量模型[后被巴Ⅱ称为"内部评级法"(internal ratings-based approach,IRB法)]，其主要目的就是解决巴Ⅰ资本充足率要求中风险权重敏感性不足的问题。巴塞尔委员会从这些银行的实践中意识到这一方法的优势，开始考虑修改完善巴Ⅰ的问题。巴塞尔委员会修改资本协议的工作是从1998年开始的。1999年6月，巴塞尔委员会提出了以三大支柱——最低资本要求、监督检查和市场约束为主要特点的新资本监管框架草案第一稿(图1-1)，并广泛征求有关方面的意见。

稳健安全的金融体系
(Safe & Sound Financial System)

支柱1

最低资本要求
(Minimum Capital Requirement)

支柱2

监督检查
(Supervisory Review Process)

支柱3

市场约束
(Market Discipline)

巴塞尔新资本协议

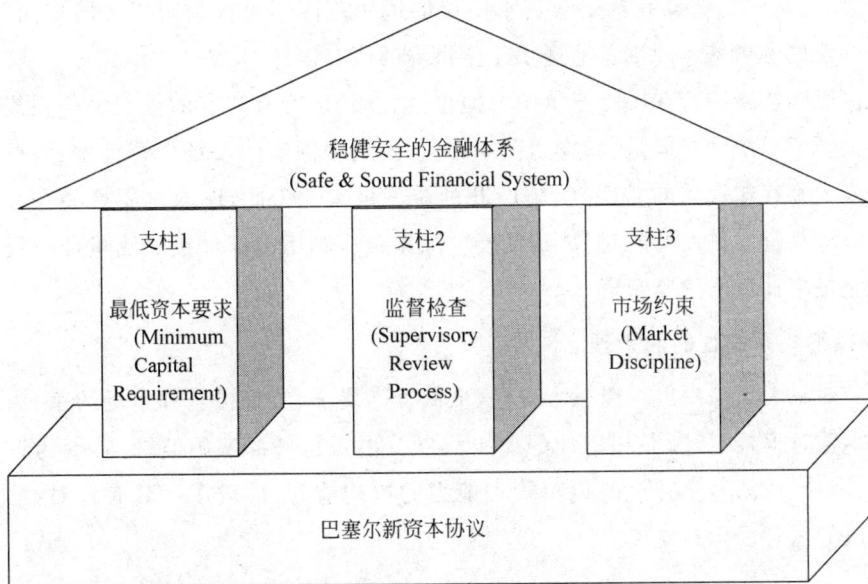

图 1-1　新资本监管框架草案第一稿

相较 1988 年资本协议,新资本协议的内容更广、更复杂。这是因为新资本协议力求将资本充足率与银行面临的主要风险紧密地结合在一起,反映银行风险管理、监管实践的最新变化,并尽量为发展水平不同的银行和银行监管体系提供多项选择。新资本协议经历了 5 年的征求意见和数次的大规模测试,最终于 2004 年 6 月由巴塞尔委员会发布,对商业银行的风险管理及监管产生了积极影响,主要表现为以下四个方面。

1．以科学的方法量化风险

巴Ⅱ在完善资本充足率管理办法(巴Ⅰ)的同时,鼓励商业银行探索利用银行内部数据建立"客户评级模型"和"债项评级模型",对客户违约概率和产品损失比率进行测量,通过内部评级分析判断银行在行业、地区、客户、产品四个维度上的预期损失,进而得到银行在组合层面上抵御全部风险损失所需要的风险资本。这种商业银行通过内部评级法测量得到的风险资本称为经济资本。

2．对风险来源进行精细化管理

以内部评级法测量风险解决了巴Ⅰ规定的资本充足率方法中风险权重缺乏敏感性的问题,对客户资信的分析判断更加客观。由于内部评级法是由概率和影响两个维度进行测量,针对的又是客户和产品等风险源头,其测量的过程就是银行风险管理的过程,真正践行了巴塞尔委员会提出的风险管理就是一个非线性过程的理念。

3．促进商业银行提升风险管理能力

将内部评级法用于资本监管是巴Ⅱ的核心内容。该方法继承了 1996 年市场风险补充协议的创新之处,鼓励商业银行使用自己内部的测量数据确定资本要求。与巴Ⅰ不同的

是,从一开始巴塞尔委员会就希望新资本协议的适用范围不再仅局限于十国集团国家,提出新资本协议的各项基本原则普遍适用于全世界的所有银行。

为确保国际活跃银行在国际竞争中的地位,巴Ⅱ建议所有国家的银行力争在规定时间内全面实施新资本协议。但是,和发达国家相比,发展中国家的市场发育程度、银行管理水平和监管能力都存在较大的差距,实施巴Ⅱ的难度极大。为此,巴塞尔委员会在大幅提升风险权重对计算资本作用的同时,鼓励发展中国家银行利用内部评级法测量经济资本以替代用资本充足率计算出的监管资本。

4.开始形成系统性的监管理念

巴Ⅱ针对三大风险提出了以三大支柱(最低资本要求、监督检查和市场约束)为主要特点的新资本监管框架,从巴Ⅰ利用外部评级法以及由银行外部实施监管,转变为针对银行内部数据、客户、产品等全方位的风险管理能力的机构监管,形成了一套有针对性、系统性的微观审慎的监管理念和要求。

(三)巴Ⅱ的缺陷与不足

1.巴塞尔新资本协议风险监管框架的顺周期性

利用银行内部数据对客户进行资信评级的最大弊端就是顺周期性(pro-cyclicality),当经济处于上升周期,外部市场环境好、市场上流动性充裕的时候,客户发生违约的情况就少;而当经济处于下行周期,外部市场环境差、市场上流动性不足时,客户发生违约的情况就会增加。内部评级法不仅无法克服这种问题,反而会加剧顺周期性,尤其是在经济下行通道内,客户的评级下降直接加剧了整个经济环境的恶化。

2.缺乏对非正态分布等复杂风险的有效测量和监管

巴Ⅱ受到20世纪末商业银行风险管理技术的制约,更多的是在关注符合一般性风险定律,即"经常发生的风险损失不会很大,而不经常发生的风险损失会很大"的市场风险、信用风险和操作风险等,而对于流动性风险这种不符合上述定律的风险关注不够,缺乏对这类风险的管理方法和要求。

3.操作风险测量困难

巴Ⅱ在第一支柱下对操作风险提出了三种资本计算方法:基本指标法、标准法和内部模型法。前两种方法是以商业银行总收入或银行内部业务条线收入乘以委员会设定权重的积为标准计提风险资本,与操作风险本身并没有直接关系。它们只是参考了微观经济学关于企业收益的波动性就是风险的理论,在此基础上提出的防范操作风险所需资本的计算规定。最后一种方法是内部模型法,通过收集内部损失数据,根据损失发生频(概)率和损失比率的乘积,测算由于操作风险导致损失的最终结果。模型测量准确的关键在于损失数据的收集必须完整、准确,而此方法的难点在于数据收集困难,中国银行业多年来的实践证明,此方法在中国是无效的。同时,该方法得出的结论是操作风险管理的最终结果,对操作风险管理的整个过程没有任何指导意义,这与该委员会"风险管理是一个非线性过程"的理念相悖。

4. 风险计量模型的局限性

巴Ⅱ过度依赖数据模型,而在模型的建设过程中,经济环境的变化,以及银行对外部变化的理解差异导致模型的自变量越来越多,因子之间相关性增强,模型愈加复杂。与此同时,商业银行却忽视了银行与客户之间定性信息的作用以及银行内部专家对风险的理性判断;当模型结论出现失真或甄别好坏客户的能力下降时,反而对银行的管理形成了桎梏。

5. 缺乏完整、标准的支持性数据

运用计量经济学原理,通过建立数学模型对经济活动进行预测的关键是,有若干个经济周期完整的数据给予支撑。然而,自巴Ⅱ发布至巴Ⅲ(第三版的《巴塞尔协议》)出台,国际经济尚未经历一个完整的周期,在如此短暂的时间内,经济上升周期和衰退周期的数据均不完整,其模型的准确性必然遭到质疑。况且,各国银行在数据清理、违约定义等关键指标上的标准都不一致,如何对不同经济体、不同管理水平的银行作出公平、公正的判断是一个广受争议的问题。

6. 对新兴市场国家和中小银行的不公平性

由于内部评级法在测量中对技术要求甚高,对于相当一部分的发展中国家的商业银行,特别是一些中小银行而言,在实施巴Ⅱ的过程中,不仅所需的预算投入巨大、人力资源投入多,而且实施期限长、管理成本高,加之这些银行在数据基础和管理水平上的差异,都增大了其在日后的市场竞争中处于弱势的概率。这些问题导致巴Ⅱ在这些国家严重水土不服,削弱了它们主动实施的积极性。

三、巴Ⅲ监管理念的回归

巴Ⅱ还未具体实施,2007年美国"次贷危机"便全面爆发,全球性金融危机接踵而来,欧洲各国的主权债务危机浮出水面。当我们分析这场危机发生的根源时,可以肯定的是,危机的爆发充分暴露了银行业管理中的重大缺陷,特别是银行业在其中所扮演的角色再次引起公众的关注,也引起巴塞尔委员会对银行体系整体监管问题的思考。

(一) 金融危机对巴Ⅱ的冲击和挑战

美国金融危机的爆发,形成了对巴Ⅱ监管体系和相关监管理念的冲击和挑战,主要表现在以下几个方面。

1. 过度资产证券化暴露微观审慎监管理念的缺失

美国金融危机是由美国金融业发放的"次级贷款"引发的。21世纪初随着互联网泡沫

的破灭,为了支撑全美经济发展,美国金融业希望通过扩大对房地产业的投资刺激美国经济的发展。在这个过程中,如何将市场上已经建成的商品房销售出去成为一个关键问题。一些房地产金融企业发明了一种称为"次级贷款"的产品,说白了就是向一些有购房需求却没有支付能力的不符合贷款条件的个人提供一种融资安排。这些人本来是没有还款能力的,不符合商业银行正常情况下发放授信的条件,但是在经济上升周期内,房价一直在上涨,这些借款人在取得借款购入房屋后,房屋的价值仍在上升,借款人不需要以现金支付利息,完全可以通过房价上涨的部分获得新的借款来支付原有借款的利息。

这种虚假繁荣背后所隐藏的危机在经济上升周期是体现不出来的,但是一旦经济进入下行通道,这类授信产品的风险损失将会集中爆发。美国金融企业是完全清楚这一点的,然而,这些华尔街的金融大鳄并没有因此收手。它们利用金融工具创造出一个又一个的所谓"创新产品",在金融市场上瞒天过海。它们将可能出现问题的信贷资产与其他资产混在一起,做成一个新的资产包销售给第三方;或是将这些信贷资产打包后放到资本市场销售,使其资产证券化。买入这些资产的金融企业并不准备真正持有这些资产,而是将这些资产与其他资产再次混合,做成新的资产包拿到市场上去销售。就这样反复经过多个轮回,到最终持有人手中时,已经没有人说得清楚手中的资产是什么了。此时哪怕只有极少数借款人违约,就会引起连锁反应,导致这一链条中所有产品的债务人均无法正常还款。2007年美国的"次贷危机"就是这么引发的,这也是引发2008年美国金融危机的重要原因之一。

此问题绝非个别客户违约,或个别金融企业出了问题,而是整个金融体系的问题。监管者只注意到一两个银行的管理问题,只关注微观层面的细节问题,而忽视了会在宏观层面爆发的系统性风险。这一案例充分说明以巴Ⅱ为代表的微观审慎的监管理念与国际经济环境中的风险现实间的差距。

2. 金融一体化趋势挑战机构监管模式

现代经济社会中,资金是血液,金融是核心。金融行业不仅是社会经济中的重要产业,更是涉及多种业务领域且十分复杂的行业,不仅包括商业银行、投资银行、融资租赁,还包括基金、期货、信托、保险、证券等类型。金融行业的兴衰与发展直接关系到一个国家、一个地区经济发展的未来。20世纪90年代后,国际金融业自由化与国际银行业快速扩张,加上新技术的广泛运用,使得国际金融环境越发复杂,国际金融市场、金融行业内不同业务领域的业务联系越加紧密,相互交叉混业经营,风险在不同业务领域之间相互转移已成为常态。不同领域的金融企业走向融合,金融集团整合各类业务逐步向金融一体化发展的趋势已渐成浪潮。

显然,以巴塞尔委员会为代表的国际监管组织采用的"五龙治水""铁路警察各管一段"的分业监管模式已经无法适应这种变化。

3. 对三大风险以外的风险缺乏管理手段

巴塞尔委员会信奉"风险管理的前提是测量,没有测量就没有风险管理"的理念。但是,风险测量对数据的要求使大多数风险不具备测量的条件。巴Ⅱ在第二支柱下,针对这些无法进行测量的风险提出了风险评估的要求,希望通过风险评估措施的完善,摆脱除市场风险、信用风险和操作风险以外的其他风险资本测量不足的困境。但这种方法测量得到的结果准确性低,且只是针对管理过程失效后可能出现的风险损失进行评估,以测算出所需风险资本的大小,但对如何管理这些风险没有提出任何有实际指导意义的建议。

4. 对系统性风险的评估不足

巴Ⅱ过度关注某一家银行的风险管理能力,甚至其理念直接渗透到商业银行内部对具体客户的管理要求之中,却完全忽视了作为监管机构应对市场整体状况进行监督的责任,缺乏对金融体系系统性风险的分析、评估与判断。从这个角度看,2007年由美国“次贷危机”演变而成的全球性金融危机与监管机构对系统性风险管理意识不足有着直接的关系。

5. 巴Ⅱ的假设有待完善

经历了美国金融危机之后,巴塞尔委员会意识到在制定巴Ⅱ时的一些考虑是值得商榷的。例如以下假设明显考虑不周,存在一定的漏洞:①“对商业银行影响最大,且最严重的风险是信用风险、市场风险和操作风险。”金融危机证明影响商业银行的风险远不止这几种,而压死骆驼的最后一根稻草是流动性风险。②“数据计量模型可以全面、真实地反映商业银行的风险状况。”显然这一假设是不成立的,在实践中数据计量模型有时不仅不能真实地反映风险状况,更不要说全面了,甚至在针对一些具体风险的分析中其准确性还不如专家模型。③“面对风险损失,商业银行只要满足资本充足率的要求,就可以达到吸收所有损失的效果。”这一假设太过理想化,面对复杂的金融市场,有些损失商业银行是无法通过资本进行弥补的。例如一旦发生流动性风险,有再多的资本都无济于事;又如声誉风险损失是无法用数据反映的,资本对此也无能为力。

(二) 对巴Ⅱ的反思与监管理念的回归

金融危机暴露出巴Ⅱ监管中过于依赖数据模型技术和拘泥于微观层面的风险,缺乏对银行业系统性风险监管的宏观视野和高度,用一句俗语讲就是“丢了西瓜捡芝麻”。巴塞尔委员会在反思的过程中,开始对监管理念进行调整,具体而言主要从以下几个方面展开。

1. 监管理念的回归

从巴Ⅰ宏观控制到巴Ⅱ微观审慎,再到2010年转变为宏观审慎和微观审慎并重,纠正了巴Ⅱ征求意见稿以来微观审慎有余、宏观管理不足的倾向。

2. 监管手段的回归

由巴Ⅰ简单的监管手段到巴Ⅱ征求意见稿开始的崇尚以计量模型等复杂手段为主,再回归到统一简单与复杂的标准化,并以监管需求为第一要务的监管手段。

3. 监管指标的回归

纠正了巴Ⅱ中对模型的过度依赖,针对银行体系面临的各种风险特征,制定相应、可操作、可验证的监管指标,如从单一的杠杆率到资本充足率再到两者相辅相成的监控指标体系。

4. 分析技术的回归

从巴 I 以定性分析为主到巴 II 崇尚定量分析,再回归到重提以专家经验分析判断为主要特征的定性分析的重要性。

5. 提倡银行业务回归

从 20 世纪商业银行以传统业务为主到 21 世纪初几乎无节制地创新金融工具、滥用高杠杆业务、只专注金融市场业务而忽视实体经济,再回归到提倡商业银行以支持实体经济为主的简约战略。

巴塞尔委员会的反思和回归可以从金融危机爆发后,其所采取的一系列补救措施中反映出来,如表 1-1 所示。

表 1-1　2008 年金融危机后巴塞尔委员会修订的系列文件

修 订 内 容	修 订 时 间	修 订 文 件
整体框架的修订	2009 年 7 月	《新资本协议框架完善建议》
	2009 年 12 月	《增强银行业抗风险能力(征求意见稿)》
流动性风险管理的不足	2008 年 2 月	《流动性风险管理和监管的挑战》
	2008 年 9 月	《稳健的流动性风险管理与监管原则》
	2009 年 12 月	《流动性风险计量、标准和监测的国际框架(征求意见稿)》
市场风险监管	2009 年 7 月	《交易账户新增风险资本计提指引》
	2009 年 7 月	《新资本协议市场风险框架的修订稿》
压力测试	2009 年 5 月	《稳健的压力测试实践和监管原则》
公允价值会计准则	2008 年 6 月	《公允价值的度量与建模》
	2009 年 4 月	《银行金融工具公允价值评估实践的监管指引》
	2009 年 8 月	《会计标准修订案:高级指引原则》
跨境监管	2009 年 9 月	《跨境银行决议小组的报告和建议》

(三) 巴Ⅲ的变化与框架内容

2010 年公布的巴Ⅲ是对巴Ⅱ的全面回归,巴塞尔委员会在重新掌握监管主动权的同时,补充增加了流动性、杠杆率等诸多监管手段,厘清了监管与被监管的关系。

1. 巴Ⅲ与巴Ⅱ的不同之处

巴Ⅲ从以下六个方面对巴Ⅱ进行了补充和完善。

(1) 加强资本框架并明确资本定义。以巴Ⅲ为核心的国际银行监管改革既延续了 1988 年巴Ⅰ、2004 年巴Ⅱ以风险为本的监管理念,又超越了传统的资本监管框架,从更加宽广的视角理解风险,在监管制度层面确立了微观审慎与宏观审慎相结合的监管模式,体现了银行监管的扩展和延伸。针对全球银行体系缺乏充足、高质量的资本,尤其是金融危机暴露出的各个国家以及不同的经济体对资本定义不同且透明度不足等情况,导致市场无法对各个经济体和相关银行的资本质量进行评估和横向比较的问题,巴Ⅲ对银行资本进行了严格、细致的定义,并提出了相关的披露要求,同时更加重视银行资本中质量最高的部分,即以普通股为主的核心一级资本质量。

(2)扩大风险覆盖范围并加强交易对手信用风险管理。美国金融危机让巴塞尔委员会意识到,以往商业银行对风险的测量范围存在以下缺陷:①信用风险不仅存在于银行账户,还有可能存在于交易账户;②交易账户面临的不只是市场风险,也有信用风险。在危机前,场外衍生品和证券融资交易的快速发展给金融机构带来了较高的杠杆,而在危机中大量复杂金融工具的交易对手违约导致抵押品抛售、抵押品价值下跌,这种信用风险与市场的波动紧密相关。因此,及时捕捉商业银行表内、表外的所有风险,包括衍生品交易相关的风险暴露是稳定金融体系的重要因素。为此,巴塞尔委员会提出了扩大风险覆盖范围的要求,将商业银行表内、表外的所有风险均纳入资本监管范畴。同时,交易对手的信用风险源头,诸如衍生交易、回购和证券融资交易等风险暴露提高了资本要求,降低了亲周期性。针对此问题,巴Ⅲ鼓励商业银行通过修改指标的方式,有效应对交易对手的信用风险、信用估值调整及错向风险(wrong-way risk),以降低金融体系的系统性风险。

(3)引入并更新整体杠杆比率。杠杆比率对于控制商业银行资产业务的相对规模,限制表内、表外资产过度膨胀的作用明显优于资本充足率。美国金融危机后,巴塞尔委员会意识到,仅仅依靠资本充足率控制商业银行的业务扩张还是不够的。对比资本充足率和杠杆比率两个公式[①]就可以看出,两者的区别在于分母,资本充足率公式中的分母是经过风险权重调整后的风险加权资产,而杠杆比率公式中的分母是表内、表外所有资产的简单求和。商业银行表内、表外杠杆比率的过度积累是导致此次美国金融危机的重要原因之一,危机迫使商业银行降低杠杆比率,但由此也增大了银行资产价格下跌的压力,进一步加剧了银行损失和银行资本下降与信贷供给能力收缩之间的正反馈循环。作为银行业重要的资本监管工具,杠杆比率与资本充足率在监测商业银行资本方面相辅相成。资本充足率弥补了杠杆比率对资产风险水平的忽视,杠杆比率又较好地补充了资本充足率可能存在的顺周期和监管套利。

(4)建议修改会计准则[②],提高拨备的前瞻性。建议国际会计准则制定机构放弃基于权责发生制所规定的"已发生损失"(incurred loss)的贷款损失拨备会计准则,转向基于"预期损失"(expected loss)的贷款损失拨备会计规则,提高贷款拨备的前瞻性。巴塞尔委员会通过三项相互关联的措施促进更稳健的拨备做法:①积极倡导会计准则拨备模型向预期损失方法转变。巴塞尔委员会强烈支持国际会计准则理事会(IASB)转向预期损失方法,其目标是提高财务报告信息对包括审慎监管当局在内的利益相关者的有用性和相关性。巴塞尔委员会已经公布了一套高水平的指导原则,用于指导国际会计准则理事会替代《国际会计

---

① 资本充足率=(一级资本-资本扣减项)/风险加权资产;杠杆比率=(一级资本-资本扣减项)/表内外风险暴露总额。

② 此项建议已经在2018年正式实施。

准则第 39 号——金融工具：确认和计量》所进行的改革。巴塞尔委员会支持预期损失测量方法，该方法能够更加透明地获取实际损失信息，也能降低现行的"已发生损失"模型的亲周期性。②修订监管指引，使之与预期损失测量方法保持一致。该指引将帮助各地监管机构推进实施预期损失框架下更为稳健的拨备做法。③制定监管资本框架中强化拨备的激励机制。

（5）提出超额资本、资本留存及逆周期超额资本，以降低系统性风险。要求商业银行持有高于最低资本要求的"超额资本"，包括"留存超额资本"（conservation buffer）和"逆周期超额资本"（countercyclical buffer），要求银行在经济上行、信贷快速增长和盈利丰沛时期，计提更多的资本，用于经济衰退时期吸收损失，以防止过度冲击银行资本充足率水平，确保经济下行期银行为经济复苏提供信贷支持。

（6）提出全球流动性标准。强有力的资本要求是银行业保持稳定的必要条件，但是仅仅依靠资本是不够的。通过稳健的监管标准，建立强大的流动性基础同样重要。在美国金融危机初期的流动性阶段，很多银行虽然具有足够的资本水平，但仍然面临困境，因为其未能审慎管理流动性。危机再次凸显流动性对于金融市场及银行体系正常运作的重要性。在危机爆发前，资产市场繁荣、融资便利且成本很低。市场状况的快速逆转表明流动性可以迅速枯竭，且枯竭状况可能持续很长时间。此时银行体系面临巨大的压力，只能依靠中央银行出面，采取措施支持货币市场。面对商业银行放松流动性管理的现实情况，巴塞尔委员会在美国金融危机爆发的当年就发布了《稳健的流动性风险管理与监管原则》，为商业银行提供了风险管理和融资流动性风险监管的详细指引。为了补充这些原则，巴塞尔委员会进一步强化了流动性框架，制定了融资流动性的两个最低标准：①"流动性覆盖率"（liquidity coverage ratio），目的是通过确保银行具有充足、高质量的流动性来源抵御未来 30 天内的压力考验，增强银行短期应对流动性风险的能力。②"净稳定资金比例"（NSFR），目的是在银行现有结构基础上，建立用稳定资金来源支持其业务扩张的额外激励，从而促进其长期稳健发展。这两个最低标准的实施有助于打破流动性突然断裂—银行被迫倾销资产—资产价格下跌—资本充足率下降—信贷供给能力下降的传递链条，防止因监管规则与会计规则之间的"共振"（co-movement）进一步放大金融体系的顺周期性。

2. 巴Ⅲ相对于巴Ⅱ、巴Ⅰ在本质特征方面的显著变化

（1）风险敏感性资本要求与非风险敏感的杠杆率要求相结合。巴Ⅰ和巴Ⅱ的关注点都是银行资产负债表的左侧"资产方"的风险，两者之间的差异在于采用了不同风险敏感度的监管资本测量方法，监管资本要求反映了银行资产的风险度，即不同资产的风险差异。而巴Ⅲ不仅进一步强化了对银行资产风险的关注，如大幅度提高交易业务、交易对手信用风险的风险权重，而且对银行资产方风险的另一个重要驱动因子"规模"给予了高度关注，通过引入杠杆比率监管标准，有效防止单一银行乃至整个银行体系的过度杠杆化。

（2）资本监管与流动性监管相结合。巴Ⅲ大幅度提高了资本充足率标准和资本质量要求,恢复所有者权益,特别是普通股和留存收益在监管资本中的核心地位,在增强商业银行吸收损失能力的同时,提出了流动性监管标准;建立了"流动性覆盖率"和"净稳定资金比例"两个指标,对商业银行资产负债表双方的期限匹配提出了明确的要求,商业银行需持有充足、高质量的流动性资产以应对压力状态下短期现金净流出,降低对短期批发性融资的依赖性,压缩了商业银行在短期负债和长期资产之间套利的空间。

(3) 微观审慎监管与宏观审慎监管相结合。为了应对美国经济危机所暴露出的市场失灵问题,巴塞尔委员会对国际监管框架进行了一系列根本性的改革。在继承了巴Ⅱ有关强调加强单一银行层面(即微观审慎监管),以提高单一银行应对压力的稳健性的同时,也强调注重宏观审慎的监管,解决银行业积累的系统性风险问题以及由这些风险演化而成的亲周期效应。巴Ⅲ突出了宏观审慎监管与微观审慎监管相结合的监管理念,大幅提高了商业银行资本充足率的数量标准和质量要求,引入量化的流动性风险监管指标,确立了银行业监管的新标杆。巴塞尔委员会强调微观审慎与宏观审慎相互关联的重要性,任何单一银行的稳健性出问题都有可能引发整个银行体系的系统性风险。

第二节　巴塞尔委员会的本质

巴塞尔委员会成立至今,其对国际金融领域的风险管理作出了卓越的贡献,不仅为商业银行风险管理提供了统一的可以衡量的评价标准,更从管理理念到管理方法上让全世界银行业有了相对一致的认识,促使各国加强风险管理协作、完善管理协调机制,为构建有效防范系统性金融风险的合作机制发挥了应有的作用。巴塞尔委员会今天所取得的成绩源自其对风险及风险管理的不断学习、摸索、探究和提升的过程,其在不断的挫折和总结中完善并提高自己。

然而,巴Ⅱ激励机制的真实目的值得怀疑。巴塞尔新资本协议引入内部评级法的初衷背后隐藏着一个阴谋或悖论:表面上,巴塞尔委员会鼓励所有银行都实施内部评级法是为了解决资本充足率中风险权重缺乏敏感性的问题,通过实施内部评级法可以达到准确测量风险、降低资本需求的目的;但是欲达到这个目的却有一个前提假设,即只有风险管理水平高的商业银行才能达到或者说得到这个结果。商业银行资本要求与管理水平关系如图 1-2 所示。

图 1-2 中的横轴表示银行的管理水平,自原点起管理水平逐步提升;纵轴表示巴塞尔资本协议要求的资本,自原点起,要求的资本越来越多。直线 AB 表示按照巴塞尔资本协议资本充足率即标准法计算得出的监管资本需求,说明按照资本充足率计算资本与银行的管理水平无关,永远是一条与管理水平平行的直线。图 1-2 中由左上角到右下角的曲线 XY 代表按照内部评级法测量得到的经济资本,说明管理水平高的银行,它所需要的经济资本较用标准法计算出来的监管资本少,而且管理水平越高,所需要的经济资本就越少,见图中直线 AB 以下的阴影部分。相反,管理水平低的银行,测量出来的经济资本反而会高于

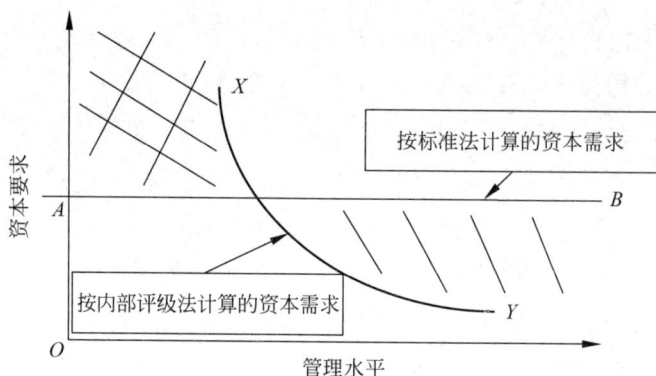

图 1-2　商业银行资本要求与管理水平关系

用标准法计算出的监管资本,而且管理水平越低,所需要的经济资本就越多,见图中直线 AB 以上的阴影部分。

这一现象表明了巴塞尔委员会和十国集团一定程度上展现出了"一个富人俱乐部"的特征,即名义上是为了提升各国商业银行风险管理水平,其实质是为十国集团的活跃银行争取市场的竞争优势。但是,巴塞尔委员会在这个问题上犯了一厢情愿的错误,它忽视了发展中国家银行内部数据质量对测量结果的影响和各国监管机构监管能力这两个关键问题。在具体实施过程中,由于这些原因,一些发展中国家银行测量得出的经济资本并没有按照巴塞尔委员会的设计落在直线 AB 左上方的阴影部分,而是落在了右下方的阴影中;而各国监管机构又无力检验其中的错误,更不要说对此加以纠正。这一结果大大出乎监管机构和巴塞尔委员会的意料,也与其初衷背道而驰。它们突然发现内部评级法及其相关监管规定是一把双刃剑,不仅如此,由于巴塞尔委员会的鼓励政策,现在这把剑握在了被监管者手中,这对于巴塞尔委员会和监管机构不能不说是一件十分尴尬的事。

扩展阅读 1.2 《巴塞尔协议》——美国遏制日本的利器

上述情况导致巴塞尔委员会和各个国家和地区的监管机构在 2010 年初到当年的 10 月集体失声。好在当时的巴塞尔委员会已经针对美国金融危机以后出现的国际金融环境和问题,反思巴Ⅱ的不足,并在当年制定了第三版资本协议框架。巴Ⅲ是一个全新的监管框架,其废止了巴Ⅱ中有关以内部评级法测量出的经济资本替代监管资本的鼓励政策。这标志着巴Ⅱ中通过内部评级法测量经济资本的方法将只能成为商业银行内部风险管理的工具,商业银行为防范风险损失需要计提的风险资本不再可能使用经济资本,而只能按照监管资本计提风险资本。

即 测 即 练

- **思考与练习**

1. 简述巴Ⅰ的意义与缺陷。

2. 按照巴Ⅰ要求如何保证8%的监管资本头寸的安全性、流动性和营利性？

3. 简述巴Ⅱ的意义与缺陷。

4. 巴Ⅲ建议国际会计准则制定机构放弃基于权责发生制所规定的"已发生损失"的贷款损失拨备会计准则，转向基于"预期损失"的贷款损失拨备会计规则，这样做有什么意义？

5. 巴Ⅲ体现了巴塞尔委员会监管理念的哪些变化？

第二章

中国银行业风险与风险管理实践回顾

扩展阅读 2.1 孙
子兵法与风险管理

• 本章学习要点
1. 了解中国银行业启动现代商业银行风险管理的环境基础；
2. 了解中国银行业风险管理的总体过程；
3. 掌握中国银行业风险管理过程中出现的问题；
4. 掌握中国银行业风险管理历史过程所出现问题的本质。

第一节　银行业风险与风险管理的历史过程

中国银行业和监管机构从 20 世纪 90 年代中期起步,在经历了解、认知、学习、试行、跟从、摸索等过程以后,逐步对自 20 世纪七八十年代萌芽的现代商业银行风险管理理念、理论、方法、规则、路线图有了较为全面的认识,并在国内银行业的数次资产剥离、股份制改革、上市等一系列重要的治理活动以及巴塞尔委员会资本管理框架的不断修改、完善的过程中,逐渐走向成熟。这期间经历了以下几个代表性阶段。

一、基础奠定期

这一阶段是指自 1994 年中国开始实行市场经济至 20 世纪末,在这一时期内,中国银行业首先完成了资产管理,终结了资产业务中"不合理资金占用"的提法,清理了资产,确立了"不良贷款"的概念；将资产分类由"一逾两呆"的四级分类转变为"正常、关注、次级、可疑、损失"的"五级贷款分类",开始搭建信贷管理体系,制定了一系列的规章制度；改变了诸如国有专业银行这样的大行,在总行层面都没有"信贷档案管理办法"的尴尬局面,提出了统一授信的风险管理理念,在总行信贷管理部门内设置风险管理团队,为下一步的风险管理奠定了基础。

二、朦胧了解期

这一阶段是指 2000—2003 年,这一时期的中国已经经历了 20 多年的改革开放,经济开始步入高速发展的时期；与此同时，经济环境与体制中制约经济发展的问题开始显现，特别是金融业在经济体系中的双向作用以及金融行业自身的问题开始引起高层的关注。亚洲金融风暴带来的负面影响、不良贷款的大规模剥离等都进一步地揭示了银行业在公司治理层面上的问题，改革已迫在眉睫。然而，这一时期的中国银行业对于国际银行业的风险管理尚处于朦胧了解阶段，开始引入违约概率、损失比率、风险敞口①、可预期损失等风险概念；同时，积极参与巴塞尔委员会新资本协议征求意见稿的测试活动。为了全面提升中国经济的整体实力、打下坚实的基础，彻底解决我国银行业在治理结构和运行机制上的问题，国家开始考虑对中国银行业进行全面的股份制改革。为了保证这一改革的顺利实施，中央决定由位于国际金融市场、能够直接接触国际最先进银行实践经验的中银集团先行试点，进行股份制改革，将原有的 10 家独立的法人银行合并重组为中银香港一家公司，并在香港联合交易所上市，为下一步国内银行业的股份制改革和上市积累经验。重组后的中银香港根据香港金融管理局的要求，参照巴Ⅱ征求意见稿，率先开展了信用风险管理的改革，并启动了内部评级法项目，开始尝试依据内部数据开发计量模型的研究和测量客户违约概率的工作。

三、积累发展期

这一阶段是指 2004—2006 年，这一时期的中国银行业经历了近 30 年的改革开放，在支持国家经济发展的同时，其自身存在的各类问题也已经得到充分的汇集与暴露，从操作层面上讲，已经被外界定义为技术性破产。中银香港的重组上市以及巴Ⅱ征求意见稿的广泛传播，让中国银行业开始全面了解国外先进的风险管理理念。2004 年初中国银监会颁布的《商业银行资本充足率管理办法》以及当年开始的中国建设银行和中国银行的股份制改革，标志着中国银行业开始全面接受巴塞尔委员会的监管理念，拉开了中国银行业实施全面改革的序幕。

不可否认的现实是，当时的中国无论是业界或是学界对于国外先进银行的风险管理知之甚少，银行体系内虽然已经设置了风险管理部门，但是对于什么是风险管理仍然存有许多疑问，不少人认为风险管理是风险管理部门的事情。银行

扩展阅读 2.2　中国建设银行的股改上市之路

业内缺乏了解风险管理方法的管理人员，学界少有懂得风险管理理论的专家学者，市场上几乎见不到介绍国外银行业最先进的风险管理理念及方法的书籍。面对当年巴塞尔委员会正式颁布的《巴塞尔新资本协议——统一资本计量和资本标准的国际协议：修订框架》和国内银行业的困境，中国银监会的首要工作就是大力普及风险管理理论和巴塞尔资本协议

---

①　风险敞口（risk exposure），也有人愿意用"风险暴露"代替，表示风险显露。本书中的风险暴露具有一般性意义，如暴露风险或是信用风险违约暴露等；而风险敞口特指风险（发生）暴露时，银行资产负债表内或表外未得到有效保全措施并可能导致损失的资产价值，一般用于对风险的测量。

的监管理念。在这一时期内,银行业和学界中的一些风险管理先行者开始通过翻译、编撰的形式引进国外商业银行的风险管理理论。但是,受当时环境和条件以及思想认识上的束缚,这类书籍要么是一些基本理念的堆积,要么是测量模型的堆砌,表现出对以计量模型为主要管理手段的巴Ⅱ的盲目崇拜,很少有能够从理论、方法到具体实践对风险管理进行指导性解读的范本。2006 年 7 月,中国人民大学出版社《BaselⅡ在中资银行的实践》一书出版发行,该书被业界和学界公认为我国第一部从中资银行实践中解读巴塞尔新资本协议和风险管理理论的专著。

四、推动摸索期

这一阶段是指 2007 年至 2010 年底,这一时期的中国银行业已经走出了银行业股份制改革的阵痛,伴随着中国经济的高速发展,中国银行业也开始了快速扩张。以全球第一大行中国工商银行为例,其资产和净利润分别由 2007 年初的 75 091.18 亿元和 493.36 亿元增长到 2010 年底的 134 586.22 亿元和 1 660.25 亿元,分别增长了 79.23% 和 236.52%。[①] 相比之下,这一时期的国际金融业由于受美国金融危机和欧洲主权债务危机的影响,无论是资产规模还是利润增长都出现了大幅度的下滑,伴随而来的是银行倒闭与合并浪潮。这些都为中国银行业凭借股份制改革的东风,跻身国际银行业前列提供了难得的机会。然而,银行资产规模的快速扩张,首先带来的就是资本不足的压力,如何提高银行资产质量、降低资本占用,并给资本带来最大利润等问题迫使银行业开始自上而下地推动资本充足率监管规则的实施,以及对巴Ⅱ项目的探索。在中国银监会的推动下,以工、农、中、建、交五大商业银行为引领的中国银行业启动巴Ⅱ内部评级法项目。与此同时,各家已经上市的商业银行为了满足上市公司的监管要求,开始引进 COSO《内部控制——整合框架》和《企业风险管理——整合框架》,财政部、审计署、中国银监会、中国证监会、中国保监会五部委 2008 年颁布的《企业内部控制基本规范》(财会〔2008〕7 号)以及 2010 年公布的《企业内部控制配套指引》(财会〔2010〕11 号)等政策规定为银行业实施全面风险管理和内部控制提供了政策制度的指引。

五、反思觉醒期

这一阶段是指 2010 年底至 2012 年,这一时期的中国银行业经过自身的实践已经完全理解并掌握了国外先进银行的风险管理方法和巴塞尔委员会的监管理念。在这期间,几大商业银行陆续完成了"巴Ⅱ内部评级法"项目,以及作为上市公司需要"按照以 COSO 理念

制定的上市公司内部控制法规"实施的"操作风险管理与内部控制项目"的整合工作。大量实践带来的失败教训和成功经验让银行业开始对从国外引进所谓"先进经验"后，却未能解决中国银行业实际问题的情况进行反思，并对 COSO 体系（COSO 体系是由美国反虚假财务报告委员会下属的发起人委员会所创建的内部控制框架。）与巴塞尔文件体系（Basel Framework，以下简称"BASEL 体系"）不同的风险管理理念对银行业的影响进行了认真的剖析与思考，尤其是对它们的风险管理理论、方法、路线图的优劣进行了客观的分析。中国银行业开始探索走出一条符合自身特色的风险管理之路：在信用风险领域，一些大型商业银行测量出的经济资本已经低于按照资本充足率计算出的监管资本；在操作风险管理领域，已经有银行在国际银行业率先测量出银行内部业务条线、产品、流程直至环节的操作风险事件发生频率，解决了国际审计界提出的"如何将分散、孤立的检查结论有机归集汇总形成整体结论"的疑难问题，以及巴Ⅱ关于操作风险的资本测量方法与管理实践相脱节的问题。

　　这一时期的中国银监会先是过于关注巴Ⅱ内部评级法在各家银行的项目实施情况，忽视了美国金融危机和 2009 年国内 4 万亿元投资对经济形势和银行体系的后续影响，导致问题陆续出现的初期略显不知所措。令人欣慰的是，此时的中国银监会已经成为巴塞尔委员会的成员，对于美国金融危机后的国际金融形势、巴塞尔委员会与各成员国所形成相对统一的认识和结论、从速修改相关的监管指引、重新掌握监管的主动权的情况等都在积极参与和跟进中。同时，中国银监会在国内也适时推出了 CARPALs 监管体系等监管工具。[①] CARPAL 是腕骨的意思，代表了中国银监会铁腕监管的决心。该体系包含四大工具和七大类、十三项监管指标，具体内容见表 2-1。随后，中国银监会根据巴Ⅲ有关规定，草拟了《商业银行资本管理办法（试行）》并广泛征求意见，以此表明了中国银监会面对国际与国内经济、金融环境以及巴Ⅲ所反映出问题的态度和决心。CARPALs 监管体系和《商业银行资本管理办法（试行）》被国际、国内银行业公认已经走在了巴Ⅲ前面，其中许多监管指标和要求都严于巴Ⅲ。

表 2-1　CARPALs 体系的具体内容

项　目		法定值	目标值（测定）	触发值（商定）
资本充足	资本充足率	8%	11.5%	—
	杠杆率	4%	4.5%	—
资本质量	不良贷款率	2%	1.8%	—
	不良贷款偏离度	0.1pp	0.15pp	—
拨备情况	不良贷款拨备覆盖率（与拨贷比按照二者孰高原则）	2.5%	2.45%	—
大额风险集中	单一客户风险集中度	10%	4%	—
	单一集团客户风险集中度	15%	12%	—

　　① CARPALs 是由该体系主要内容"资本充足性（capital adequacy）、贷款质量（asset quality）、大额风险集中度（risk concentration）、拨备覆盖（provisioning coverage）、附属机构（affiliated institutions）、流动性（liquidity）和诈骗案件防控（swindle prevention control）"等英文词汇的第一个字母组成。

续表

项　　目		法定值	目标值(测定)	触发值(商定)
流动性	流动性覆盖率	25%	35%	—
	净稳定资金比率	100%	105%	—
	存贷比	75%	73%	—
案件风险	案件风险率	百万分之五	百万分之四	—
并表风险情况	附属机构资本回报率	平均水平	因机构而异	—
	母行负债依存度　银行类	30	50	—
	租赁类	20	30	—
	其他	0	0	—

2011年4月,中国银监会发布了《中国银监会关于中国银行业实施新监管标准的指导意见》,确立了资本充足率、杠杆率、流动性、贷款损失准备监管的新标杆,明确了银行业审慎监管新框架和实施路线图。指导意见的发布与贯彻执行为中国银行业未来长期稳健运行提供了一个良好的监管环境。

六、理智成熟期

这一阶段是指2013—2017年,这一时期的中国银行业和中国银监会以2013年初正式执行的《商业银行资本管理办法(试行)》为标志,彻底扭转了过去盲目跟随国外银行业和监管机构的做法,在认真反思10多年来实施风险管理和执行巴塞尔委员会相关协议的经验与教训的基础上,开始结合中国的实际情况,探索一条符合中国特色的商业银行风险管理和监管体系之路。与此同时,中国银行业面对经济的下行周期、利率市场化、互联网金融急速扩张等不利因素,GDP(国内生产总值)增速由双位数下滑至6%~7%,不良贷款压力骤升,道德风险引发的欺诈舞弊案件呈雪崩式爆发。中国银行业开始认真反思过去粗放式发展的模式,将被动式的风险管理变为主动式的风险管理,EVA(economic value added,经济附加值或经济增值)和RAROC[①]已经深入银行经营理念之中,由过去贷后核算转变为做业务之前主动计算盈亏,由以往偏重于企业层面、内部微观因素的分析向关注宏观层面、周期性、系统性因素综合分析转变。在市场多元化的背景下,在组合管理层面针对风险的分散化效应,强调风险的传染性从横向、纵向的广度和深度对系统性的影响,更加注重银行体系内的并表管理和穿透式管理。

2016年4月中国银监会颁布的《商业银行内部审计指引》,科学、严谨地提出"公司治理的**健全性**和**有效性**""经营管理的**合规性**和**有效性**""内部控制的**适当性**和**有效性**""风险管理的**全面性**和**有效性**""会计记录及财务报告的**完整性**和**准确性**""信息系统的**持续性**、**可靠性**和**安全性**",代表了中国银监会对商业银行风险管理与内部控制的认识上了一

---

① RAROC即风险调整资本回报率(risk adjusted return on capital)。

个新台阶。

七、思考求变期

这一阶段是指 2018 年至今,2017 年底巴Ⅲ最终版本的出台和 2018 年正式实施的《国际财务报告准则第 9 号——金融工具》(IFRS9)表明强势监管时代的到来。中国银行业面对宏观经济环境的变化和强势监管规则,风险管理方面的不足形成对未来发展的桎梏:①在适应金融生态和市场环境的能力方面。由于中国仍处于转型社会时期,市场要素仍处于不断的培育发展过程之中,从国家的宏观政策如税收规则到市场运行机制如对金融工具创新使用的监管等都在不断地变化、改进和完善。这些都给商业银行和监管者在管理创新中增加了许多不确定性因素,一些国外先进的理念、方法和工具以及在实践中发现、积累的经验和教训都难以及时地借鉴、修改、补充和完善。例如,资产证券化的运用自 2005 年开始试行,不久后停滞,再到 10 年后重新启动仍然未能充分发挥其作用,若干年间在全国范围内实现的资产证券化规模与整个银行业的资产规模相比仍然难以令人满意。②在银行风险管理体系方面。中国银行业在经历了十几年的改革之后,已经按照国际银行业的治理理念构建了一套相对完整的公司治理体系和风险管理架构。然而,随着改革的深入以及市场环境的变化,我们发现从国外学到的东西并不能完全解决我们的实际问题。这些困境即使是国外银行业和咨询公司也束手无策,而国内银行业的公司治理机制和风险管理组织结构就更加难以适应了。③在管理工具的运用方面。虽然我们已经将国外先进的管理方法和工具吸收进来,但是,风险管理本身是一个易受到各方制约、难以短期见效、需要长期积累的工作,加之国内市场一定程度上存在的浮躁环境导致对工具、方法、原理的认识只是停留在表面,缺乏对其内涵真谛的深入挖掘、认知和运用。例如对 RAROC 工具的使用和对 VaR 模型基本内涵的理解与运用方面,仍存在盲目地跟从国外的做法,其结果只能是永远跟在国外银行业的后面,甚至因错误的理解而在实施过程中出现失误,从而沦为笑柄。这些都将成为未来很长一段时间内中国银行业需要冷静面对、思考和努力解决的现实问题。

中国银行业除了要面对上述复杂的国际金融环境和监管理念、规则的强势压力外,我们所处的国际政治、经济环境也发生了重大的变化,英国脱欧、美俄中东角力、周边地缘政治复杂多变等,将给中国的总体政治、经济、金融以及银行业带来极大的不确定性因素。我们能否渡过难关,抓住危机中的有利条件和机遇,变被动为主动,不仅是风险管理人员需要思考的问题,更是所有金融从业人员,甚至是所有经济界同人需要严肃面对的问题。在国际经济全球化受到重大考验、贸易保护主义盛行、孤立主义兴起的不利形势下,中国经济和中国银行业只有充分把握互联网、移动通信和大数据时代的特点,在金融市场多元化的背景下,抓住业态变化的有利时机和空间主动求变,利用技术创新、谋求突破,才有可能实现在经济新常态下的自主发展。这当中以下几个方面需要特别加以注意:①政治、经济、金融环境变化的影响。互联网、物联网、区块链技术的发展为银行业的发展提供了机遇和全新的挑战，金融服务的场景化趋势明显，生态圈的概念要求和风险管理的微观处理向敏捷性和内嵌化方向发展，这些都在政策制定、策略实施和技术流程领域冲击传统的思维模式与逻辑架构。②风险管理技术的影响。风险管理数据化趋势引导信息的采集、生成、传输、分类、存储和处理技术的突破性进展，促使传统的风险管理技术创新正在经历由量变到质变的过程。③巴Ⅲ最终版本与中国金融生态差异的影响。巴塞尔委员会规则的制定更多的是基于欧美发达国家的市场环境，这就导致规则中的一些要求与我国国情无法兼容；如何在中国特色的市场环境下"取其精华"，在不违反国际监管理念的情况下，促使我国的金融政策和监管规则更好地适应我国金融业的发展与经济发展的需要，将成为中国监管当局和银行业所面临的重大课题。

第二节　中国银行业风险历程对我们的启示

一、分析与结论

通过对以上中国银行业 20 多年风险历程的分析，可以从中总结出以下几点。

（一）抓住机遇全面提升风险管理意识

20 世纪末西方商业银行风险管理理念和方法引入我国时，我国银行业对这些现代思想和方法几乎是一无所知，1998 年以前我们完全没有 PD（违约概率）、LGD（违约损失率）、EL（预期损失）、UL（非预期损失）等概念，对信用风险的管理还只是局限于信贷管理层面。自1992 年启动市场经济改革以来，商业银行普遍缺乏自律，因为在利率管制年代，能够吸收更多的存款就可以发放贷款、获得稳定的利差收益，"存款立行"的观念让我们忽视了资产损失对资本的影响。21 世纪初中央决定对国有专业银行实施股份制改革时，四大国有专业银行的全部资本尚不足以弥补坏账损失，整个银行业实质上已经到了技术性破产的地步。

面对现实，整个中国银行业开始认识到改变我们风险管理水平的首要任务是提升全行业的风险管理意识，尤其是一把手的管理理念决定了一家银行的风险管理水平，这已成为当时整个银行业都在思考的问题。经过 20 多年的风险管理实践，尤其是在中国银监会推动巴Ⅱ内部评级法的实施以及经历金融危机之后，整个银行业对于风险管理已经有了全新的理解和认识，全面风险管理意识已经深入全行业上下。

（二）逐步掌握风险管理的主动权

2004 年初中国银监会颁布《商业银行资本充足率管理办法》标志着中国银行业正式接受以巴塞尔资本协议为代表的西方银行业现代风险管理理念和规则。自 2007 年中国银监会正式启动国有商业银行贯彻实施巴Ⅱ内部评级法项目起,中国银行业开始被动跟随国外规则实施风险管理。当时,西方现代商业银行的风险管理理论和方法的引入,让我们眼花缭乱,佩服得五体投地。学习掌握国外银行业的先进经验成为一种时髦,人们认为只要学会了这些方法,得到 PD、EL 等,一切问题就可以迎刃而解了。

然而,随着风险管理实践的深入,在对国外先进的理论和方法的盲目崇拜、囫囵吞枣的学习并全盘照搬之后,我们发现虽然我们已经基本掌握了国外的先进理论和方法,但是机械性跟进国外的方法和规则并不能解决我们的所有问题,而且有些问题在反馈给外方以寻得解决之道时,他们却是一脸茫然,不要说解决方法,对这些问题他们甚至完全没有概念。残酷的现实让我们开始反思,盲目机械地跟随却忽视我们自身的实际情况并不能解决我们的实际问题。我们最终由早期的被动学习、盲目跟进逐步走向主动求变、自主创新的阶段。

(三)认清本质与职责

中国银行业在 2010 年以前基本上对巴塞尔委员会是言听计从、百依百顺、照单全收。随着 2011 年中国 GDP 增速由双位数降为单位数,风险管理进入深水区,银行业的问题不断暴露,银行业由盲目崇拜到开始思考巴塞尔监管规则和银行业的一些管理方法在我国的适用性问题。

随着 2017 年巴塞尔委员会颁布巴Ⅲ最终版本,中国银行业开始对巴塞尔委员会有了全新的认识,逐步认清巴塞尔委员会的本质,主动从中国自身发展利益的视角重新审视巴塞尔监管问题。中国改革开放 40 多年,经济总量已经跃居世界第二,在我们仍然以间接融资为主的金融体制下,商业银行在发挥其主体职能的同时,又要防范系统性风险的发生;在支持企业与国际合作的同时,又要警惕那些唱衰中国的不利因素、通过他们掌控的游戏规则给我们制造麻烦。对此,我们银行业无论是监管者或被监管者都要有一个清醒的认识,以中华民族复兴为己任,一致对外,否则无论是中国银监会还是商业银行都很难有所作为。未来的形势和应采取的策略,我们需充满信心并拭目以待。

(四)风险管理人才储备不足

21 世纪初我国银行业刚引入现代商业银行风险管理理念和方法时,整个金融行业的风险管理人才储备几乎为零。业界从高层管理人员到具体操作层面的模型人员几乎没有;在学界没有一所高校设有风险管理专业,老师中几乎没有懂此专业、可以承担教学任务的;中国银监会除了从外语专业转行过来引进巴塞尔资本协议的官员外,再无既懂银行业务又懂风险管理的专业人员。以今天的标准在全国范围内称得上风险管理专业人才的不足 30 人。

经过 20 多年的风险管理实践,中国银行业通过国外引进、院校培养,特别是在实践中自我成长等方式已经储备了大量的风险管理专业人员。目前在国有控股银行、政策性银行、全国性股份制银行、大型城商行和农商行的企业管理层面及模型操作层面基本上已经形成风险管理人才梯队。

当前中国银行业在风险管理人才培养和储备方面要特别关注以下几个方面的问题。

1. 警惕在银行高管层面的伪专家

经过多年的人才培养,目前银行业的风险管理人才在专业技术层面已经基本可以满足专业层面的需求。但是,由于风险管理的专业性太强,凡是认真专研进去、能够做到理论联系实际,既有一线实战经验又有管理实践的人才很难有时间、有精力顾及其他。这类人才更多地聚集在专业部门,在全国性银行总行部门一把手和省行一把手这样的岗位上已经很难再见到他们的身影;再往上到总行领导层面,这样的人才已经是凤毛麟角,不乏一些在风险管理部门走过场,只知其一、不知其二,完全没有掌握理论精髓的伪专家。由于这个层面的风险管理者担负着管理、监控整个企业的风险,防范系统性金融风险的责任,因此,对风险管理理论精髓的理解程度,将成为是否能够及时发现引发系统性金融风险的关键。而这些对风险管理理论只知道皮毛者,反倒有可能成为系统性金融风险的诱发因素。

2. 既懂业务又懂模型的专家严重不足

由于风险管理理论的特殊性,加之我们引进这一管理方法的形式和时间,目前银行业懂风险管理的人才已经不少,这些人经过实践对业务也已经有了较深的领悟;与此同时,风险管理部门负责模型开发和模型验证的人才也已可以满足基本的业务需求,但是这些人基本上是学数理统计或金融工程专业的,对银行业务并不精通或缺乏实践。这就导致这两类人才在沟通中出现问题,特别是在面对大数据分析时,如何根据业务需求和风险苗头,通过数据挖掘寻找问题根源、提出解决之道不是这两类人才能够独立完成的。

这就需要这两类人才密切合作,以各自专业为基础在思维方式、信息沟通、语言交流等方面高度的默契与统一。如果将这两类人才合二为一,将是一个即节约资源又能提高效率和工作准确性的最佳方案。

3. 既懂监管规则又懂银行风险管理的监管专家仍然欠缺

中国监管一线官员不少是从高校毕业就进入监管当局,没有从事银行实务的履历,即使对巴塞尔监管规则研究得再深入,仍然缺乏银行实践,容易导致对银行监管的错位。随着巴Ⅲ最终版本的出台,强势监管成为未来的发展趋势,监管政策、规则与银行风险管理在原本就存在巨大差异的情况下,今后必将成为两个不同的研究领域。这对未来银行业的风险管理并非福音,这一问题如果不能尽早引起监管当局的重视,终将会成为影响我国银行业健康发展的桎梏。

二、历史经验总结

(一) 国外的月亮未必圆

多年风险管理实践让我们不得不面对这样一个现实,即中国的经济发展得益于改革开放所走的市场经济之路,但我们所取得的成绩又是在中国特色的政治管理体制下获得的,这在全世界是独一无二的。因此,我们就会发现许多从国外引进的先进方法在中国未必有效,而中国发生的问题国外根本不会出现,也就没有解决之道。

由于我们的政治体制与其他国家不同,因此,我们的环境和问题有其独特性,包括但不限于法律环境、金融生态、市场规则等方面。具体到银行风险管理这个层面,董事会与监事会的关系、内控体系三道防线的漏洞、内部控制与操作风险九大问题等都属于国外没有或是我们最先提出的、而国外却完全没有解决思路的问题。

（二）掌握基本概念和理论精髓比方法更加重要

中国银行业目前在实践中出现的一些问题与我们整体社会的环境有关,在学习掌握先进理念和方法过程中一定程度上出现过于浮躁、不求甚解的情况,导致未能全面、真正理解和掌握理论精髓。在对 VaR、RAROC 等基本概念和工具的理解和运用上已经充分反映出这个问题。中国银行业欲全面、真正地解决我们在风险管理中的现实问题,还需要专业人士沉下心来,将国外的先进理论和方法之精髓先学会掌握,再融会贯通,最后创新发展。

（三）学习吸收一切对我有用的风险理论和方法

摒弃门第观念,在充分认识和客观评价巴塞尔监管理念及西方银行风险管理理论与方法的同时,吸收一切对我有用的其他风险管理组织的方法。中国银行业的实践已经证明,西方银行在风险管理方面的经验与方法并不完全适用于中国银行业的实际情况。特别是在全面风险管理和操作风险管理中,巴塞尔监管规则是有明显缺陷的,而 COSO 全面风险管理框架与方法论则可以弥补这一缺憾。商业银行作为企业,在实施内部控制的过程中应该首先实施 COSO 风险管理框架,在完成风险识别的基础上,才有可能实现真正意义上的风险测量工作,并达到事半功倍的效果。我们必须承认,我们银行业在全行业层面对 COSO 的理解和认识还存在偏差,这是我们过去 10 多年在操作风险测量方面一直停滞不前的重要原因之一。不排斥任何能为我所用、学习兼收一切符合我们现实需求的管理方法是中国银行业风险管理人士今后需要特别加以注意的问题。

（四）实事求是与因地制宜是解决中国银行业实际问题的金钥匙

中国银行业的实践表明,国外的月亮未必是圆的,中国的月亮也不总是缺的。中国有中国的环境,中国的问题最终还是需要由中国人自己去解决;当然我们并不排外,世界上一切先进的东西、一切对我们有用的东西,我们尽管拿来加以改革并洋为中用。但是,我们也要实事求是、因地制宜地面对我们的现实,才能找出解决自己问题的方法。

即 测 即 练

- **思考与练习**

1. 分析国外商业银行先进风险管理方法无法解决我国银行业实际问题的根源。

2. 以中国银行业风险管理经历说明实事求是的重要性。

第三章

商业银行风险管理理念与巴塞尔委员会监管理念差异

- **本章学习要点**

1. 掌握商业银行风险管理理念；
2. 掌握巴塞尔银行业监管理念；
3. 掌握银行业与监管在风险管理要求上的差异；
4. 了解未来监管与被监管的发展趋势；
5. 掌握风险定义的真实内涵；
6. 掌握"黑天鹅"和"灰犀牛"事件的共同点与区别。

扩展阅读 3.1　曲突徙薪的故事

第一节　重新认识风险

在讲解本章节内容之前，我们就目前国内在风险定义和一些风险特例方面的最新研究情况向大家做个简要的介绍。

目前，国际上的 COSO、ISO（国际标准化组织）和巴塞尔委员会三大风险管理组织在管理目的和管理宗旨方面并没有太大的差异，但因它们各自的职责和面对的管理对象不同，所以，它们对风险的管理目标仍然存在着较大的差异。导致这一差异的另一个重要原因在于它们对风险的基本认识不同，正是由于这个原因，它们在对风险的管理内容上就呈现出差异化的结果。虽然这三大组织无论是在哪个行业领域，其管理的对象都是企业，其管理的宗旨都是防范企业风险、提高企业的价值，然而在风险理念、管理理论、控制方法、实施路径、操作工具等方面，这三大组织可以说是各具特色、各有千秋，每家都有相对的优势，又有自己的短板。这种差异不仅导致企业无所适从、管理成本翻番，而且没有哪一家的管理方法可以解决企业风险管理中的所有问题。这种情况已经从中国银行业的实践中得到证明，只有吸取各家之所长，才能事半功倍地解决企业的风险管理中的各种实际问题。

然而，万事开头难，做任何事情都需要先统一基本概念，只有解决了基本概念及其内涵的统一问题，才能让不同的机构或组织在一个共同的环境下讨论问题。因此，尽早统一三大风险管理组织关于风险的定义已经成为企业风险管理的现实需要。

一、风险定义的内涵

如果从定义风险的视角考虑什么是风险，那么有几个问题往往会引起人们的困惑：风险是客观的吗？风险是未来的一个过程，还是眼前的主观结论？风险如果是一种影响，那么影响的对象又是指什么？影响的不确定性是指影响本身，还是包括影响的结果？

我们在搁置"风险是损失的可能性"这一传统定义的前提下，能够针对上述问题给出清晰的答案吗？在回答以上问题之前，我们有必要再回过头来就这个最基本的问题做一次探讨。

（一）目前较为常见的几种风险定义

目前，在国内经济领域对风险的基本认识主要有以下三种表述。

（1）风险是不确定性对目标的影响。

（2）风险是对目标影响的不确定性。

（3）风险是不确定性影响导致预期目标的偏离。

这三种对风险的不同认知，是当前经济领域内不同行业的企业摒弃风险是损失的可能性的认识之后，在遵循企业愿景（vision）、使命和不断实践的基础上，针对企业经营目标和自身的管理能力而总结、提炼出来的。第一个定义和第二个定义在承认不确定性的前提下，内涵上都是在阐释不确定性的影响或影响的不确定性，意思是风险（定义）是影响的过程，只是强调的重点不同；本质上这两个定义只涉及风险（定义）的第一个阶段，因果关系是不完整的。而第三个定义与前两个定义最大的区别在于提出风险（定义）的内涵是不确定性影响的过程导致结果的不确定，强调的是结果；其本质在于揭示了风险（定义）由过程到结果两个阶段完整的因果关系。

（二）制定风险定义应遵循的原则

讨论风险定义的内涵和本质需要制定风险定义并遵循应该坚守的原则。从业界实践的需求看，这些原则如下。

1. 成熟性

风险定义应该是适用于各个不同领域、不同行业、不同发展阶段的企业，因此，定义所体现出的内容应该是在企业实践中经过验证可行的。

2. 科学性

风险定义必须符合人们对世界的认识并实现逻辑自洽。

3. 前瞻性

风险定义应该能够迎接未来可预见的科技和时代发展所带来的挑战，同时要符合企业的基本性质,并具有引领各行业风险管理的先进性特征。

4. 普适性(包容性)

风险定义应该是最基本的通用定义,适用于各经济领域、各行业的企业,并具有广泛的扩展性,保证所有行业都可在此定义基础上发展出与本行业特征一致并具有各自特点的具体业务定义。

5. 可操作性

风险定义需要为后续制定各种不同风险定义和风险管理定义奠定基础、提供路径,并有利于指导风险管理实践。

(三) 风险定义中应包含的因素及其含义

在明确风险定义时,我们需要分析确定风险定义中应该具有哪些要素,定义需要通过这些要素才能说清风险的本质。同时,定义在揭示内涵的同时,必须准确、简洁、明了、易懂、通用,定义中掺入一些不必要的要素不仅使定义冗余,还会引起歧义。至于这些要素是否在定义中明确标识出来或运用暗示的修辞方法隐含于定义之中,则需要根据定义的语言环境决定。

1. 主体

风险的主体是指风险的所有者,即最终承担风险损失、获得风险收益的人,又称风险的承受体,一般是指自然人或法人组织。任何风险都是有具体针对的对象的,这个对象就是风险的主体。没有对象的风险就称不上风险,同一个不确定性因素对张三是风险,但对王五并不一定是风险。

企业风险的主体包含企业治理层面和管理层面以及具体岗位或职能负责人,但在具体风险中,上述自然人只能以一个整体形成的主体形式出现。主体可以隐含在风险定义当中。

2. 预期目标

风险一定是指主体针对某一目标而言,这一目标是在主体心目之中还是落实在文字中是由主体的特质和当时的需要决定的。因此,风险具有一定的主观性。一般而言,作为自然人的目标通常是在其内心中,而作为法人组织的目标则需要落实在文字中。无论是自然人或是法人,其目标都是预期的,是主体对未来相关需求的设定。不同的主体对未来有着不同的目标预期,如图 3-1 中的数值 5。预期包括合理的设想、治理结构的设计、预期目标的制订、业务模式的选择、价值的确定、预期收益、预期价值等诸多方面。

3. 不确定性

不确定是针对确定而言的,说的是一种状态或是现象,是指事物在发生、发展和结果的各个阶段,所存在的难以预知、难以判断的一种属性。也就是说,任一事物在未来的发生、

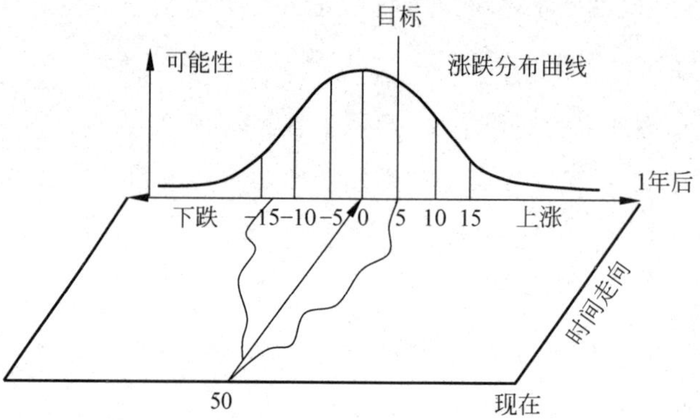

图 3-1   预期目标示意图

发展乃至结果是肯定、刚性很强的,就是确定的;相反,如果是波动、摇摆不定的,就是不确定的,即主体对事物的分布范围和状态无法确知的情况。不确定性在风险的定义中包含两层意思:其一是影响的不确定性,其二是结果的不确定性。前者是因,在定义中需要明示;后者是果,在定义中可以通过结果加以反映。不确定性体现了风险的本质特征,只有在确定主体和主体的预期目标的前提下,才会有影响主体预期目标实现的不确定性因素。

4. 影响

影响对于风险而言通常也称为风险源。影响是一种作用(力),是一事物对另一事物发挥作用。影响具有两面性特征,即分为正面积极和负面消极两个方面的影响,前者对实现目标有利,后者对实现目标起到消极的作用。影响是否会发生、发挥作用的大小是不确定的。

5. 偏离

讲到偏离,首先需要明确的是对何种标的物的偏离,一般而言任何人在做任何事情之前都会有一个目标,而目标是否能够实现是不确定的。(预期)目标的不确定性体现为实现目标的结果偏离预期值,所以,偏离就是指行动的结果对预期目标而言发生的偏差,如图 3-1 中数值 5 以外的其他数值。它具有双边性特征,包括正向偏离和负向偏离。正向偏离表现为对预期的有利偏差,如图 3-1 中数值 5 右侧的数值;负向偏离表现为对预期不利的偏差,如图 3-1 中数值 5 左侧的数值。偏离是因不确定性对预期目标的影响而产生、与预期目标比较的结果。

(四) 制定风险定义前需要厘清的几个问题

以下问题是针对定义而言的,而非风险本身,或者说是对定义的解释,是对定义内涵的说明。

1. 风险是客观事物吗

我们通常所说的“客观(的)”,包含两层含义:①客观事物[①],即事物本身是客观存在的;

---

① 事物:这里的事物泛指所有客观世界中存在的生物、植物、事件、现象。

②某事物具有客观性(质)。客观事物必有客观的性质,但事物的客观性未必说明该事物就是客观事物。

风险不是客观事物,但具有客观性。风险的客观性表现为影响预期目标实现的各种因素并不因为主体在主观上没有认识到它们而不存在。它包含两层内容:①主体在判断风险时是根据对以往客观事物的感知和经验积累进行的分析判断;②主体在向预期目标前行的过程中,这些因素出现与否以及程度大小是不确定的,与人的感知无关,并对预期目标产生影响。

2. 风险的主观性

人类社会在面对自然界的所有实践活动时,都需要对实现目标过程中可能出现的各种影响因素进行识别和评估,但由于这是对未来可能出现情况的猜测,并非现实(猜测时)的客观存在,因此是主观的。

风险的主观性表现为主体对风险的感知过程,感知结论即是对风险的判断。或者说,风险是主体针对不确定性对预期目标的影响而作出的判断。当主体知道自己的预期目标是什么,并意识到这个预期目标(在多大程度上)可能会因不确定性因素的影响而出现(多大程度的)偏离的时候,就形成了对风险的判断(结果)。

3. 风险的时点与时间段

正常人在采取任何行为时,都会有两个阶段:其一是决定行动阶段,其二是采取行动阶段。风险定义需要解释所指内涵是在上述两个阶段中的哪个具体时段,如图3-2所示。

扩展阅读3.2　风险具有主观性的一面吗?

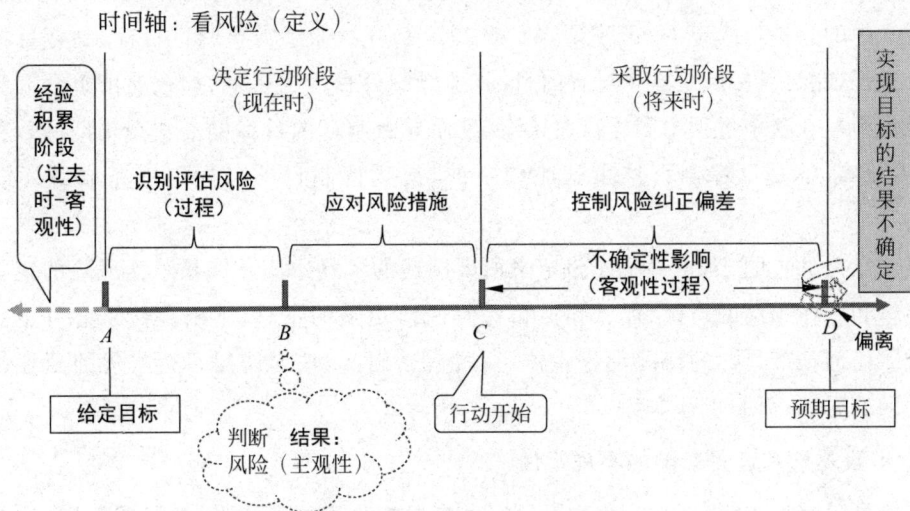

图 3-2　不同时点风险的特定内涵

人们在提到风险时,首先会想到自己的目标以及可能发生的风险对目标的影响和导致的后果是什么,自己应该采取什么措施以避免不良影响因素对达到目标的影响。例如,早上你起来以后,见到空中起了乌云,听天气预报说上午有小雨,但是,你上午有一个重要的面试不能更改。这时你想到的是必须以饱满的精神和体面的着装准时参加面试(图中 A 点)。有了这个目标后,你首先想到的是根据天气预报是小雨,应该不会影响你的出行计划,只是下雨会对你的着装产生影响,不利于自己的形象(图中 A 点至 B 点)。于是,你决定带上雨具(图中 B 点至 C 点)。以上由 A 点到 C 点,是人们对可能出行的风险作出的分析判断并采取的相应措施,这是我们常说的风险第一阶段。由 C 点开始进入风险的第二阶段,你带上雨具出门赶往公交车站。这时你发现公交车站人很多,好不容易来一辆车,你根本无法挤上去。你发现如果这样等下去,你不可能按照原计划提前半小时到达面试地点,甚至有可能迟到。于是你立即调整计划,扬手拦下一辆出租车。路上虽然很堵,但司机还是在正式面试时间的前 10 分钟将你送达面试地点(图中 D 点)。在第二阶段人们会在向目标前行的过程中不断对不利影响因素可能导致的后果进行分析判断,并随时采取必要的措施纠正误差,以保证目标的实现。在这个案例中,如果你最后到达目的地的时间比你的目标计划晚了 20 分钟,这就是偏离。一旦你事先意识到这个结果,你采取的防范措施就不仅仅是带上雨具,而是直接叫一辆网约车。

所以,提到风险的概念从时间轴上自然会涉及现在和将来两个时段以及四个时点,现在时包含由 A 点到 C 点,将来时包含由 C 点到 D 点;而风险概念的内涵则包括 A、B、C、D 四个时点的内容。但以定义内涵的视角看,定义只包含将来时和 D 点,风险主体在时间轴中现在时段的主观分析判断隐含在定义表述之外。

4. 风险定义中标示的目标是给定的

有人会问,风险定义中标示出来的目标是主体在作出判断前给定的,还是需要选择的?

定义中的目标是给定的,不需要再行选择或制订。如果需要制订目标,制订目标本身就是个过程,制订目标就是这个过程的目标(即以制订目标为目标,如企业董事会制订企业经营目标等),在这个过程中同样存在风险,进而导致制订的目标偏离主观预期的目标。当然,是否偏离,不是目标制订结束就能判断的,需要待制订的目标实施完成后才能得到结论。

任何定义的主题[①]都应该揭示该定义所要阐述的事物本质。如果承认风险的定义必须包含主体和主体预期的目标,那么显然目标是风险定义的主题,不确定性是这一主题事物的本质。任何偏离目标的情况都是主体不情愿的,因此,任何妨碍目标实现的因素都仅仅是对主题的影响,而非主题本身。

5. 风险是影响还是影响的不确定性

影响是一种作用(力),是一事物对另一事物发挥作用,是(将来)进行时,或者说是个过程。所以,无论是影响还是影响的不确定性都不是风险的主题。其定义应该将落脚点放在

---

① 定义是对一概念或事物的外延和内涵加以说明,而准确反映这个概念或事物本质特征的称为定义的主题,即主题在定义中承担着揭示概念或事物本质特征的功能,或者说定义是通过其内在的主题揭示概念或事物的本质特征。

主题,即目标上。

认为风险是现在的[①],就是承认风险的主观性,无论你认为风险是影响或是影响的不确定性,都是主观判断的结果。

认为风险是将来的,是个过程,是不确定性影响的过程,或是对目标影响的不确定性,都是指影响本身。那影响的结果是什么? 无论是影响本身还是影响的不确定性,对于主体而言都是个过程,并非主题。主体关心的是主题,即目标的结果。如果一定要说关心过程,也只是关心过程(影响)对结果(目标)的影响程度。关心结果才需要关心过程,只关心过程没有意义(只关心目标受到的影响,而不关心目标本身尤其是目标受到影响的结果,设置目标的意义何在?)。因此,影响本身和影响的不确定性不是风险,影响的结果才是风险。

影响的不确定性表现在正面或负面,或大或小($\geqslant 0$),同样也是个过程。

风险如果是影响或是影响的不确定性,仅从负面影响讲,是指违约损失率即 LGD,还是指最终的损失额即 EL? 总之,无论是前者还是后者,这里所提到的影响的不确定性只是个过程,并没有考虑非预期损失 UL。如果说考虑了对 UL 的影响,那么 UL 本身就是主观设置的在一定置信区间内可接受的最大损失结果。

6. 风险是过程还是结果

风险是结果,而非过程,是主体对未来主观认识的判断结论。承认风险的主观性就要承认风险是个结果。这是因为,从目前的时点判断未来时点的情况,主体的认识已然形成结论。

风险是结果,在定义中有两层含义:其一是主体在向目标前行之前凭借经验作出的主观判断;其二是各种不确定性因素对预期目标的影响结果。

风险如果是过程,那么风险管理是什么? 目前无论是巴塞尔委员会还是 COSO 都认为风险管理是个过程,通过过程管理达到风险结果(减少风险损失、增加风险收益)。然而,从巴塞尔委员会对银行业的实践看,巴塞尔委员会更关心的是风险暴露后导致的损失对资本冲击,即是否侵蚀资本、侵蚀多少资本。银行关心的是风险损失对风险收益的影响有多大、最终的 RAROC 是多少,因此,风险管理实践中最终关心的都是结果。

(五) 定义本身的内在逻辑

从定义本身的内在逻辑看,任何事物都需要有一个完整的诠释,风险的基本概念应该包含自风险源开始至目标结果的完整因果关系。如果只讲影响过程却不讲影响结果,显然在逻辑上是不严谨的。

我国著名科学家钱学森在 1980 年曾对控制论做过这样的阐述:"管理活动控制论是使

---

① "风险是现在的"是指由于时空原因导致信息的不对称,当我们在此地讨论某地可能随时发生某种事件时,该事件已经在某地发生,只是由于我们当时在异地不知道而已。

控制对象按照预定的目标和路线运行并保持某种状态的系统。在确定预定目标后,系统必须测量控制对象的运行状态与目标之间的偏离程度。如果发生偏离,则需要通过控制来调整其运行状态,纠正偏异,从而最终实现目标。"这段话对我们如何理解风险是很有帮助的。

因此,风险(定义)不仅需要反映影响的过程,更应该体现影响导致的结果。风险的定义需要呈现主体根据以往经验对未来不确定性因素影响可能导致预期目标不确定性结果的一种主观判断,以及主体向目标前行过程中的不确定性因素对目标的影响过程和结果这样一个完整的因果关系。

(六) 与风险(定义)有关的几个概念

谈到风险,一般人都会联想到以下一些概念,它们与风险具有一定联系,且容易产生混淆。

1. 信息

主观感知的风险不仅和预期相关,还和信息相关。一般而言,风险是主体基于信息作出的判断,信息可能是主观的,也可能是客观的。但主体在没有信息的情况下,也可能作出判断。

2. 机会

机会是风险正面影响的一部分,有利于预期目标的实现。但机会并不一定出现,仅仅是正面影响的一种特例,是可遇不可求的。因此,在风险定义中不需要体现机会。

3. 危险

危险是单边负面影响,是影响的两面性的一面;是风险基本要素"影响"的二级因素,对预期目标起到负面消极作用。

4. 威胁

威胁是危险的表现程度,具有更强的紧迫性和严重性。

5. 危机

危机包括危险和机会两个方面,并具有因果关系,后者因前者的存在而具有可能性。危机是风险暴露后出现的一种情况,它已经不属于风险了。风险是潜在的,而危机是现实的。例如,企业声誉风险暴露后就形成了企业的声誉危机。企业一旦处理不当,将给企业带来重大的声誉损失;当然,危机中也存在机会,如果企业抓住机会,坏事也可能向好的方面转变。

6. 损失和收益

风险具有两面性特征,既有损失的可能,也有收益的可能,最终结果表现为对预期目标的偏离。损失作为负面因素影响的结果而导致风险主体无法达到预期目标；收益作为正面因素影响的结果促使风险主体达到或超出预期目标。

二、大概率事件的灰犀牛是否会经常出现

黑天鹅和灰犀牛是全世界风险管理人士耳熟能详的两个名词，它们也成为这个领域重点研究的两类事件。我们对这两个词的熟悉来自两本书：一本是全球风险管理领域的知名专家纳西姆·尼古拉斯·塔勒布（Nassim Nicholas Taleb）在 2007 年出版的《黑天鹅：如何应对不可预知的未来》，此书因为提出了"系统性金融危机正在临近"这样的观点，被解释为成功预言了 2008 年全球金融危机而名声大噪。另一本是米歇尔·渥克（Michele Wucker）在 2016 年出版的《灰犀牛：如何应对大概率危机》，此书提出了和黑天鹅事件相对应的一类事件，并命名为灰犀牛。由于黑天鹅并不能涵盖所有危险事件的特征，而近些年以灰犀牛为特征的事件关注度越来越高，所以"灰犀牛"一词在全球范围里流行起来。我们在形容中国经济面临的挑战时，也很多次用到"黑天鹅"和"灰犀牛"这两个词。

（一）黑天鹅与灰犀牛的基本特征

塔勒布在《黑天鹅：如何应对不可预知的未来》这本书里指出，黑天鹅事件必须满足三个方面的条件：其一，具有意外性和稀有性，通常在预期之外；其二，具有极端影响；其三，可事后解释，不可事前预测。

而渥克在《灰犀牛：如何应对大概率危机》中有一段对灰犀牛事件的特征描述：灰犀牛事件是概率高、影响大的事件，在某种程度上是可以预知的事件。灰犀牛事件导致的危机范围远远大于黑天鹅。它与黑天鹅的区别是：很大一部分人相信灰犀牛是极有可能发生的事件。一旦有足够多的受尊敬的人预言了这一事件，他们就可以去改变事件的进程。然而，如果只有一小部分人认为某件事是极有可能发生的，那么，这件事能算是较为明显了吗？或者说是它的反面，它就不太可能发生吗？事实是认为某件事有可能发生的人数多少不会影响事件发生的可能性。

（二）灰犀牛与黑天鹅的共同点

黑天鹅和灰犀牛虽然是两种不同的风险事件，但是它们却有着相同的特点：其一是极其少见，即使在全世界范围内，以年为计算周期，例如 1906 年旧金山 8.6 级大地震、1918 年西班牙流感病毒、1923 年日本关东 8.3 级大地震、1976 年中国唐山 7.8 级大地震、1986 年乌克兰切尔诺贝利核电站事故、2003 年中国 SARS（严重急性呼吸综合征）病毒、2008 年中国汶川 8 级大地震、2009 年美国甲型 H1N1 流感病毒、2011 年日本福岛核泄漏事故、2014 年的 MERS（中东呼吸综合征）病毒和西非埃博拉病毒、2020 年流行全球的新冠病

毒等。其二是影响巨大，无论是黑天鹅还是灰犀牛，它们一旦发生，都会对人类造成非常大的威胁。

（三）灰犀牛会经常出来捣乱吗

我们已经知道黑天鹅是极为罕见、发生概率极低、具有肥尾性质且影响巨大的事件，参见图 3-3。由于黑天鹅的这种特性，黑天鹅是无法预测的。而灰犀牛按照其作者渥克的提法是概率高、影响大的事件。既然是高概率，这是否意味着灰犀牛会经常出现、对人类造成危险呢？从字面上理解，灰犀牛是一种高频、高损事件，但是，我们知道这种事件在客观世界中是不存在的，这种提法本身是伪科学的。

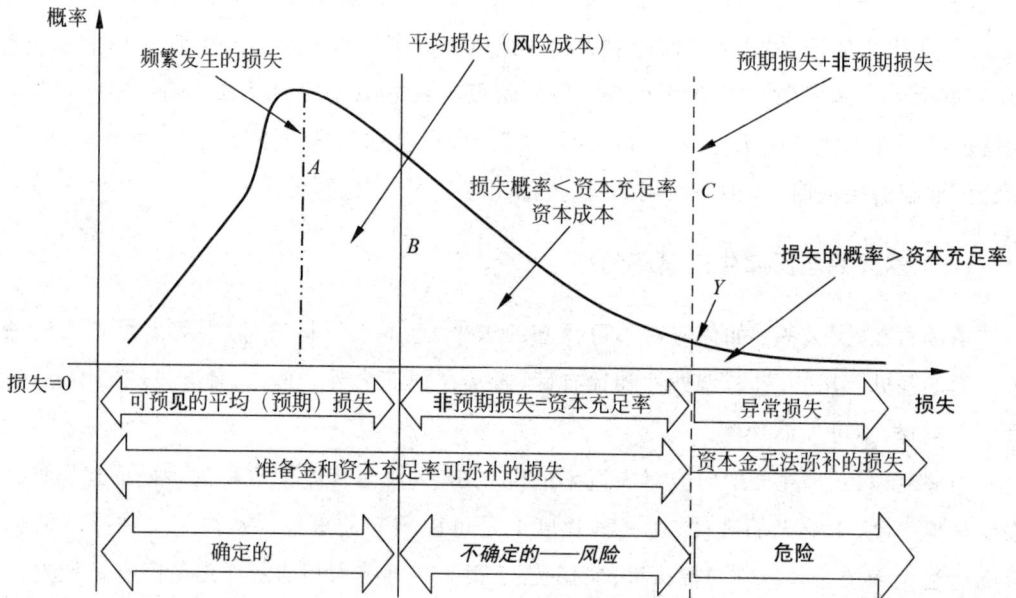

图 3-3　黑天鹅事件与灰犀牛事件在概率分布上的体现

那么，我们应该如何理解渥克所说的概率高且影响大的事件呢？实际上渥克强调灰犀牛的大概率或概率高的含义并非我们常说的高频，她所说的概率高、大概率是"某某事件有 90% 的概率会发生"或"某某事件有很大概率会发生"的意思。因此，灰犀牛仍然属于发生频率很低、影响很大的低频高损事件。只不过渥克认为这类事件是可以预知的，但是，渥克所说的预知仍然不是我们理解的通过数据模型分析得到的预期概念。

因此，我们对灰犀牛可以理解为，它是发生频率很低、影响很大且由具有公信力的专家认为极有可能发生的重大事件。灰犀牛实际上就是黑天鹅的一种特例，它不可测量，只能由专家凭借经验主观判断其发生的可能性，并因专家的公信力而促使公众相信其极有可能发生。

第二节　理念的碰撞

一、现代商业银行风险管理理念综述

现代商业银行风险管理理念是在 20 世纪产生,经历了亚洲金融危机、互联网泡沫破裂、美国次贷危机和金融危机以后不断补充、完善起来的一整套金融风险管理的思想体系。其主要内涵如下。

(一)风险是未来价值的波动

风险是未来价值的波动或是可接受的未来价值。风险是波动、不确定的,凡是刚性很强、可以肯定的事情就不是风险。风险的大小取决于风险发生的概率和发生后影响的程度。

(二)风险是不确定的

风险是因可能的损失而导致预期收益的不确定性。风险是人类为了达到某一目标而采取行动过程中的不确定性影响而导致预期目标的偏离,风险具有损失和收益两面性特征,且以收益为主导。只有损失而没有收益的情况不是风险,而是危险。一般而言,经常发生的风险,其损失不会很大;而不经常发生的风险,损失会很大。

(三)风险管理是价值创造过程

风险管理是在预期目标引领下,克服不确定性因素,有序进行价值创造的非线性过程。人类区别于其他生物的标志是会思考,人类的一切行为都是在目的的驱使下、按照预先设置的目标有计划地进行。风险管理是对实现目标过程中可能出现的所有不确定的虚拟因素实施管理,包括创造有利条件、抓住有利机会、克服不利条件、控制不利因素,并按照既定计划、路线和规则有组织地有序实施。

(四)风险管理可能失效或无效

风险管理可能失效或无效,并因此更有可能导致损失。风险管理可能因策略和方法的失误而无效或因执行的失误而失效;随着风险管理力度的提高,其效果的提升幅度会逐步衰减。对风险的管理和控制,既不能控制不到位,又不能一味地做加法,一是要方法正确,二是要适度。前者因失效而导致损失,后者因控制过度,形成对生产要素的束缚、对创新能力的制约、对业务活动的桎梏,并最终阻碍生产力的发展,也会给企业带来损失。

(五)测量是管理的前提

风险管理的前提是测量,没有测量就没有风险管理。知己知彼,百战不殆,测量就是了解对手和自己的手段。风险管理需要对管理失效引发的损失进行测量。管理的无效或失效会导致多少损失，我们如果能够在事发之前有所了解，就掌握了管理的主动权。

（六）能够预判的损失已不是风险

损失的平均值称为预期损失，用坏账准备（金）来弥补。做事就会有失误，从来没有常胜将军。失误就会有损失，只要损失没有超出预期，就属于正常可接受范围。预期损失是能够确定极有可能发生的损失，通过概率测算可以达到有效预防的效果，因此其已非风险。

（七）无法预判的损失才是风险

超出平均值的损失称为非预期损失，用资本进行弥补。非预期损失是无法测量并确定的，体现了风险的不确定性；它只能通过设置容忍度进行主观判断，它的出现会导致目标收益偏离预期，即预期目标的不确定。损失一旦超出预期，坏账准备（金）已经无法弥补，只能动用资本。

（八）吸收损失靠资本

资本是抵御风险损失的最后一道防线，是亏损冲击的吸收器。资本不是用来直接参与经营的，而是作为杠杆撬动（负债）更多的资金扩大企业经营规模；同时，资本作为一种特别储备来弥补超出预期的资产损失。

（九）抵御损失的能力取决于资本实力

任何一个企业抵御风险损失的能力都取决于它的资本实力。企业在扩大经营时，必须以资本约束资产。

（十）资本须约束资产配置

资本约束资产的要求是以资本的多寡决定业务规模的大小，以资本的价值取向合理有效地将资产配置于行业、地区、产品和不同的客户，为资本带来最大的利润。

（十一）风险管理的实质是资本经营

风险管理的实质是资本经营，其本质就是为资本创造利润。风险是要经营的，风险管理就是要承担适度风险、为资本找寻收益的机会，创造条件为资本获取利润。

（十二）风险管理提升资本的使用效率

以风险调整收益可以提高资本的使用效率。资本是最昂贵的资金来源，减少资本占用，寻找损失和收益的最佳平衡点，将有限的资本配置于风险损失最小、风险溢价最高的资产组合，即锁定损失获取最大收益，或锁定收益控制损失于容忍度之内是风险管理的精神所在。

二、巴塞尔委员会银行业监管理念综述

巴塞尔委员会根据近 50 年的监管实践,结合银行业风险管理水平和技术的发展,不断完善、充实自己的监管理念和理论。总体而言,巴塞尔委员会监管理念的主要脉络和内容如下。

(一)银行是企业

商业银行是企业,凡是企业必然在资本的驱使下追逐利益。

(二)银行业的特殊性

由于银行在市场经济中的特殊地位,银行的逐利行为一旦脱离监管将会给市场带来重大影响,严重时可能导致金融危机,而危害社会的稳定。

(三)监管银行业须国际合作

对银行的监管不仅要关注其母体,而且要留意其在各地的分支机构,各个国家和地区的监管者需要联手共同应对银行的监管套利行为,防范其给市场带来的不确定性。

(四)资本是防范损失的最后防线

一家银行出现风险损失并超出准备金时,只能用资本弥补,资本是防范风险损失的最后一道防线。

(五)资本须充足

一家银行的风险损失包括但不限于信用风险、市场风险、操作风险、法律风险等,银行为防范风险损失需要保留充足的资本。

(六)充足性监管是最低要求

监管当局通过对银行资本充足性(率)的监管,以确保银行始终满足最低资本要求。

(七)要加强顺周期性监管

在商业银行满足资本充足率要求的同时,监管当局还需要利用杠杆比率、预期损失模型等工具限制顺周期性和监管套利的冲动,提高拨备的前瞻性和资本的储备,用于经济衰退时期吸收超出预期的额外损失。

(八)严格组合层面的监管

内部评级法只能用于商业银行内部针对客户层面的风险管理,对于组合层面的最低资

本需求的测算必须按照监管规则执行。

（九）市场约束机制确保资本准备全覆盖

对银行的监管,在满足最低资本要求的基础上,还要针对敏感性不足、无法测量的各类风险实施评估,通过市场约束机制确保资本准备覆盖所有风险。

（十）流动性风险是压死骆驼的最后一根稻草

流动性风险不同于其他风险,它不符合高频低损或低频高损一般风险的特征,它是压死骆驼的最后一根稻草,因此,对待流动性风险需要有特殊的监管要求。

（十一）信息披露有助于加强银行的公信力

商业银行作为市场经济中的支柱行业,无论是否为上市公司都必须保持充分的透明性,及时、全面、充分的信息披露有助于加强银行的社会公信力以及提振市场对银行业的信心。

（十二）坚持宏观审慎与微观审慎并重原则

对商业银行的监管需要坚持宏观审慎与微观审慎并重的原则,确保将发生系统性风险的隐患遏制在萌芽状态。

（十三）严格全球系统性监管

随着全球化的发展,任何一家银行出现问题都可能产生巨大的蝴蝶效应,任何一地的银行体系出现问题都可能导致全球金融体系的崩盘,对于那些因规模和业务复杂性而可能对全球银行体系产生影响的系统性重要性银行必须采取更加严格的监管措施。

第三节   差异分析及未来发展趋势

由于监管与被监管本身就是一对矛盾体,因此猫和老鼠的博弈将始终存在。

一、差异分析

（一）对风险的基本认识不同

从巴塞尔委员会监管理念和监管规则的历史发展过程看,该委员会对风险的基本认识与银行业存在本质的差异,委员会更多地认为风险是一种损失的可能性,而银行作为企业则强调风险的两面性——既有损失的可能性,又有收益的可能性,且以收益为主导。

（二）风险管理的范围不同

监管对银行风险管理范围要求无论是在外延还是在内涵方面都要小于银行自身风险管理的范围。图 3-4 是从风险管理技术层面展示监管与银行风险管理的不同要求,图中上半部分是风险损失的测量,而下半部分是风险收益的测量。这是银行风险管理的全部要求,而监管只针对风险损失中截至 EL[①] 的部分。

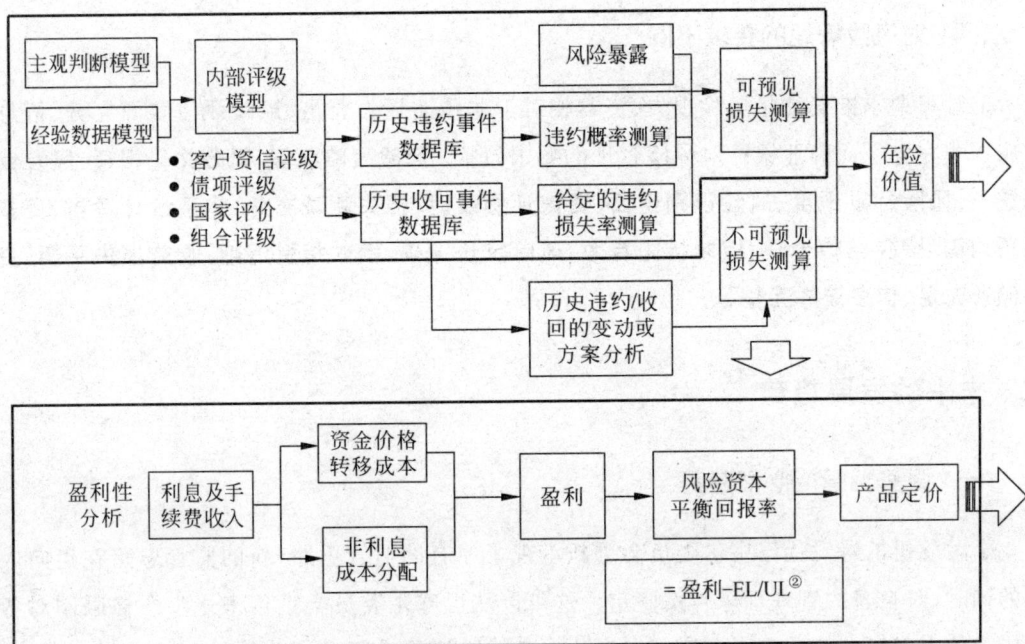

图 3-4　监管与银行风险管理的不同要求

（三）对合规风险的理解不同

中国银监会 2006 年颁布的《商业银行合规风险管理指引》中明确“合规”的定义为:“使商业银行的经营活动与法律、规则和准则相一致。”在这份指引中,中国银监会对合规风险作出了如下定义:“商业银行因没有遵循法律、规则和准则可能遭受法律制裁、监管处罚、重大财务损失和声誉损失的风险。”

显然,中国银监会的这个定义存在逻辑上的可斟酌之处,名为合规风险,说的却是违规之事,既然合规了还会有风险,合规的意义何在? 所以,这个定义的名称应该改为违规风险,即**违规风险是指由于违反法律法规和规章制度而导致企业声誉、财产和预期收益的不确定性**。

---

① 　EL:是指金融机构在一定时间范围内预计会因信用风险而发生的经济损失。

② 　UL:全称为 Underwriters Laboratories Inc.,是全美最具权威的民间机构,其专注于进行安全试验和鉴定。

在商业银行的正常经营中,尤其是在经历了 10 多年的风险管理历程之后,目前在商业银行的实际工作中的确存在一种合规风险。也就是为了合规而合规,以监管层的规则为圣旨,在工作中宁左勿右,导致内控过度,严重影响银行的工作效率和效果。我们将这种因怕违规受罚而导致企业生产和收益的不确定性称为合规风险。其定义是:**合规风险是指企业为了避免外部监管的处罚而盲目、机械地执行相关规定,导致内部控制过度,束缚了生产要素作用的发挥、抑制了生产力的发展,造成企业收益下降的不确定性。**

(四) 对风险管理的要求不同

监管只要求准确测量风险损失、资本相对于非预期损失充足、风险评估全面充分、信息披露透明完整。而商业银行对风险管理的要求包括:**风险战略稳健、风险文化相适、风险偏好统一、风险标准适度、风险识别全面、资信评级及时、损失测量充分、体系设计适当、资本配置均衡、资负结构合理、控制措施有效、风险定价准确、绩效指引清晰、收益损失平衡、资本储备充足、信息披露完整**等。

二、未来的发展趋势

(一) 强势监管成必然趋势

金融危机的爆发让巴塞尔委员会重新审视了原有的监管思路,新的监管思路在走向成熟的同时,对自身的管理理念越发坚定。这可以从巴塞尔委员会近年来逐步严格限制对各类风险的内部模型使用获得证实,2017 年 3.5 版协议最终版本颁布后的一段时间内,这种趋势必然得到进一步的加强。

(二) 剪刀差的扩大趋势

监管资本计提与商业银行不断提升的风险管理能力无关,经济资本与监管资本的剪刀差越来越大。从 2017 年颁布的 3.5 版协议最终版本看,监管要求的资本已经与银行未来可能发生的风险损失没有直接关系。无论是信用风险、市场风险还是操作风险,在严格限制内部模型使用的管理理念与规则要求下,商业银行随着业务规模的不断扩大、风险管理能力的不断提高,根据监管规则计算得到的监管资本与根据内部数据和模型测量得到的经济资本之间的差异,将会逐步扩大并形成剪刀差。剪刀差的逐渐扩大,势必对商业银行的资本管理提出严峻的挑战。

(三) 管理思路与方法要另辟蹊径

监管规则的变化与银行内部风险管理的要求,倒逼银行另辟蹊径,寻求可行的风险管理操作方法。监管理念和规则的变化虽然促使银行间资本的计算趋于标准化,但是风险管理并不是有了充足的资本就高枕无忧了。资本要求风险管理为其寻求风险溢价的本质，必然逼迫银行在满足监管要求的同时，寻求更加准确地测量风险损失的道路。以操作风险测量为例，巴塞尔委员会 2017 年版的监管规则说明委员会并没有放弃对操作风险原有的基本认识，即操作风险与银行收入规模直接相关。这种认识将严重阻碍银行业操作风险测量技术的发展，并终将形成对银行风险管理的桎梏。科学、有效地管理风险的前提是准确地测量出未来可能发生的风险，而不是消极地以资本防范之。只有真正把握住风险可能发生的趋势，才能获得管理的主动权。

即 测 即 练

- **思考与练习**

1. 风险是主观的吗？

2. 风险的客观性表现在哪里？

3. 风险是过程还是结果？

4. 灰犀牛会经常出现并可预测吗？

5. 金融监管当局对风险管理的内容和要求与商业银行不同，说明双方对风险的基本认识存在哪些区别？

6. 国家金融监管总局与银行董事会对商业银行风险管理范围的要求有哪些不同？造成这种不同的原因是什么？

第 四 章

COSO 及风险管理框架

扩展阅读 4.1 成语中的风险管理智慧

• 本章学习要点

1. 了解 COSO 风险及风险管理理念的发展历史；
2. 掌握 COSO 的框架、理念和基本方法；
3. 掌握风险评估的基本方法。

第一节 COSO 框架的概况、变迁与内涵

COSO 是美国全国反欺诈（虚假）财务报告委员会（National Commission on Fraudulent Financial Reporting）下属的发起人委员会的英文缩写。反欺诈财务报告委员会是由美国注册会计师协会（AICPA）、美国会计学会（AAA）、国际财务经理人协会（FEI）、国际内部审计师协会（IIA）和管理会计师协会（IMA）五个组织联合创建的，成立于 1985 年。

1987 年，反欺诈财务报告委员会建议发起组织共同协作，整合各种内部控制的概念和定义，并开始发布相关指引。其中，最重要的指引是 1992 年 9 月提出的《**内部控制——整合框架**》、2004 年 9 月发布的《**企业风险管理——整合框架**》和 2013 年 5 月颁布的新的《**内部控制——整合框架**》。

COSO 的上述指引[①]对于指导企业实施风险管理具有十分重要的现实意义和普遍意义，它同时受到各国金融监管当局的高度重视。一些国家对企业，尤其是对上市公司的监管规定都是以 COSO 的风险管理理念为基础的，例如美国在 21 世纪初制定的《萨班斯-奥克斯利法案》。20 世纪 90 年代初，英国发生了以麦克斯韦事件为代表的一系列财务欺诈案件，引起各界对公司治理问题的广泛关注，1991 年 5 月由财务报告理事会（FRC）、伦敦股票交易所（LSE）及会计职业界共同组成了委员会，就如何改善公司治理和提高财务报告质量展开研究，并于 1992 年 12 月发布研究报告《公司治理的财务方面》[即卡德伯利报告（Cadbury Report）]。卡德伯利报告和 1998 年的哈姆佩尔报告（Hampel Report）以及 1999 年作为公司治理委员会联合准则指南的特恩布尔报告（Turnbull Report）是英国内部控制

---

① 2017 年 9 月，COSO 颁布了《企业风险管理——与战略和业绩的整合》，按照委员会的解释，这个框架是对 2004 年企业风险管理整合框架颠覆性的修改。虽然这两个框架在整体思路、方法论等内容方面存在巨大的差异，但在本质上仍是一脉相承的。而且 2004 年的整合框架在实践中被证明仍然有实际指导意义。

研究历史上的三大里程碑。[①] 近些年来,欧盟连续发布了一系列直接或间接影响上市公司内部控制规则的指令和建议,其中证券和公司法领域相继发布或修订了一个建议和三项指令,对欧盟内公司的内部控制提出了新的要求。2002 年,欧盟公司法专家高层工作组(HLG)在研究报告中建议公司在每年的公司治理声明中披露其风险管理系统方面的信息。2004 年,欧盟发布透明度指令,要求公司年报中出具报告,用以描述其所面临的主要风险和不确定性,且在半年报中也必须包含关于本年度剩余 6 个月内面临的主要风险及不确定性信息的内容。2006 年,欧盟修订会计指令,要求上市公司提供年度公司治理声明,该声明必须包括一份与财务报告相关的公司内部控制和风险管理系统主要特征的描述,并对披露的内容提出了最低要求。2016 年,欧盟修订审计指令,规定公共利益组织(包括上市公司)必须建立一个审计委员会以监督财务报告过程,监督公司内部控制、内部审计、风险管理系统的有效性。审计师必须向审计委员会报告在审计中产生的关键事项,特别是与财务报告有关的内部控制重大缺陷。

一、主要理念和内涵[②]

(一)定义

COSO 对内部控制的定义是:"内部控制是受组织(实体)的董事会、管理层和其他人员所影响的,旨在为营运、报告和合规目标的达成提供合理保证的过程。"

COSO 对企业风险管理的定义是:"企业风险管理是一个过程,它由一个主体[③]的董事会、管理当局[④]和其他人员实施,应用于战略制订并贯穿于企业之中,旨在识别可能会影响主体的潜在事项,管理风险以使其在该主体的风险容量(risk appetite)[⑤]之内,并为主体目标的实现提供合理保证。"

(二)事项——风险与机会

COSO 认为在现实社会中一个事项可能会带来负面的影响,也可能会带来正面的影响,抑或二者兼而有之。带来负面影响的事项代表风险,它会妨碍价值创造或者破坏现有价值。带来正面影响的事项可能会抵消负面影响,或者说代表机会。

---

① 关于赴英国、西班牙开展企业内部控制调研情况的报告[EB/OL].(2019-06-06). http://kjs.mof.gov.cn/diaochayanjiu/201906/t20190606_3272984.htm.

② 本节在对 COSO 风险管理和内部控制两个框架进行介绍时,根据该委员会风险管理框架已经包含内部控制框架的思路,故将两个框架整合在一起进行阐述。

③ "主体"一词来自 COSO 制订发布《企业风险管理——整合框架》,获 COSO 官方授权和认可的国际简体中文翻译版本(东北财经大学出版社 2005 年 9 月第 1 版)。在这里应该理解为企业主体。

④ COSO 框架中的"管理当局"是指企业内部的管理层。

⑤ 风险容量(risk appetite)的标准翻译应该为:风险偏好。本书在介绍与 COSO 相关的内容时均按国内 COSO 体系通常的翻译习惯使用"风险容量"一词,在讲述其他内容时仍使用"风险偏好"一词。

COSO 虽然承认事项兼有正面影响和负面影响,但更多的是强调事项一般分为正面事项和负面事项两种。正面事项给予人们达到预期目标的机会,"机会是一个事项将会发生并对目标——支持价值创造或保持——的实现产生正面影响的可能性";负面事项给予人们风险(损失),风险是一种损失的可能性。管理者应将机会反馈到目标制订过程中,以便制订计划去抓住机会;同时还要制订应对措施防范负面事项带来的风险(损失)。

(三) 目标的实现

任何企业都有既定的使命或愿景,在这个范围内,管理者需要为企业制订战略目标、选择战略,并在企业内部自上而下设定相应的具体目标、分阶段的里程碑和实现目标的路线图。

(1) 战略(strategic)目标:企业层面的目标,与企业使命紧密相关并支撑使命。

(2) 经营(operations)目标:企业实现战略目标的过程也就是实现其经营目标的过程,如何保证企业经营过程中的效率和效果是关键,因此,能够高效率地利用所有资源是企业首先应该考虑的。

(3) 报告(reporting)目标:一个企业特别是上市公司,必须接受市场的检验,对股东负责的同时,也要对市场公众负责,坚持公正、公平的原则。因此,企业必须坚守财务报告的真实性和可靠性。

(4) 合规(compliance)目标:企业实现战略目标的前提是合法、合规经营,企业在经营过程中必须做到知法懂法,所有经营行为必须符合现行的法律法规要求。

(四) 企业风险管理的构成要素

企业为了实现上述四个目标,必须在企业内部各个业务条线、管理部门以及各个分支机构开展风险管理。企业开展风险管理的内容由八个相互关联的要素组成,它们与企业常规的管理模式相似。为了充分发挥风险管理的作用,需要将这八个要素与企业的管理机制和管理过程整合在一起。

(1) 生存环境。[①] 生存环境是指企业在市场中所处的内外部环境,外部环境包含政治、经济、政策、法律等环境要素,内部环境包含企业的组织架构、企业文化、运行机制等内容,这些都为企业风险管理人员如何认识和对待风险建立了基础。

(2) 设定目标。任何管理者都必须根据企业的战略目标制订履行本职责岗位的具体目标,只有设定了明确的目标,管理者才能识别影响目标实现的潜在事项。企业风险管理要求管理者采取适当的程序去设定目标,确保所选定的目标和支持目标实现的方式方法符合

---

① COSO《企业风险管理——整合框架》中将八个要素的第一个要素定义为内部环境[见 COSO 制订发布《企业风险管理——整合框架》,获 COSO 官方授权和认可的国际简体中文翻译版本(东北财经大学出版社 2005 年 9 月第 1 版)],从企业管理实践经验总结看,生存环境不仅应该包括内部环境,还应该包括外部环境,两者共同构成企业的生存环境或称内外部风险环境。故本书在此以"生存环境"代之,为不致引起混乱,本章其他地方仍以内部环境表述。

管理者的使命,并且与企业的风险容量一致。

（3）事项识别。企业的风险管理者必须识别影响上述目标实现的内部和外部的全部事项,并对这些事项进行区分;划分出风险和机会两类不同的事项,为企业管理者制订防范损失的措施和创造收益的条件奠定基础。

（4）风险评估。既然风险可能造成损失,那么就需要管理者通过分析和判断,确定风险发生的可能性和影响,并以此作为决定如何进行管理的依据。风险评估是通过对客观现实的固有风险和企业管理能力的分析判断,以便最终确定可能影响企业的剩余风险。

（5）风险应对。企业需要根据风险评估后可能出现的剩余风险选择风险应对策略,包括回避风险、承受风险、降低风险和分担风险等,无论采取哪种策略,都必须将风险控制在企业的风险容量和风险容限（risk tolerance）[①]以内。

（6）控制活动。企业在制订针对风险的应对措施之后,就需要采取必要的政策与程序确保风险应对措施得到有效的贯彻实施,以便将风险造成的损失控制在企业能够接受的范围以内。

（7）信息沟通。企业为实现战略目标所采取的一切政策、措施都需要自上而下地传达到各级管理人员,企业内部所有的生产经营信息都需要及时反馈给企业的主管部门,这是保障企业有效运行的基础。因此,信息在企业内部向下、平行和向上流动的渠道至关重要,一个企业内部信息沟通的及时性和有效性是企业管理机制的重要内容之一。

（8）监督评价。企业各项管理政策、措施在贯彻执行的过程中,难免由于各式各样的客观原因或主观原因而衰减,为了及时了解和掌握企业运行过程中的所有情况,需要对企业运行过程进行全面监督和相对客观的评价;为了保证此项工作的客观公正,企业管理者需要安排相对独立的部门或人员实施此项工作。

（五）有效性

分析判断一个企业的风险管理是否"有效",首先需要分析企业内部管理是否存在上述八个要素,其次是评估这八个要素运行的有效性。因此,这八个要素是企业风险管理的制度保证,是判定企业风险管理有效性的前提标准。这八个要素如果存在并正常运行,那么就基本上可以保证企业政策、制度的顺利执行[②],即使有风险也可能已经被控制在企业的风险容限之内。

通过八个要素有效性的分析,判断企业风险管理所有四类目标的相关措施是否得到有

---

① 风险容限（risk tolerance）的标准翻译应该为:风险容忍度。本书在介绍与COSO相关的内容时均按国内COSO体系通常的翻译习惯使用"风险容限"一词,在讲述其他内容时仍使用"风险容忍度"一词。

② COSO原文中在此处的提法是"那么就可能没有重大缺陷",但从商业银行的实践看,"缺陷"是指体系、制度建设的问题,而这里是在讲体系和制度的执行问题。执行只有无效（失效）和有效之说,不存在执行有无缺陷的问题,如果一定要说执行有缺陷,细究起来所谓的缺陷问题仍然是制度的问题。执行中出现无效的情况可能说明体系和制度存在缺陷,但是,仅通过八个要素的实施无法直接判断体系和制度层面是否存在缺陷,八个要素的实施只能在制度层面保证各项制度措施的顺利执行,而执行是否有效则另当别论。

效执行,是董事会和管理层合理保证企业实现其战略目标、经营的效率效果、财务报告真实可靠以及合法合规经营的基本程序。

(六) 涵盖内部控制

COSO《企业风险管理——整合框架》明确提出,内部控制是企业风险管理不可分割的一部分,风险管理框架已经涵盖内部控制,从而构建了一个更强有力的概念和管理工具。尽管 COSO 的《内部控制——整合框架》中的正文只有一部分被《企业风险管理——整合框架》所引用,但是《企业风险管理——整合框架》通过参考方式已经将《内部控制——整合框架》整体融合进来。

(七) 职能与责任

企业风险管理要求企业中的每个人都对企业风险负有相应的责任。首席执行官(CEO)负有首要责任,这是假设其拥有所有权;否则,企业的董事长就应该负有首要责任。总之,一个企业的风险管理首要责任应该由该企业的实际一把手承担。其他管理人员应该支持企业的风险管理理念,并在履职过程中保证企业的风险管理措施有效执行,确保企业发生的风险损失控制在企业的风险容量和风险容限以内。

(八) 内部控制五大要素的 17 项原则

COSO 在 2013 年针对原有的《内部控制——整合框架》进行了修改补充,主要是对内部控制的五个要素进行细化,提出了具体落实五大要素的 17 项原则。这 17 项原则是落实五大要素的指引,可以帮助企业有针对性地组织落实五大内部控制要素。

第一,控制环境。

(1) 企业对诚信和道德价值观的承诺。

(2) 监督控制的执行。

(3) 建立健全组织架构,合理授权和责任等机制。

(4) 提高管理人员能力。

(5) 增强相关责任制。

第二,风险评估。

(1) 识别和评估风险,制订明确目标。

(2) 对影响其目标实现的风险进行全面的识别和分析。

(3) 考虑舞弊行为及相关风险。

(4) 识别和评估对内部控制体系可能造成重大影响的变更。

第三,控制活动。

(1) 选择并制定控制活动。

(2) 为用于支持目标实现的技术选择并制定一般控制政策。

（3）通过合理的政策制度和切实的执行流程部署控制活动。

第四，信息沟通。

（1）获取相关的信息。

（2）进行内部沟通。

（3）进行外部沟通。

第五，监督活动。

（1）实施持续且（或）独立的评估。

（2）评估内部控制的缺陷，并就相关问题进行汇报。

二、基本原理

（一）企业全面风险管理框架

COSO 企业全面风险管理框架由三个层级构成（图 4-1）。最上面的是战略指导，包括企业的风险战略、风险容量和风险容限。最下面是企业的管理基础，包括组织架构与制度、风险管理文化与监督。中间是企业管理程序，企业利用风险管理工具诸如风险控制自我评估、关键风险指标等对企业内部的风险进行识别、评估并在此基础上制定应对策略，然后组织实施相关的控制措施，最后对实施效果进行评价，判断管理的效率和效果。企业在完成上述风险管理程序之后，需要对企业的风险现状进行再评估，对于管理失效后可能产生的剩余风险要采取新的应对措施，防止风险（损失）的发生。企业实施风险管理程序的效果不可能一蹴而就，因此，其管理过程也不是一次性的，而是循环往复的。企业需要针对管理措施实施后失效所产生的剩余风险，结合企业最新情况，分析、判断企业所面临的新形势、新风险，并将其作为下一轮风险管理的对象。

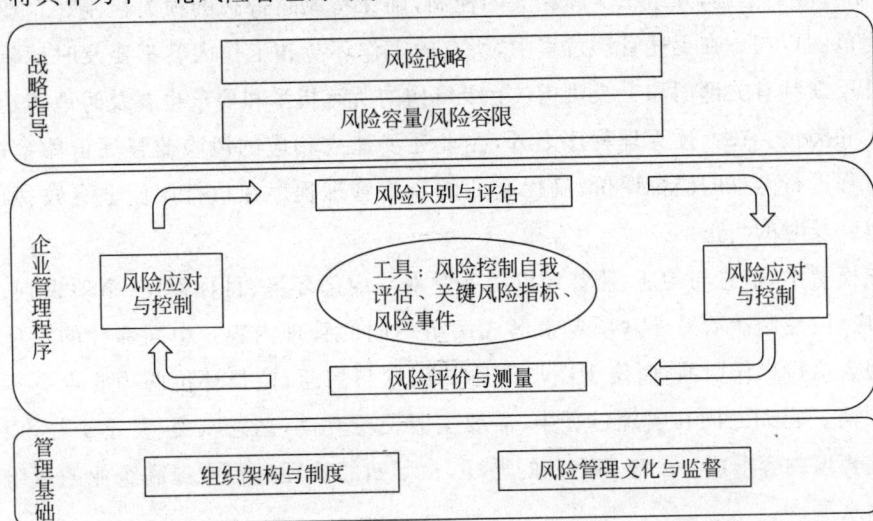

图 4-1　COSO 企业全面风险管理框架

（二）企业风险管理模型

为了保证企业在实施风险管理过程中，有效地运用COSO《企业风险管理——整合框架》中提出的八项管理要素，COSO提出了一个企业风险管理整合框架，详见图4-2。

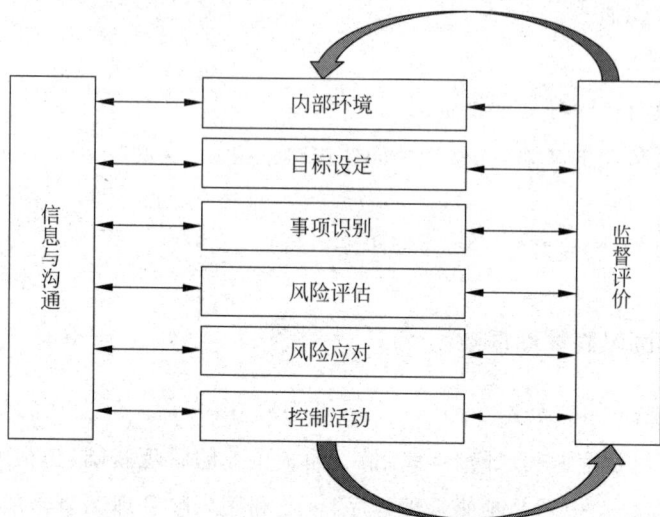

图 4-2　COSO 提出的企业风险管理整合框架

图 4-2 清晰地向我们展示了八个要素之间的关系和运用原理。企业在实施风险管理过程中，首先从分析内、外部风险环境入手，充分了解企业所处的形势。然后根据企业董事会制订的总体战略和自身的实力，设定企业具体的发展目标。明确目标之后，企业需要对影响目标实现的所有潜在的事项进行逐一的识别、分析，判断其是正面事项或是负面事项，正面事项带来机会，负面事项可能存在风险。针对风险进行评估，确定其发生的可能性和影响程度，制订应对措施，并组织实施相关的控制，确保将风险带来的损失控制在企业的风险承受能力范围以内。在上述管理过程中，所有的工作环节和工作内容都要及时地将有关信息传导并反馈到有关部门和上级机构；上级机构的所有指示和要求也要及时地传达到下级相关机构和岗位。在上述管理程序之外，企业还要建立相应的风险监督评价体系，对企业的管理过程进行全程的监督评价，确保企业的风险管理程序在执行层面上有效、发现的问题能够得到及时的纠正。

在该模型中，信息与沟通、监督评价两项要素与内部环境、目标设定、事项识别、风险评估、风险应对、控制活动另外六项要素形成两组不同的管理内容。中间部分的六项要素更多地体现为执行操作层面，而位于图形两侧的信息与沟通、监督评价两项要素更多地体现为管理层面。它们之间在实施过程中，需要实时交流互动，切忌割裂、互不交往，而且一定要让这些管理内容形成一个螺旋上升的循环，在不断的管理过程中提高企业的风险管理和内部控制水平。

（三）COSO 八要素和风控体系建设与执行的关系

COSO《企业风险管理——整合框架》提出企业风险管理包括内部环境、目标设定、事项识别、风险评估、风险应对、控制活动、信息与沟通、监督评价八个相互关联的要素。它们来源于管理当局经营企业的方式，并与管理过程整合在一起。从企业操作风险管理和内部控制的实践看，这八个要素不仅是企业风险管理的内容，也是风险管理的一个过程，还是企业操作风险管理和内部控制评价的内容和关注节点。

一个企业的风险管理体系和内部控制体系建设主要围绕以下两个方面进行：第一，体系及制度的建设；第二，体系运行的效果。从风险控制的角度看，COSO 八要素具有同等重要的地位，但是在具体的体系或制度建设中，**内部环境、目标设定、事项识别、风险评估、风险应对、信息与沟通、监督评价主要反映的是制度建设层面的内容，而控制活动反映的是制度执行层面的内容**。这是因为，内部环境、目标设定、事项识别、风险评估、风险应对、信息与沟通、监督评价要素需要通过制度的制订体现要素内涵，而其具体的落实则是通过控制活动加以体现。控制活动是各项制度的具体落实，控制活动行为本身仅仅是执行的问题，属于组织的具体行为，虽然同样需要在制度层面加以规范，但是在制度层面的规范，其本身已经超出风险控制要素范畴，不属于执行的问题，而是制度建设的问题。

企业在构建风险管理体系和内部控制体系的过程中，需要处理好体系建设和体系运行的关系，这其中特别强调严格把握"体系建设的适当性和体系执行的有效性"原则问题。

体系建设的适当性原则是根据"风险管理是个非线性过程"的定义提出的，它要求风险管理体系和内部控制体系建设、规章制度的制定宽严程度适中，既不能留有隐患和漏洞，也不能操之过严而束缚生产要素作用的发挥、影响生产力的发展。这是因为，做任何事都不能走极端，要把握用力的"度"，中国传统的中庸之道在风险管理和内部控制中显得尤为重要。风险管理就是要在收益和损失之间找到其平衡点，但平衡不是相等，若收益和损失相等，风险管理就没有意义了。企业在市场经营中不可能没有损失，只要企业的收益足以覆盖未来可能的（预期和非预期）损失，并在消化损失后保持企业的盈利和创造的经济增加值达到或超过股东大会和董事会的要求，这个企业就是成功的。体系建设的适当性要求企业容忍其风险管理体系与内部控制体系的建设过程中存在瑕疵和缺陷，而这种瑕疵和缺陷并非主观故意，而是设计人员对客观现实认识不足所致。对瑕疵和缺陷的认定是体系建设完成后经过实践检验得出的结论，只要瑕疵和缺陷在企业容忍度范围以内，我们就可以接受。

体系执行的有效性是指企业在日常经营中，必须根据风险管理和内部控制的相关规定百分之百地贯彻落实。提出这样的要求是源于体系建设的最终目的就是体现体系建设的初衷和体系的价值，体系设计得再好，也是用于执行的。要求百分之百地贯彻落实就是确保体系执行的有效性，它主要体现在三个方面：其一，风险管理体系和内部控制体系执行的有效性是保障企业战略实施和企业经济增加值增长的基础；其二，任何管理都会出现失效和无效的情况，只有在主观上要求百分之百地贯彻落实才能最大限度地体现执行的有效性;其三,只有做到百分之百地贯彻落实,才能在体系出现问题时,确定是体系设计存在缺陷。

COSO 八要素中"控制活动"要素与其他七个要素的区别在于它是具体的执行问题。作为执行要素就存在执行的效果问题,效果好,可以说明体系和制度的设计没有问题,符合实际要求;效果如果不好,则首先要看其是否严格按照制度执行,没有严格执行,可能不是制度本身的问题,需要再进行严格的测试,检查执行的偏离度。只有当严格执行制度且效果不好时,才能判断是制度本身的问题。此时,则需要检查制度层面是否存在缺陷或漏洞。

(四) COSO 八要素与管理目标的关系

COSO 在《企业风险管理——整合框架》中明确说明,企业的经营管理目标包括战略目标、经营目标、报告目标、合规目标、资产安全目标五项内容。[①]

企业开展风险管理和内部控制的最终目的是保证企业经营目标的实现。在企业上述的五大目标中,报告目标是企业的终极目标,其他目标都是为了实现这一目标而提供的保证。企业为了实现报告目标,首先要制订战略,在战略确定之后,需要通过有效的经营实现预订的报告目标,在这个过程中企业会面临各种各样的不确定性,而这些不确定性可能导致企业资产和预期收益的损失,因此企业还需要制订保证各种资产安全的目标。企业实现上述目标需要在制度层面给予保证,维系一个企业的正常运转要靠制度,而制度的执行就是控制活动,是企业内部各级机构、各个部门按照既定的制度合规执行的过程。综上所述,企业经营目标与 COSO 八要素之间的关系见表 4-1。

表 4-1　企业经营目标与 COSO 八要素之间的关系

评 价 对 象		内部环境	目标设定	事项识别	风险评估	风险应对	控制活动	信息与沟通	监督评价
内部控制体系	内控设置适当性 战略	√	√	√	√	√		√	√
	经营	√	√	√	√	√		√	√
	报告	√	√	√	√	√		√	√
	资产安全	√	√	√	√	√		√	√
	内控执行有效性 合规						√		

企业在制度建设中紧紧围绕着如何实现战略、经营、合规、报告和资产安全五大目标进行,通过对内部环境、目标设定、事项识别、风险评估、风险应对、信息与沟通、监督评价七个要素的实施,确保企业制度建设适当,满足实现企业经营目标的要求。制度建设解决了有

---

① COSO 在《企业风险管理——整合框架》中只提出战略、经营、报告和合规四个目标,资产安全是财政部等五部委在《企业内部控制基本规范》中提出的第五个目标。鉴于财政部等五部委制定的《企业内部控制基本规范》与 COSO《企业风险管理——整合框架》一脉相承,为了便于统筹考虑,这里将它们整合在一起加以说明。

章可循的问题,按章办事则是要将企业的经营活动控制在规定范围以内,合乎规矩地执行各项制度,以保证企业实现经营目标。因此,合规是一种行为,合乎各项规矩的行为,属于制度执行层面的内容。而如何做到合规需要有制度约束,则是制度建设层面的内容,属于风险应对范畴。

(五)风险评估方法

COSO风险管理框架中的八个要素在具体的实施过程中,风险评估是难度较大的一项工作,这主要是源于风险评估的结论将直接影响到后续的工作安排,所以,如何准确无误地根据企业内部的组织结构特征,将不同业务条线、分支机构的风险现状客观、公正地加以表现,评估的方法和标准等技术问题就显得尤为重要。这里仅就COSO风险评估基本原理做简要介绍。

COSO评估风险的基本原理可以用式(4-1)加以说明:

$$固有风险 - 控制质量 = 剩余风险 \tag{4-1}$$

在式(4-1)中,固有风险是指事项(物)客观存在的风险,即现实中原有的风险。控制质量是指企业针对固有风险实施的管理。剩余风险是指企业在针对固有风险实施管理后,固有风险下降后的残余风险。固有风险和剩余风险分为高、中、低三档,控制质量分为强、可接受和弱三级。这里只介绍了基本原理,在实务操作中,可以根据需要分成若干档和若干等级。这里需要特别说明的是,式(4-1)仅仅是一个原理表达式,在实际操作中固有风险和控制质量并不存在加减的关系。COSO提供的方法完全是由主观判断而来,具体操作模式见表4-2。

表4-2　企业业务活动中的风险评估

控制质量	业务活动的固有风险		
	低	中	高
	剩余风险评估		
弱	低或中	中或高	高
可接受	低	中	高
强	低	低或中	中或高

企业在风险评估时,首先,对客观存在的固有风险进行评估,按照风险的大小分为高、中、低三档;其次,对风险管理能力水平进行评估,按照控制质量的结果分为强、可接受和弱三级;最后,根据表4-2中按照剩余风险评估的标准对剩余风险进行判断。例如,当固有风险低的时候,如果控制质量强,其剩余风险就是低的;当固有风险高的时候,如果控制质量弱,其剩余风险一定是高的,即使是强的控制质量,对于高固有风险,其剩余风险也可能是中的,甚至是高的。

第二节　COSO 框架的意义与不足

一、COSO 框架对企业风险管理的意义

（一）统一基本概念

COSO 框架整合、统一所有行业风险管理与内部控制的基本概念和定义，树立标杆。风险是一种可能性，还是不确定性？是对目标的影响，还是对收益的影响？或是对损失的影响？不同人、不同机构、不同企业都会有各自的理解。这种差异对于市场监管当局而言，绝不仅是管理成本增加的问题，它会引起管理的混乱，导致监管法规产生歧义。COSO 在企业管理层面上为所有上市企业统一了风险及风险管理的基本概念，其意义就在于将风险管理标准化了。

（二）提供了一个交流平台

COSO 框架为不同水平、不同经历、不同职业的各类人员提供了一个讨论风险管理与内部控制的交流平台。由于风险的普遍性，"风险"对于所有人而言并不是一个陌生的词汇，稍有阅历或企业管理经验的人都可以对风险和风险管理提出一堆个人的见解。然而，从企业风险管理角度而言，要求所有员工参与其中，这就推动了不同学历、不同经历、不同水平、不同职业的人在一起讨论一个话题。由于每个人的视角不同、对问题的理解不同，这种讨论往往就会形成各说各话、谁也听不懂对方在讲什么的局面。即使大家都在说"程序"，不同的人可以理解为"工序""步骤"或"流程"，而在说"流程"时，又可以有其他理解或解释。其导致的结果是，大家都无法准确理解对方所阐述的事物、问题和观点。

（三）方法简单易行

COSO 的方法论没有很深的理论阐述，更不需要有数学、统计等计量经济学基础，其基本方法简单、容易理解，而且符合一般有一定管理经验人员的思维习惯。因此，其方法论比较容易普及。

（四）具有很强的可操作性

COSO 框架对企业内任何层级的部门或机构都具有很强的可操作性，对单一、小型企业具有积极的指导意义。对于任何企业的管理者而言，无论所从事的行业是什么，也无论在企业内部处于何种岗位，COSO 提出的方法论都是可以实施的，具有很强的可操作性；对于内部组织结构单一的小型企业而言，COSO 方法论也是开展风险管理的最佳教材和工具。

（五）适合各种行业的风险管理

将 COSO《内部控制——整合框架》和《企业风险管理——整合框架》看作一个整体,可以作为各行业所有企业开展内部控制和操作风险管理的基础指引。[①]

COSO 为所有企业提供了一个开展内部控制和操作风险管理的基本工具与入门指引,任何一个企业如果全面落实 COSO《企业风险管理——整合框架》,不仅为该企业有效运行奠定了坚实的基础,而且为企业下一步开展全面风险管理提供了必要的条件。对于所有准备开展操作风险测量的企业,包括商业银行,落实并实施 COSO《企业风险管理——整合框架》是开展操作风险识别和测量的重要途径与方法,对于采集操作风险测量数据可以起到事半功倍的效果。[②]

二、COSO 框架的不足之处

COSO《企业风险管理——整合框架》虽然具有上述诸多优势,但是其基本理念和方法论在实践中还是受到了挑战,就其方法论中的问题表述如下。

（一）对于复杂的内部风险无能为力

COSO 方法论在处理具有复杂关系的企业内部风险时显得力不从心。COSO《企业风险管理——整合框架》中提道:

在应用企业风险管理时,主体应该考虑全部活动。企业风险管理考虑组织的各个层级的活动,从诸如战略规划和资源配置等企业层次的活动,到诸如市场营销和人力资源等业务单元的活动,再到诸如生产和新客户信用评价等经营流程。企业风险管理要求主体对风险采取组合(portfolio)的观念。这就要求负责一个业务单元、职能部门、流程或其他活动的每一名管理人员对各自的活动形成一个风险评估。这种评估可能是定量的,也可能是定性的。然后高层管理当局采用复合(composite)的观念看待组织中的所有层级,以便确定该主体的整体风险组合是否与它的风险容量相称。管理当局从主体层次的组合角度考虑相互关联的风险。主体中单个单元风险可能在该单元的风险容限范围之内,但是,聚集(be taken together)到一起可能会超出该主体作为一个整体的风险容量。或者刚好相反,潜在事项在一个业务单元中可能意味着不可接受的风险,但是在其他业务单元中存在抵消效应。相互关联的风险需要识别和发挥作用,以便使整体风险符合主体的风险容量。[③]

---

①　商业银行的实践证明,针对信用风险和市场风险已经有更加成熟的风险测量和管理方法。COSO 的方法对这两种风险的管理已经没有实际意义,但是,对于管理这两种风险过程中出现的操作风险仍然具有现实意义。

②　具体采集操作风险数据并开展相关测量的方法,详见中国金融出版社 2014 年 6 月出版的《商业银行操作风险管理暨内部控制评价理论与方法》(周玮著)。

③　摘自 COSO 制定发布的《企业风险管理——整合框架》、获 COSO 官方授权和认可的国际简体中文翻译版本,由方红星、王宏译,东北财经大学出版社 2005 年 9 月第 1 版,第 23 页。

上述 COSO 有关风险管理的描述中提到了"风险容量"和"风险容限"两个概念。根据 COSO《企业风险管理——整合框架》的解释,"风险容量"是指"主体在追求价值和业务目标的过程中愿意承受的风险水平"。"风险容限是相对于目标的实现而言所能接受的偏离程度。它能够被度量,而且最好采用与相关目标相同的单位来进行度量"。

根据 COSO 上述风险管理理念,企业风险管理的对象可以是企业中的一个职能部门,也可以是某个业务单元,或是一个业务流程;无论是哪一种,在实施风险管理过程之中,首先需要对其面临的各类风险事项进行识别,然后针对不同的风险进行评估,判断其固有风险的大小。正像前面提到的,高层管理当局采用复合的观念看待组织中的所有层级,以便确定该主体的整体风险组合是否与它的风险容量相称。对于主体中单个单元的风险可能在该单元的风险容限范围之内,但是,聚集到一起可能会超出该主体作为一个整体的风险容量。所以,风险的管理者不仅要对企业主体中每个业务单元,或是每个业务流程,或是每个职能部门的固有风险进行评估,还要将不同业务单元、业务流程、职能部门的固有风险"聚集"到一起,以防止"聚集"到一起的风险超出企业主体的整个风险容量。这里关键的问题是,一个企业从横向看会有很多职能部门,从纵向看会有若干层级,企业管理层对企业内部各个单一的部门或业务单元进行独立的风险评估比较容易,但是如何将企业多层级的各个部门或业务单元的风险全部组合到一起,是目前 COSO 体系尚需要进一步明确的问题。COSO 颁布的《企业风险管理——整合框架》中提出的将各个业务单元的风险"聚集"到一起的解释,说明 COSO 体系尚没有对一个企业在不同的层级、部门或业务单元中的风险如何组合在一起提供一个科学、清晰的方法。COSO 承认将不同层级、部门或业务单元的风险聚集到一起的目的是防止各个业务单元的风险聚集到一起后超出该企业主体作为一个整体的风险容量。COSO 在这里提出的聚集到一起的概念显然只是简单汇总相加的概念,这是错误的。我们知道风险无论是损失的可能性还是预期收益的不确定性都是对未来的一种预测,由于风险不会同时发生,所以风险是不能相加的。① 既然风险不能汇总相加,那么如何将一个企业主体中不同层级的部门、业务单元中的风险组合起来呢?COSO 目前仅仅通过管理者的主观分析判断的方法显然缺乏严谨性,即使是专家也难免由于看问题的角度、获得信息的多寡和真实性而使可信度降低。

(二)对于企业集团的风险如何评估未能提供有效方法

COSO 对企业风险管理的方法严格来说是针对单一个体而言的,但对由多个部门、多层级机构的众多业务单元组成的企业尤其是企业集团而言,其操作性就明显不足了。加之前面提及的 COSO 体系缺乏对企业整体风险组合的方法,因此,COSO 体系对于企业集团的整体风险评估缺乏有效方法。以国内大型企业为例,目前,我国的大型企业如中国石油、中国移动等普遍按照行政区设置分支机构,各省、自治区、直辖市的情况千差万别,即使在

---

① 关于风险不能相加的原理将在第五章详述。

同一个省内不同地市级分支机构,由于其管理者的学历、水平、经历等存在差异,每个机构之间的差异也是很大的。面对如此众多不同情况的分支机构从整体层面给予统一、科学的风险评估,仅仅通过一些专家的定性分析和一些表面数据的定量分析是不足为据的;即便是将两者结合建立一个专家模型,由于主观因素众多,在不同使用者面前也难免出现不同的结果。

总之,通过对大型企业实际业务操作过程分析,COSO 方法论对单个业务单元或单一机构进行风险评估是可行的;对于不掌握数据的分支机构而言,利用 COSO 风险管理理念实施企业风险管理应该是一个不错的选择;但对于企业集团的整体评估则缺乏由点到面、由局部到全局的高效率的统一方法。

(三)无法处理道德风险引发的欺诈舞弊与一般操作风险的关系

道德风险引发的欺诈舞弊和一般的操作风险虽然存在许多相似之处,但这两者之间的本质差异在于前者是主观故意,而后者是非主观故意的。这两种风险除了成因不同外,其检查手段或是管理方法也有本质的区别。从检查手段看,一般的操作风险检查主要是围绕合规和内控有效性进行,方法包括问卷调查、现场访谈、穿行测试、文档检查、控制测试和实质性测试等。而反欺诈舞弊的检查除了使用上述方法外,在选取抽样方法上更多地利用检查人员的经验进行分析、判断,找出可疑点后再运用"发现抽样"的方法有针对性地进行现场物证的收集。用一个简单例子说明一般合规性检查抽样与反欺诈舞弊检查抽样方法的区别,假设一个机构有 1 500 人,我们要计算并找出可能突然发生心肌梗死病症的人群比率,前者会用统计学的抽样方法以 1 500 人为基础组织选取抽样样本;而后者则会先将 40 岁以上的有心肌梗死家族病史、肥胖、高血压、高血脂的人从总体人群中分离出来,然后再在这个人群中进行分析。COSO 的方法比较适用于合规性内控检查,对于反欺诈舞弊的检查则显得针对性不强。同时,COSO 更多的是强调董事会和管理层对企业的责任,对于如何细化管理体系缺乏指导。例如,其对一线经营部门和二线管理部门在内部控制与操作风险管理上的职责并没有给予明确的说明。

(四)无法评价企业风险管理与内部控制的效果

在不少以 COSO 理念为基础的监管指引或规定中,经常有对企业的内部控制体系或风险管理的建设成果提出合理性、充分性、适当性、有效性的达标要求。那么什么是风险管理或内部控制的合理性、充分性、适当性和有效性呢?如果只是达到了其中某一项或几项,企业的风险管理和内部控制是否就一定存在不完善之处呢?

COSO《企业风险管理——整合框架》中对企业风险管理只是提出了有效性问题。

确定企业风险管理是否有效,是在对八个构成要素是否存在和有效运行进行评估的基础上所做的判断。因此,构成要素也是判断企业风险管理有效性的标准。构成要素如果存在并且正常运行,那么就可能没有重大缺陷,而风险则可能已经被控制在主体的风险容量范围以内。如果确定企业风险管理在所有四类目标上都是有效的,那么董事会和管理当局就可以合理保证它们了解主体实现其战略和经营目标的程度、主体的报告是否可靠以及是否有适用的法律和法规。八个构成要素在每个主体中的运行并不是千篇一律的。例如,在中小规模主体中的应用可能不太正式,不太健全。尽管如此,当八个构成要素存在且正常运行时,小规模主体依然会拥有有效的企业风险管理。[①]

从上述内容可以看出,COSO 认为一个企业的风险管理或内部控制是否有成效,在没有出现重大事故、案件的情况下,可以通过对企业内部各个业务单元的风险评估进行判断。判断的方法是了解八个要素是否存在且运行正常,如果答案是肯定的,说明管理是有效的;反之,则要做进一步分析。分析时,首先要看八个要素不能正常运行的原因,如果制度执行即控制活动要素没有问题,那么就可能是制度的设置即风险应对要素有问题。如果风险应对要素也没有问题,那么问题可能出在内部环境、事项识别和风险评估这几个要素上,这些要素出问题都会导致对风险的认识出现偏差,其表现形式是风险应对措施即制度设置脱离实际,从而导致控制失效。因此,对于一个企业、一个部门、一个业务单元而言,对其风险实施管理或内部控制应该从两个方面进行:其一是制度的设置;其二是制度的执行。前者是风险应对要素,后者是风险控制要素。前者取决于内部环境、目标设定、事项识别和风险评估等要素,管理者只有在这些要素正常运行的基础上,才有可能制订正确的风险应对措施即设置适当的制度。而信息与沟通、监督评价是后者贯彻到位的保障,各项制度措施只有切实传达培训到每个控制岗位,在实施过程中及时跟进、监督、检查、落实是否存在漏洞并加以改进,才能保证控制制度作用的有效发挥。所以,对于风险管理或内部控制应该从制度设置的适当性和制度执行的有效性两个方面进行建设与评价。

在风险管理或内部控制中不宜提倡合理性、充分性。这是因为,首先,客观环境是在不断变化的过程之中,管理者对客观事物的认识需要一个过程,今天的认识未必是真实的、客观的,而当你真正认识客观事物时,其本身可能又发生了变化。其次,管理者对客观环境采取的应对措施是否符合客观环境也需要一个过程,不断地在实践中摸索以期达到最契合客观事物的境界。正所谓客观环境没有什么是绝对的,凡事都只能是相对而言。所以,在风险管理或内部控制的制度设置中没有什么合理性或充分性,我们可以力求制度的合理性,但是在不同的层面、不同的角度,利益不同则要求不同,以何为标准才合理呢?同样我们在制定制度时,可以将问题尽可能地考虑得充分,但不宜提倡制度的充分性,更不能作为要求提出。一旦上级在管理上提出充分性的要求,下级在内部控制上就会只做加法,而不会去考虑这样做的负面影响,其结果必然是在做到充分的同时,也就可能是控制过度之日。

[①] 摘自 COSO 制定发布的《企业风险管理——整合框架》、获 COSO 官方授权和认可的国际简体中文翻译版本,由方红星、王宏译,东北财经大学出版社 2005 年 9 月出版,第 30-31 页。

在对一个企业进行内部控制评价时,不仅要评价其风险管理或内部控制制度设置的适当性和制度执行的有效性,还要对评价结论进行分析,找出其风险管理体系或内部控制体系中的问题。这实际上就是八个要素中监督评价要素的实施过程。在这个过程中,管理者需要分别针对企业内部不同部门、不同业务单元的风险管理或内部控制按照 COSO 的八个要素进行分析,并逐一分析产生和可能产生的问题对四个目标的影响,然后将这一分析过程和结果汇总形成对这个企业完整的评价结论。这个分析、汇总的过程中,由于所有的工作都是管理者基于现实的定性、定量分析,且要根据不同部门、不同业务单元从制度设置的适当性和制度执行的有效性出发,应该分别按照八个要素对应四个目标而得出结论。其相互之间关系的复杂程度可以通过表 4-3～表 4-8 表示出来。

表 4-3　COSO 的八个要素与四个目标的相互关系(1)

目　　标	内部环境	目标设定	事项识别	……
战略				
经营				
报告				
合规				

表 4-4　COSO 的八个要素与四个目标的相互关系(2)

目　　标	战略	经营	报告	合规
分支机构				
业务条线				
操作流程				

表 4-5　COSO 的八个要素与四个目标的相互关系(3)

目　　标	内部环境	目标设定	事项识别	……
分支机构				
业务条线				
操作流程				

表 4-6　COSO 的八个要素与四个目标的相互关系(4)

目　　标	战略	经营	报告	合规
合理性				
全面性				
适当性				
有效性				

表 4-7　COSO 的八个要素与四个目标的相互关系(5)

目　　标	内部环境	目标设定	事项识别	……
合理性				
全面性				

续表

目　　标	内部环境	目标设定	事项识别	……
适当性				
有效性				

表 4-8　COSO 的八个要素与四个目标的相互关系（6）

目　　标	分支机构	业务条线	操作流程	……
合理性				
全面性				
适当性				
有效性				

表 4-3～表 4-8 中包括四个维度的分析：机构、目标、两性和八要素。将四个维度的内容通过二维图表表示出来是一项十分复杂的工程，企业横向的部门越多、纵向的层级越多，产生的分析报表就越多。如果是一家拥有上万个分支机构、资产在万亿元以上的企业集团，做这样一次全面的分析评价所产生的物理报表放在一起将会是个以立方米为单位的测量数据。

（五）管理的内在关系复杂

在评价风险管理四类目标、八个要素与企业风险管理体系和内部控制体系建设的关系过程中，操作极为复杂。COSO《企业风险管理——整合框架》中对于目标与要素之间的关系是这样描述的：

目标是指一个主体力图实现什么，企业风险管理的构成要素则意味着需要什么来实现它们，二者之间有着直接的关系。这种关系可以通过一个三维矩阵以立方体的形式表示出来（图 4-3）。四种类型的目标——战略、经营、报告和合规——用垂直方向的列表示，八个构成要素用水平方向的行表示，而一个主体内的各个单元则用第三个维度表示。这种表示方式使我们既能够从整体上关注一个主体的企业风险管理，也可以从目标类别、构成要素或主体单元的角度，乃至其中的任何一个分项的角度去加以认识。[①]

COSO 用一个立方体表示一个企业内部各个业务单元与企业整体目标和八个要素之间的关系。这里一个企业内部各个业务单元只能理解为一个企业内部横向的各个业务部门，在这个维度中各个部门是相互独立的，每个部门作为一个整体面对另外两个维度（图 4-4）。注意在一个主体内，各个业务单元维度中的各个业务单元不能理解为企业内部某一个部门或业务条线纵向的业务层级。

---

① 摘自 COSO 制定发布的《企业风险管理——整合框架》，获 COSO 官方授权和认可的国际简体中文翻译版本，由方红星、王宏译，东北财经大学出版社 2005 年 9 月出版，第 49-51 页。

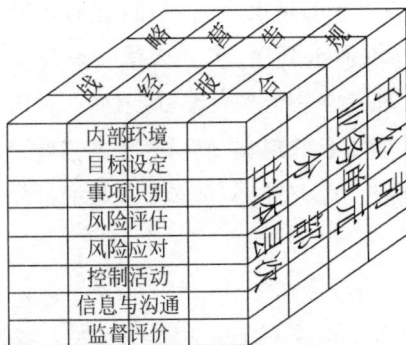

图 4-3　COSO 体系三维立方体图　　　图 4-4　每个部门作为一个整体与其他两个维度相关

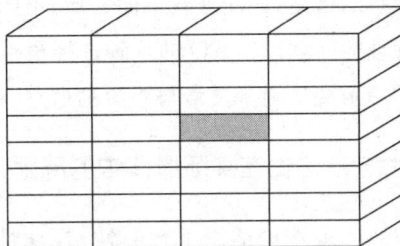

以上述理解为前提,COSO《企业风险管理——整合框架》中四个目标、八个要素和主体内各个业务单元之间的关系在对该企业内部风险管理体系或内部控制体系进行风险评估或内部控制评价时存在下列需要澄清的问题:①对某一个业务单元而言,在分析其是否达到四个目标时,需要分别对每个目标进行一次八个要素的分析;②八个要素之间是否有主次之分;③在这个立方体的三维矩阵中,如何体现主体中纵向层级之间的关系。而纵向层级中的每一级都存在前述之问题。

这与前面提到的"如何评价企业风险管理与内部控制的效果"这一疑问是相通的。COSO 的方法论对于一个简单主体或基层机构而言,其可操作性比较强;但是对于一个大型企业集团而言,在实际执行的过程中是很难操作的。

(六)缺少风险测量技术与手段

COSO 理念明确风险管理是个过程,通过对企业内部环境的分析,在确定企业经营目标的前提下,找出风险事项并进行风险评估,得到固有风险,针对固有风险制订风险应对策略和措施,并组织实施控制,在保证企业内部信息渠道畅通的基础上对管理者进行风险控制的过程实施监督,发现存在的不足和漏洞,及时加以纠正。通过上述管理过程,固有风险降低至剩余风险,至此完成一轮风险管理的过程。留下来的剩余风险作为下一轮管理过程的固有风险。风险管理就是这样一轮一轮的管理过程,经过每一轮的管理,在原有风险降低的同时,还会面临新的风险。这个轮回过程是一种螺旋式上升的过程,其间剩余风险不断下降,风险管理理念不断得到普及,管理技术与手段不断提升和优化。然而,遗憾的是在上述管理过程中主要的是通过专家的定量、定性分析得出风险评估的结论。这种专家判断的方法受制于各种因素,主观臆断的可能性极大,虽然事出有因、判断有据,但难免由于专家的差异化导致评价结论不一致。这种现象的存在从根源上说是源于 COSO 体系对于风险还仅仅停留在评估阶段,尚未达到测量阶段。在现代企业管理中,缺乏信息支持的管理是一种盲动的管理,缺乏数据支持的管理是无的放矢的管理。

COSO 体系目前无法达到像国际金融企业一样通过风险测量实施风险管理,这是由于

COSO 所面对的是不同领域、不同行业的企业,这些企业的情况千差万别,它们中绝大多数尚不具备金融行业那样的数据条件。所以,COSO 退而求其次,宁可选择一条符合大多数企业现状的道路,促使这些不同领域、不同行业的管理者在一个平台上,运用同一种语言讨论风险管理的问题。COSO 的这种选择虽然符合大多数企业的现实,但同时也就意味着 COSO 选择了一条缺少测量技术与手段的道路,在这条道路上,风险管理只能是个无果的过程。

(七) 方法论在实际操作中的局限性

COSO 方法论适用于普遍性、规律性的统一规范,解决了统一规范的问题。我们知道越是统一规范的东西,就越是普遍大众化的,COSO 解决了不同领域、不同行业之间风险管理的沟通问题,却失去了对特殊性、复杂性的分析和判断能力。这是因为,一般性的操作风险事件都是非主观意愿的,是客观事物中必然发生的,既然是客观存在,就一定有其规律性;而欺诈舞弊这类通过主观意愿而为之的活动,由于其个性化特点很难找到其规律性。

我们前面已经提到,中国社会正处于转型期,在这个时期,原有的东西已经发生变化,原有维系社会正常运转的规则也需要根据环境的变化而改变。但是,所有事情的发展、成熟都有个过程,原有的已经失去,新建的尚未完善,正是我们现实社会在转型过程中的一个特点。欺诈舞弊案件的当事人正是利用了这个特点,不断地伺机寻找企业内部的薄弱环节和管理中的漏洞。从过去 10 多年中资企业的实践看,COSO 的方法论更适用于操作风险管理,对于带有普遍性、规律性的问题比较有效,可以起到统一、规范的作用,但是对于特殊性和复杂性的问题则显得有些无奈,尤其是对个性化十足的各类由道德风险引发的欺诈舞弊案件的分析判断能力十分有限。

三、COSO 框架的改良

2017 年 9 月 6 日,COSO 正式发布了更新版的《企业风险管理——与战略和业绩的整合》。该委员会指出,新框架从形式到内容已经与 2004 年版的风险管理框架完全不同,发生了颠覆性的变化。

(一)新框架出台的背景原因

对于非银行的一般企业,COSO 在企业风险管理和内部控制领域颁布的指导框架具有十分重要的现实意义。这些指导框架不仅得到了美国证监会的认可,而且在全球范围内被众多国家相关企业和上市公司监管机构采用与推广。然而,一些企业在组织搭建内部控制框架和风险管理框架以后,很快就发现并不清楚再往后还需要做些什么工作,而且感觉到企业的风险管理体系和内部控制体系与企业的日常经营就像是两张皮,做业务的原来怎么做,现在仍旧怎么做;做风险管理和内部控制的与做业务的根本无法衔接到一起。接下来企业内部依旧是该出什么问题,还出什么问题,风险管理体系和内部控制体系形同虚设。

上述问题出现有其原因,从 COSO 指导框架的角度分析,企业内部控制体系的建立对于实现财务报告的真实性和有效性起到了积极的作用与提供了合理的保障,但是对于企业经营的效率、效果与合法、合规经营的作用体现不足。这需要企业按照 COSO 风险管理框架的要求,从企业创造价值、保障战略贯彻落实的角度加以组织实施。但遗憾的是,COSO的风险管理框架是由内部控制框架升级扩充而来,虽然 COSO 在制订风险管理整合框架时的初衷和定位是好的,然而实际效果却不尽然。由于风险管理框架与内部控制框架的愿景、目的各不相同,针对的对象、范围不同,实施的方法、手段不同,因此,指导框架需要有全新的视角、先进的理念、科学的方法、完整的架构、务实的思路、合理的策略、严谨的逻辑、扎实的基础、可行的措施。可惜的是 COSO 在这些方面的能力略显不足,导致风险管理框架未能由内部控制框架脱胎换骨地以崭新的面目示人。两个框架的重合度之高,令一些企业在实施过程中难以区分,经常将两者混为一谈。

2004 年 COSO 风险管理框架出台后,上述问题就不断地暴露、扩散,甚至一些实施了两个框架的企业仍然难逃破产倒闭的厄运。这就迫使 COSO 在 2014 年着手考虑对风险管理框架的升级换代,按 COSO 自己的说法就是在风险管理框架发布后的十几年间,外部环境的复杂变化促使企业的利益相关方更加关注风险管理对企业价值创造的作用,尤其是在企业战略制订和执行过程中的价值体现,以及如何增强企业创造绩效的能力。COSO 非常清楚过去十几年关于两个框架之间的争论及其对企业实际开展工作造成的影响,不得不痛下决心,重新审视两个框架的意义、内容和关系。

COSO 希望通过对风险管理框架的重塑,厘清两个框架的关系,重新制定风险与风险管理的定义,科学地阐述风险管理的内涵,合理地说明风险管理与企业战略、绩效的关系,确立框架的广泛性和适用性。

(二)新框架的主要变化

新框架无论是在内容、结构方面还是在核心要求方面,都与原框架不同,有了很大的变化。

1. 更新的内容

框架变更了题目和框架展现方式,应用了要素和原则的编写结构;修改了风险和风险管理的定义,突出强调风险和价值之间的关联性;调整了企业风险管理整合框架所关注的焦点,明确企业文化在风险管理中的定位;强化了战略、绩效和企业风险管理工作的协同效应,体现了风险管理在支持企业决策实施中的作用;明确了企业风险管理和内部控制的关系,调整了风险容限的概念。

2. 监管文件结构

文件分为三部分:第一部分是摘要,第二部分是主体内容,第三部分是附录。第二部分又由三个议题组成,包括"框架应用——与现实相结合""框架"及"术语表"。其中,"框架应用——与现实相结合"分为五部分:①介绍;②风险和企业风险管理定义;③战略、业务目标与绩效;④整合(integrating)企业风险管理;⑤要素与原则。"框架"也分为五部分:①治理与文化;②战略与目标制订;③绩效;④审阅和修订;⑤信息、交流沟通和报告。第三部分包括四个议题:项目背景和框架修订方法,公共评论的总结,企业风险管理工作的角色和责任,风险状况(risk profile)图示。

3. 核心要求

新的框架提出了五大要素和 20 项原则。

要素一:治理和文化(governance and culture)

治理确定了企业的基础和架构,强调了企业风险管理的重要性和监督责任。文化则包含道德价值观、理想行为以及对主体风险的理解。

原则 1:行使董事会风险监督职责(exercises board risk oversight)。董事会对战略实施进行监督,肩负治理责任,支持管理层实现战略和业务目标,并对企业风险管理承担最终的责任。

原则 2:建立运营模式(establishes operating structures)。组织需要建立运营模式用以实现战略和业务目标。

原则 3:定义期望的组织文化(defines desired structure)。组织需要根据董事会的愿景对企业文化和行为模式制订体现企业价值观的文化目标,定义要彰显主体所追求的文化理念和价值取向。

原则 4:展现对核心价值的承诺(demonstrates commitment to core values)。组织要对主体核心价值观作出郑重的承诺并公之于众。

原则 5:吸引、发展并留住优秀人才(attracts,develops,and retains capable individuals)。组织致力于培育与战略和业务目标相适应的人力资本。

要素二:战略和目标制订(strategy and objective-setting)

战略规划过程中风险管理、战略和目标制订是紧密联系的。风险偏好的设定以战略为基础,并与其保持一致;目标将战略付诸实践,并为识别、评估和应对风险提供基础。

原则 6:分析业务环境(analyzes business context)。组织应重视市场不同业务环境对风险状况的潜在影响,及时分析环境变化。

原则 7:定义风险容量(defines risk appetite)。组织在创造、保持和实现价值时应确定自身的风险容量(风险偏好)。

原则 8:评估替代战略(evaluates alternative strategies)。组织评估替代战略和风险的潜在影响。

原则 9:建立业务目标(formulates business objectives)。组织需要根据董事会制定的战略,制订企业经营的目标。

要素三:绩效(performance)

对影响战略和业务目标实现的风险进行识别与评估。在符合风险偏好的情况下,对风险按照严重程度进行排序。组织将采取一种组合的视角对风险进行评估和应对。这一过程的结果将反馈给主要风险利益相关方。

原则 10：识别风险（identifies risk）。组织需要随时对影响战略和业务目标绩效的风险进行识别。

原则 11：评估风险的严重程度（assesses severity of risk）。组织对风险的严重程度进行评估。

原则 12：风险排序（prioritizes risks）。组织对风险的严重程度按照评估结果进行排序，以此作为制定风险应对措施的基础。

原则 13：执行风险应对（implements risk responses）。组织识别和选择风险应对措施，并严格遵照执行。

原则 14：建立风险组合观（develops portfolio view）。面对风险的不同情况和影响，组织需要建立一种组合的观点来评估企业的所有风险。

要素四：审阅和修订（review and revision）

通过审视主体的绩效情况，组织需要根据风险的变化情况，利用企业风险管理要素及时对风险进行再评估，并相应地调整风险应对措施。

原则 15：评估重大变化（assesses substantial change）。组织识别和评估可能对战略和业务目标产生重大影响的变化。

原则 16：审阅风险和绩效（review risk and performance）。组织审视主体绩效的同时要考虑风险对绩效的影响。

原则 17：企业风险管理改进（pursues improvement in enterprise risk management）。组织需要不断改进企业的风险管理以提升自身的风险管控水平。

要素五：信息、交流沟通与报告（information, communication, and reporting）

企业风险管理需要一个持续的过程，获取、分享内部和外部的必要信息，这些信息可以自上而下或自下而上在整个组织内部交流。

原则 18：利用信息和技术（leverages information and technology）。组织利用主体的信息和技术系统来支持企业风险管理。

原则 19：沟通风险信息（communicates risk information）。组织运用信息沟通渠道支持企业风险管理。

原则 20：对风险、文化和绩效进行报告（reports on risk, culture, and performance）。组织需要就主体各个层次的风险、文化和绩效情况定期或不定期地进行报告。

（三）主要理念和观点的变化

1. 更广泛的主体适用性

COSO 在新修订的风险管理框架正文中尽可能地回避使用"企业"一词，而用"组织"一词代之。其目的是希望这个框架适用于任何类型、任何规模的组织，小到小微企业、非营利机构,大到政府部门和世界 500 强企业。COSO 认为,只要一个"主体"有明确的愿景、使命和核心价值观,设定了期望达到的目标,风险管理框架就具备了实施的条件。

2. 重新制定风险定义

COSO 在新的框架中将"风险"定义为:"事项发生并影响战略和业务目标实现的可能性。"这与 2004 年版的定义有了较大的区别,改变了过去"风险是一个事项将会发生并给目标实现带来负面影响的可能性"的提法,将原定义只强调负面影响,转变为兼顾正面和负面两个方面的影响;同时,将目标进一步明确为"战略和业务目标"。

3. 重新制定风险管理定义

COSO 在新框架中将"风险管理"定义为:"企业为了完成战略和业务目标,通过文化的传播、能力的提升和实践应用,结合战略制订和绩效的实施对风险进行管理,以达到创造、保持和实现价值的目的。"这个定义强调管理风险与实现价值的结合,突出价值创造而不只是防止损失,同时,关注企业文化、能力和实践在企业战略与绩效实施过程中的作用,这样也解决了与内部控制定义界限不清的问题。

4. 突出管理而非控制

新的框架为了解决原框架"无法直接为价值创造服务,只能间接支持价值创造活动"的诟病,从企业使命、愿景与核心价值出发,将风险管理的宗旨定位为提升主体的价值和业绩,更是强调风险管理要嵌入企业管理业务活动和核心价值链之中。新框架的这种变化彻底摆脱了原有框架就是内部控制框架的束缚,形成了一个与过去完全不同的风险管理框架。

5. 理顺风险管理与内部控制的关系

COSO 在新框架中明确"内部控制主要聚焦在主体的运营和对于相关法律法规的遵从性上",并终于承认:"内部控制作为一种经历时间考验的企业控制体系,是企业风险管理工作的一个基础和组成部分。"这无疑是一大进步,为 COSO 体系内部多年来关于风险管理和内部控制孰大孰小、孰先孰后的争论画上了句号。为了彻底将风险管理与内部控制区分开来,新框架进一步说明:"企业风险管理的相关概念并没有包含在内部控制中(例如,风险容量、风险容限、战略和目标设定等概念,这些都是内部控制体系实施的前提条件)。"相反,一些在内部控制中比较常见的概念,如"与财务报告目标相关的舞弊风险、与合规目标相关的控制活动、与运营目标相关的持续及独立评估"也未在风险管理新框架中重复叙述。

6. 强调风险与价值的关系

在新框架中,企业风险管理被视为战略制定的重要组成和识别机遇、创造和保留价值的必要部分。新框架中企业风险管理不再是主体的一个额外的或是单独的活动,而是融入主体的战略和运营当中的有机部分。

7. 将风险管理在企业战略中定位,强调两者的协同作用

COSO 注意到了 2004 年旧框架发布后,主体在实践企业风险管理过程中遇到了一些

问题,包括:对风险管理工作的定位,风险管理工作的范围和目标等。因此,COSO 在新的框架中对风险管理工作重新给予定位,强调企业风险管理通过制定战略和业务目标的过程与主体的战略计划融合在一起。通过对外部商业环境的理解,主体可以得到对内在因素和外在因素的看法以及它们对风险的影响;主体在战略制定中确定其风险容量,而业务目标使战略得以实践并形成主体日常的运营。

8. 重新定义风险容量和风险容限的关系

COSO 在 2004 年版的风险管理框架中对风险容量和风险容限之间的关系作出如下定义:"风险容限只是颗粒化的、更细节的风险容量",而"风险容量是主体在追求战略和业务目标的过程中愿意承受的风险水平"。在此次新修订的风险管理框架中仍然保留了原有对风险容量的定义,并在框架中明确主体中负责确定风险容量的董事会和管理层必须完全了解不同风险容量的含义与所代表的意义。COSO 强调主体在经营初期可以使用定性的方法制订风险容量,在经营后期,当主体有经验时可以采用定量的方法;委员会认为风险容量应该根据实体的风险状况进行动态表达和设定,允许主体在风险容量的表达和设定上使用"目标""范围""上限""下限"等不同的定性描述形式,或使用定量的方式提高风险容量表达的清晰程度。此外,委员会还认为,主体可能会参考如战略因素、财务因素和经营因素等参数,以及考虑主体的风险状况、风险承受能力(risk capacity)、企业风险管理能力及成熟度(enterprise risk management capability and maturity)帮助主体构建其风险容量。

COSO 对风险容限的定义做了修改:"风险容限是可接受的绩效变动区间,它描述了在风险容量范围内与实现业务目标相关的可接受结果的范围,同时,它也提供了一种方法来衡量实现战略与业务目标的风险是可接受的或不可接受的(Risk tolerance—the acceptable variation in performance. It describes the range of acceptable outcomes related to achieving a business objective within the risk appetite)。"风险容限作为可接受的绩效浮动区间,在衡量绩效成果时,可以是定量的,也可以是定性的。

(四) 对新框架的分析评价

扩展阅读 4.2　《企业风险管理框架》vs《内部控制——整合框架》

从新公布的风险管理框架中我们可以看出 COSO 为改变原有框架与内部控制框架混淆、风险管理理念和方法落后于实践的被动局面而作出的努力。COSO 希望此次改变可以让该框架成为所有机构、组织和任何主体通往风险管理之巅的路标。

但是坦率而言,新框架对于原有框架虽然是颠覆性的改变,但并非根本性的革命;如果剥去新框架华丽的外衣,其本质与原框架并无不同,仅是车同轨的变化而已,至多能称为是在原有理念和方法上的改良。

1. 基本概念和思路的误差

第一,关于框架的适用性问题。此次 COSO 发布的风险管理框架在名称上仍然沿用了原有的企业风险管理框架,但是,COSO为了增强框架的广泛性,以便其适用于任何类型、任何规模的组织,包括小企业、非营利性机构、政府部门和世界500强企业等,在框架正文中尽力回避"企业"一词,而以"组织""主体"代之。COSO的这一愿望是积极、正面的,但是这一做法必然导致框架的整体和未来实施过程中的措施针对性不足。这是因为,作为企业的风险管理实质是资本经营,而围绕着资本经营,企业的风险管理内容要远比目前的COSO风险管理框架丰富许多,这也是COSO风险管理体系未来发展的方向。而非企业机构则是以募集的资金或政府拨款维持运转的,不存在资本的概念。它与企业的经营完全不同,虽然也有风险管理的问题,但性质不同,管理的目的、目标也就不同。作为企业的风险管理最终目标就是盈利,而一些非营利性机构如果以盈利为目标就会与机构的宗旨相悖。这样两类不同性质的机构,COSO若要兼顾它们在方法论和工作思路上的不同,在管理方法和具体工具的开发上就难免投鼠忌器、顾此失彼。

COSO这样的做法是舍本逐末、迷失了方向。当前,风险管理尤其是作为非银行业的企业风险管理最为重要的关注点应该是纵向发展,根据风险管理的实际不断深入拓展风险管理理念、方法、技术。而COSO却要横向扩充,将本不属于企业的机构纳入其中,这种忘记了根本的做法,只会导致该做的做不好;不该管的由于没有权威性和针对性而变得毫无意义。

第二,关于风险的定义。COSO此次将风险的定义改为:"事项发生并影响战略和业务目标实现的可能性。"应该给予肯定的是,COSO将过去认为"负面影响的可能性"转变为"目标实现的可能性"。这是一个重大变化,表明COSO认为风险是影响导致目标实现的可能性;而非"影响"本身的可能性。但是,这个定义存在两个明显的不足:①将风险只是负面的影响改变为既有负面又有正面的双向影响,这一改变向今后的管理提出了更高的要求,只是正面影响如何确定,如何评估和测量,这些在现实的实践中并没有案例。②原有定义中关于"可能性"的定义未能在此次修改中加以修正是一大遗憾。风险管理走到今天,有一个基本概念已经得到广泛的共识,即风险是不确定的,能够确定的就不是风险。COSO将风险仍然定义为一种"可能性",而可能性就是概率。计量经济学和统计学发展到今天,大量的成果可以证明,在技术层面上概率测算已经达到相当准确的程度。因此,能够通过概率测量出的即是确定的,也就不能称其为风险。COSO仍然坚持原有的定义,将会严重束缚企业风险管理未来的发展。

另外,此次修订的定义将原有定义中的"目标"进一步细化为"战略和业务"目标,这一改动虽然指向更为清晰,但却有个问题值得商榷:无论是什么行业的企业,资本投资于企业的根本目的是为资本创造收益,这是本质;而企业的"战略和业务"目标不过是为了达到目的,结合本企业的性质、特点提出的具体要求而已;这个定义在制定过程中,忽略了在解析基础概念时的一个基本原则:抽象出事物的本质。在基本概念的定义制定中,"宜粗不宜细、宜虚不宜实";要为在此基础上的后续实务概念留有余地和空间。

第三,关于风险管理定义。COSO此次将风险管理的定义改为:"企业为了完成战略和业务目标,通过文化的传播、能力的提升和实践应用,结合战略制订和绩效的实施对风险进行管理,以达到创造、保持和实现价值的目的。"这个定义强调了风险管理与价值创造的关系,提升了风险管理在企业经营中的地位和作用。应该说这个定义要比原有定义更具有概括性和科学性,但是其放弃了原有定义中风险管理是"一个过程"的提法,而导致该定义对风险管理的指导性不足。

COSO 原来将风险管理定义为一个"过程",其意义在于强调风险管理是对"过程"进行管理。这对于风险管理刚刚起步、尚不知风险为何物的大多数企业而言至关重要。首先,从企业发生风险的数量上讲,大多数风险事件属于操作风险,而操作风险都是在企业日常生产经营活动过程中发生的。企业对风险的识别实际上是对企业生产经营过程的再认识。将风险管理定义为过程,就为企业的管理指明了具体工作方向和思路。其次,管理是个过程的指向性非常明显,意味着只要将管理的内容按照不同的要求按部就班地实施就完成了管理。这一点对于非银行的一般性企业在实施风险管理的初期尤为重要;这是因为,风险管理是一项十分复杂的工程,在没有测量手段的前提下,对于管理的结果是难以预期和判断的。在这种情况下,如何鉴别管理成果、鼓励企业不断深入开展风险管理就成为一个现实问题;将风险管理定义为一个过程,就可以在不考虑管理成果的前提下,将企业按照管理内容完成全部管理要求作为考核标准,这样的考核内容与管理成果考核相比,在风险管理水平不高的初级阶段更加实际有效。

所以,此次 COSO 在新框架中对风险管理的定义虽然较原有定义更加全面、更为理论,但指向性不足、放弃了原有框架中"八个构成要素是判定企业风险管理有效性的前提标准,八个构成要素如果存在并正常运行,那么就基本上可以保证企业政策、制度的顺利执行"这类具有明显指导意义的做法,实在是个遗憾。

第四,关于风险管理及其工具在企业战略实施和经营中的作用。COSO 为了弥补 COSO 风险管理体系缺乏测量手段,不能以资本的价值取向说明企业风险管理的意义和方法这一重大缺陷,在此次新修订的风险管理框架中将风险管理的意义通过与企业战略和绩效相互作用加以说明。这虽然有些舍近求远、事倍功半,但在 COSO 现有能力的状况下,利用一些通俗的概念解释先进的理念,达到教育和普及的效果,也不失为一种补救之法。在这一点上,原框架利用风险容量和风险容限解释计量经济学中的风险偏好与风险容忍度是一个很好的例证;虽然其中一些原理由于没有数学统计概念作为基础而诠释得不尽如人意,但内在逻辑关系是存在的,条理是清晰的,对读者理解风险管理与企业经营之间的关系起到了一定的作用,也为今后利用计量经济学和统计原理拓展企业风险管理之路奠定了良好的基础。

然而,COSO 在此次新修订的风险管理框架中重新定义了风险容限的概念,将其与绩效挂钩,确定为可接受的绩效变动区间。这与原有的解释以及背后真实的容忍度的确切含义南辕北辙、相距甚远。这一变动完全割裂了风险容量与风险容限的联系,且在逻辑上形成悖论。根据 COSO 对风险容量的定义,风险容量是企业主体所愿意承担的风险水平。这里所说的水平显然是指主体的主观意识中所愿意承受或能够承受的风险界限,诸如利润下降多少、本金损失多少。这种主体的主观意愿在没有具体的数量单位作为基础时,客体在客观上是无法进行量化的。原有框架中的风险容限虽然未能如"风险容忍度"那样给出具体的数值,但起码明确是作为风险容量更为细化的计量单位而存在。可是此次新修订的框架将两者割裂开来,在没有风险容限作为测量基础的情况下,风险容量就是主观的意愿,在企业战略实施和绩效管理中的作用犹如望梅止渴。

2. 基础理论的缺陷

COSO 此次新修订的风险管理框架在基础理论方面仍显不足,个别理论有待验证、一些缺陷与逻辑性关系有待弥补及厘清。

第一,绩效曲线的可测性和适用性有待检验。COSO 此次在技术层面上的最大改变在于增加了绩效曲线,通过定性和定量的分析方法,判断风险与绩效的关系,这无疑是一大进步。应该这样说,这个曲线从理论上看,还是具有一定的统计学意义的,它较好地说明了风险、风险偏好、绩效、目标绩效、绩效偏差等概念的相互关系。但是,在实际操作中如何对风险和绩效进行量化对比,具体测量的标的又该如何选择?风险是以负面的影响还是正面的影响作为测量对象?正负影响之间的关系如何处理?目标绩效是以财务指标还是专业技术指标进行设置?绩效指标与风险指标之间的关系如何表达和处理?同时,这个曲线是否适用于所有行业的企业?这些都有待在实践中加以验证,毕竟实践是需要理论给予指导,又反过来验证理论的科学性、适用性和可操作性的。COSO 的这一创新既缺乏系统性理论支撑,又未经实践检验其适用性和可操作性。这无疑对框架提出了严峻的挑战,因为未经实践检验的方法乃是纸上谈兵,直接用于指导现实工作本身就是风险。

第二,没有资本经营概念的风险管理只是空中楼阁。COSO 在框架中虽然提出了资本的概念,但是其整个风险管理体系未能以完整、科学的理论作为支撑,无法说明资本在企业中的作用以及与风险的关系,加之缺乏有效的风险测量手段,致使整个体系没了灵魂。这已经成为 COSO 风险管理体系的硬伤。因为没有资本经营内容的风险管理理论是不完整的,不能为资本创造利润的风险管理是没有生命力的。COSO 对此是清楚的,所以极力通过绩效曲线进行弥补,利用战略和绩效解释风险管理与企业价值的关系。这种舍本逐末的做法使本来简单清晰的问题复杂化,在方法论上兜了个大圈子,但仍然难以说明问题的本质。

以上问题反映出 COSO 新的风险管理框架在基本概念、基础理论方面的缺陷,加之COSO 原有一些基础理念的错误和不足,如错误地加总风险和缺乏风险测量技术手段等,都表明 COSO 的理论缺乏严谨的科学性、逻辑性,理论积淀不足。同时,此次修改本身也说明 COSO 对于风险、风险管理、内部控制等仍处于探索阶段,在基础理论和实践方法上缺乏延续性;此次改动虽然很大,但是尚未形成一套完整、严谨、科学的理论体系,相对于银行业的风险管理理论体系而言,还有很长一段路要走。

总之,过去几十年国际、国内银行业风险管理的实践已经证明,**以资本价值偏好为导向、以计量经济学为基础、以企业战略为引领、以数据测量为前提、以优秀文化为保障、以创造价值为抓手、以全员参与为手段的现代商业银行风险管理理论和方法是企业风险管理先进性的代表,代表了企业风险管理未来的发展方向;较之银行业更具广泛性的 COSO 风险管理体系必将与其殊途同归,最终向其靠拢、走向融合。**

四、COSO 风险管理理念综述

综合以上对 COSO 风险管理框架的分析,现将 COSO 全面风险管理理念归纳总结如下。

(一)风险是一种可能性

风险是事项发生并影响战略和业务目标实现的可能性。企业为了实现业务目标,在实施战略的过程中会遇到各种各样的事项,这些事项一旦发生,必然对企业实施战略、实现业务目标产生正面或负面的影响。这种事项的发生只是一种可能性,企业需要针对这种可能性进行管理。

(二)风险管理是企业实现价值的手段和过程

风险管理是指企业为了完成战略和业务目标,通过文化的传播、能力的提升和实践应用,结合战略制订和绩效的实施对风险进行管理,以达到创造、保持和实现价值的目的。

(三)风险管理是企业战略组成部分

企业风险管理从企业使命、愿景与核心价值出发,为提升企业主体的价值和业绩而嵌入企业管理和业务经营活动等核心价值链之中,是企业战略制定的重要内容之一,是识别机遇、创造和保留价值的有机组成部分;企业风险管理通过制定战略和业务目标的过程与主体的战略计划融合在一起。

(四)风险管理须与企业经营相融合

企业的风险管理与企业的日常经营融合在一起,通过对企业内、外部环境的考察了解企业的生存空间,根据企业的战略要求制订风险管理的目标和实施路线图,对各类事项进行识别、分析,从而准确判断影响业务目标实现的正、反两方面因素,找出客观存在的固有风险并评估风险的大小和影响程度,制订应对策略,采取控制措施防止风险的发生。

(五)信息交流是风险管理的基本保障

企业在实施风险管理的过程中需要充分发挥信息交流与沟通的作用,确保管理者的要求及时地传达到企业各个层面；基层的风险状况也能够迅速、完整、真实地反馈至管理层。

（六）监督提升了风险管理的有效性

企业管理层需要针对风险点可能发生风险隐患的控制情况以及管理的全过程进行实时的监督，促使企业的风险管理发挥最大效用。

（七）风险管理工具确保企业绩效

一个企业需要根据自己的"风险容量"管理风险，利用绩效曲线和"风险容限"等工具将企业的业务目标与绩效管理挂钩，确保风险管理和战略实施的工作成果控制在绩效变动区间以内。

（八）企业的风险管理水平和能力在循环往复中提升

企业需要针对风险管理失效后遗留的剩余风险和环境的变化，重新评估风险状况、制订新的应对措施。企业就是在这种不断的循环往复中，通过文化的传播、能力的提升和实践锻炼，提升企业全面风险管理的水平和能力，有效地压缩不利影响发生的可能性，促进企业战略和业务目标的实现，以达到创造、保持和实现价值的目的。

即 测 即 练

• **思考与练习**

1. 分析 COSO 框架中四目标、八要素与内控体系设计适当性和有效性的关系。
2. 简述风险评估的基本方法。
3. COSO 风险管理方法相对于商业银行及巴塞尔风险管理方法的优势有哪些？
4. COSO 风险管理方法相对于商业银行及巴塞尔风险管理方法的不足之处有哪些？

第 五 章

COSO 与 BASEL 两大风险管理体系差异分析

- **本章学习要点**
1. 掌握 COSO 体系与 BASEL 体系的差异；
2. 掌握 COSO 体系相对于 BASEL 体系的优势与不足。

我们在前面几章介绍了国际上两大风险管理组织的产生、发展以及它们的风险管理理念的历史变迁。无论是在国际资本市场上具有普遍性的 COSO 体系，还是针对银行业具有先进性的 BASEL 体系，它们都有各自的优势与不足。实践已经证明，两大组织的风险管理理念和方法不仅对银行业具有很强的现实意义，而且对制造业企业或是流通领域企业具有很强的借鉴意义和指导意义。因此，我们有必要全面了解两大组织不同的风险管理理念、方法和路线图，以及这种差异对企业风险管理的影响和作用。本章我们将就这个问题做详细的阐述。[①]

第一节　COSO 与 BASEL 两大体系基本理念和要求的差异

COSO 和 BASEL 两大国际风险管理体系对于企业风险管理除了在风险管理目标上都明确为"建立健全企业全面风险管理体系和内部控制体系"外，在其他方面表现出更多的差异，我们可以通过表 5-1 有一个比较清楚的了解。

表 5-1　COSO 和 BASEL 两大体系的比较

区别/联系	BASEL 体系	COSO 体系
目标	建立健全企业全面风险管理体系和内部控制体系	
风险定义	收益的不确定性	损失的可能性
风险管理定义	是一个非线性过程	是一个过程
风险分类	划分风险	不划分风险
管理理念	对八大类风险的"八个全"的管理运作体系	全面风险管理框架

---

① COSO 虽然在 2017 年颁布了新的风险管理框架，并对风险和风险管理定义等做了修订，但是新框架在理论和方法论体系方面并没有摆脱原有框架的脉络，且 COSO 也明确表示新框架的出台并不表示原有框架的废止。所以，本章的分析仍以 COSO 和 BASEL 两大体系的历史脉络为对象进行。

续表

区别/联系	BASEL 体系	COSO 体系
管理方法	定量计量	定性评估
管理要素	准备金、资本、组合管理及风险缓释等	四目标、八要素
内部控制与风险管理的关系	内部控制是风险管理的手段之一	风险管理是内部控制的延伸，先有内部控制后有风险管理

一、风险及风险管理的定义

两大体系对风险最基本的定义就存在差异。

COSO 认为**"风险是一个事项将会发生并给目标实现带来负面影响的可能性"**[①]，也就是说风险是给目标带来负面影响即损失的可能性。带有负面影响的事项阻碍价值创造，或者破坏现有的价值。例如设备故障、火灾和信用损失等，带有负面影响的事项可能起源于看似正面的情况，如客户对产品的需求超过了生产能力，就会导致不能满足客户的需求，从而损害客户的忠诚度并减少未来的订单。COSO 认为带有正面影响的事项可以消弭负面影响或带来机会。**机会是指一个事项将会发生并给目标实现带来正面影响的可能性**。机会支持价值创造或保持价值。显然，COSO 认为风险就是损失的可能性，机会是收益的可能性。

BASEL 体系认为"风险是由于可能的损失而导致预期收益的不确定性"。这个定义可以逐层解释为：首先，风险是不确定的；其次，风险是有收益的；再次，风险的收益是可以预期的；最后，风险的收益是因为可能的损失而不确定。因此，风险的特征主要有四个方面：①两面性，既有损失，也有收益，且以收益为主导；②不确定性，可能发生，也可能不发生，发生的结果可能大，也可能小，是未来某一过程的结果；③可测性，可以在事先通过概率的方法在一定范围内作出预测；④可控性，可以通过管理进行控制。BASEL 体系强调风险的两面性，风险是以收益为主导的，却因可能的损失而失去收益，所以是收益的不确定性。

BASEL 对风险的基本定义决定了其对风险管理的基本理念，风险是可以经营的，因为它有收益，管理风险的目的首先就是收益。由于收益只是一种预期，是不确定的，有可能在获取收益的过程中遇到损失，所以需要对形成收益的过程进行管理。而 COSO 对风险的认识更趋于传统，认为风险是损失的可能性。这样的认识必然带来对管理不同要求，COSO 对风险管理更注重可能产生损失的方面。

那么，什么是风险管理呢？COSO 和 BASEL 两大体系都认为"风险管理是个过程，或是对过程的管理"。

---

① COSO 2017 年版框架的风险定义虽然已经承认风险既有负面影响也有正面影响，但在整个框架管理方法的论述中仍然体现出对负面影响更多的关注。理论上对正面影响目前尚没有测量方法；银行业风险管理的最佳实践表明，在确定具体风险的前提下，应先锁定损失再测算目标收益，在此基础上正面影响对后续管理及目标的效果越大越好。鉴于目前更多的人对风险的认识，对 COSO 的分析仍从其原有定义开始。

COSO 认为："企业风险管理是一个过程,它由一个主体的董事会、管理当局和其他人员实施,应用于战略制订并贯穿于企业之中,旨在识别可能会影响主体的潜在事项,管理风险以使其在该主体的风险容量之内,并为主体目标的实现提供合理的保证。"COSO 在这里强调：①风险管理是个过程,它持续地流动于主体之内；②风险管理由组织中各个层级的人员实施；③风险管理应用于战略制订并贯穿于企业各个层级和单元,还包括采取主体层级的风险组合观；④风险管理旨在识别一旦发生将会影响主体的潜在事项,并把风险控制在风险容量以内；⑤风险管理能够向一个主体的管理当局和董事会提供合理保证；⑥风险管理力求实现一个或多个不同类型但相互交叉的目标。COSO 认为风险管理是个过程,针对企业内部不同业务领域各环节可能出现的损失,即固有风险,按照内部环境、目标设定、事项识别、风险评估、风险应对、控制活动、信息与沟通、监督评价八个要素进行过程管理。将原来的固有风险,即客观事物(包括客观环境所致和人为因素导致)可能产生的损失降至剩余风险。显然 COSO 也认同风险管理这个过程并不完全有效,通过管理使固有风险降低至剩余风险,但是对于剩余风险应该如何处理却没有下文,而是将其视为下一轮管理过程的固有风险。它更多的是强调对固有风险的管理过程,而这种管理过程是一轮接一轮、不停螺旋式上升的过程,每一轮上升的结果都会将上一轮的剩余风险降低。COSO 认为,风险管理就是对可能的损失,通过不断进行管理使之降低发生的概率和导致影响的程度。

BASEL 体系在此基础上更进一步认为"风险管理是一个非线性过程",是在预期目标引领下,克服不确定性因素,有序进行价值创造的非线性过程。BASEL 体系的这种认识说明风险并不一定因为施加了管理而发生本质的变化,风险管理的效果可能是有限的,甚至是无效的。那么,管理的无效就会导致收益无法达到预期。如何解决这个问题呢? BASEL 体系认为风险管理的对象包括收益和损失两个方面。通过锁定损失将收益最大化,或是锁定收益将损失控制在预期范围以内。既然管理是个非线性过程,不一定有效,则意味着收益可能由于损失而不确定,达不到预期；那么,工作的主要方面应该是损失的控制。但是控制损失的管理同样可能是无效的,所以需要通过测量,测算出可能的损失,即预期损失。根据经济学原理"期望值是对不确定性事件的所有可能性结果的一个加权平均结果",预期损失是所有可能损失结果的一个平均值。我们知道在现实中任何事情与平均值都会有一定的偏离,而最大的偏离就是实际值与平均值(期望值)的差,我们叫作离差,也就是超出预期损失的部分,我们把它称为非预期损失。在得到预期损失与非预期损失后,锁定损失的目的就可以实现了,通过坏账准备和资本预防预期损失与非预期损失。所以,在面对风险管理过程不一定有效的情况下,我们常说资本是抵御风险损失的最后一道防线。

COSO 和 BASEL 两大体系对风险、风险管理的理解与认识的差异决定了它们在实施管理过程中的巨大差异。

二、风险分类

COSO 在 2004 年颁布的《企业风险管理——整合框架》中并没有对企业风险进行分

类,只是提到了"事项类别"的概念,提出:"将潜在的事项归入不同的类别可能很有用。……通过归集类似的事项,管理当局能够更好地辨别机会和风险。事项分类还能使管理当局得以考虑其事项识别工作的完整性。"COSO没有就企业风险制定出一套分类标准,主要的考虑是给企业在识别和评估风险时,留有一定的自由空间,使企业在具体实施过程中可以根据企业实际情况灵活地掌握和运用。

虽然COSO没有划分风险种类,但在其《企业全面风险管理框架》中似乎又包含所有的风险。不过在具体管理过程中,正是由于没有划分风险种类而导致管理方法无法细化。例如,一个企业在赊销环节的审批中,根据COSO的管理要求,需要对这个流程中的风险进行评估时,很自然地就会产生这样的疑问:给予赊销的对象是本企业的客户,对于本企业而言赊销对象对应的是信用风险;而本企业内部的审批过程又充满操作风险和欺诈舞弊的可能性。我们如何将这些不同性质的风险放在一起进行分析呢?从方法论上讲显然是不可能的,我们在具体工作中既然已经明确了风险来自何方,又清楚地知道风险的属性和管理风险需要运用不同的方法,就已经自然而然地对风险进行了分类。除非我们对所要面对的风险一无所知,即使如此,我们实际上也已经将其划分为"无法预见风险"类。

巴塞尔委员会根据风险属性的不同,将风险划分为市场风险、信用风险和操作风险,并将敏感性较差的法律风险归入操作风险,对于其他敏感性不足的风险归入新资本协议第二支柱进行管理。曾经有人错误地理解巴塞尔协议只将风险分为三类,这是对巴塞尔新资本协议的误读。巴塞尔委员会在20世纪末、21世纪初将风险划分为三大风险和其他风险是由其风险管理理念和银行业风险管理历史过程决定的。当时,银行业对三大风险以外的风险尚不具备风险测量的能力。目前,巴塞尔委员会提出的"八大类"风险包括信用风险、国家和程度风险、市场风险、利率风险、流动性风险、操作风险、法律风险、声誉风险。而BASEL体系强调风险管理的前提是测量,没有测量就没有风险管理。这是因为它认为风险管理是一个非线性过程,对于管理无效的潜在损失必须通过准备金和资本进行弥补。这种针对性极强的管理必须是以准确的风险分类和识别为前提的。

三、风险的评估与测量[①]

广义的风险评估是指人们对风险的认识过程,或是对客观事物本身的风险进行分析判断,得出相应的结论。现代风险管理体系按照难易程度将风险评估分为三级:风险测量、风险评估和风险评价。风险测量是指在建立数据仓库的基础上,运用数据挖掘工具对可能导

---

① 本书中所述风险评估、风险测量和风险评价均指对风险损失的评估、测量和评价。这与目前国际、国内风险管理实务一致,以国内外学界和业界对风险的认识水平与能力而言不存在对风险收益的评估、测量和评价等现实问题,只有对收益或利润的测算。而对收益或利润的测算属于财务的概念,企业对一个产品或是对企业整体的收益或利润的测算是根据产品(企业)的成本、市场的供求关系、资本收益率计划和企业的营销策略等因素综合的结果。对风险收益的管理是在这个基础上通过控制实现的,这个问题将在第七章加以阐述。

致损失的各类风险因子进行对比分析,找出与发生损失相关度较高的因子,通过建立数学计量模型,测量并推导出未来可能再次发生损失的概率和损失影响程度的比率。风险评估是指通过定量与定性相结合的分析方法,对客观事物发生风险的可能性和影响程度进行分析判断,从而得出风险发生可能性的大与小、影响程度高与低的结论。风险评价是指专家通过对客观事物的观察了解,依据自身所掌握的知识和专业判断,对风险的大小和严重程度进行的一种定性的分析判断。可见,风险测量以定量分析为基础,对技术层面要求较高;风险评价则采用定性分析方法,主要依赖于专家的经验判断;而风险评估介于二者之间,采用定量与定性相结合的方法。

COSO 对企业风险采用的是风险评估的方法,评估的内容包括下列风险成分:内部风险/固有风险(inherent risk)、内部控制/控制质量(control quality)和组合风险/剩余风险(composite risk)等。其基本原理已经在第一节中做过简述,这里就不再赘述。

国际银行业早在 20 世纪 70 年代就开始对风险进行测量了。目前,巴塞尔委员会与国际银行业已经可以对市场风险和信用风险可能产生的损失进行较为准确的测量。而操作风险尚处于计量模型的研发中后期,操作风险事件发生概率的测量和损失测量的技术与结果还有待进一步验证核实。至于其他风险,目前尚处于风险评估阶段。

两大组织在风险评估和测量上都承认风险发生的概率与风险的影响程度之间是条件概率的关系,前者的发生是后者发生的条件,所以它们之间是乘积的关系。但它们最大的区别在于:COSO 只是停留在这个层面上,而 BASEL 则继续对发生的概率和影响程度进行量化分析。

四、管理理念

COSO 提出的企业全面风险管理框架要求企业由公司治理机制到业务具体环节,从树立风险意识到业务具体控制手段,从董事会负责制到企业多层面的控制相结合;从企业全面的风险管理框架到不同级别管理的具体过程,从通用的风险管理语言到有效推行风险管理的各项因素进行全方位、全过程的风险管理。COSO 作为由美国注册会计师协会、国际内部审计师协会、国际财务经理人协会、美国会计学会、管理会计师协会等多个专业团体组成的自愿性民间组织,始终致力于通过强化商业道德、建立完善有效的内部控制和法人治理结构来提高财务报告质量。因此,该组织认为全面风险管理是在内部控制基础上发展和完善起来的,全面风险管理框架就是现代内部控制体系的外在表现。

巴塞尔委员会自 1988 年协议提出对信用风险实施管理后,又于 20 世纪 90 年代中期将市场风险纳入管理范畴。在经历 1995 年巴林银行倒闭事件后,巴塞尔委员会提出了风险管理的十大原则,这些原则通过四个方面体现了巴塞尔委员会逐步形成的对商业银行实施全面风险管理的理念。

其一,建立良好的风险管理环境,包括以下原则。

原则 1：确定操作风险管理框架，明确操作风险定义和操作风险管理原则。

原则 2：建立内部审计部门的全面、有效的监督检查机制。

原则 3：获得高级管理层关于履行操作风险管理职能的承诺。

其二，风险管理过程包含识别、测量、评估、控制、缓释和监督等环节，包括以下原则。

原则 4：从各方面（如产品、活动、流程、系统）健全操作风险的识别和评估机制。

原则 5：完善对操作风险特征的监控，如建立重要风险暴露的预警识别机制和向董事会汇报重大操作风险隐患的制度。

原则 6：建立控制风险和风险缓释的政策、流程和程序。

原则 7：制订业务发展和管理的连续性计划。

其三，设定监管者职责，包括以下原则。

原则 8：确保商业银行风险管理框架的有效性。

原则 9：建立健全恰当的监管机制。

其四，披露要求，包括以下原则。

原则 10：建立一整套披露政策以提高公众信息披露的适当性。

2004 年，巴塞尔委员会在新资本协议中又将市场风险、信用风险、操作风险和法律风险以外的其他风险全面纳入协议第二支柱。通过对风险的评估判断资本充足率是否满足抵御风险损失的要求。巴塞尔协议的风险管理体系经过 30 多年的发展已经形成一套完整的风险管理理念，即商业银行风险管理是以银行资本为管理对象，通过风险识别和测量技术分析判断银行经营过程中可能面临的各类风险损失是否能够控制在银行资本的承受范围以内。BASEL 体系下的风险管理理念在商业银行风险管理的具体运作中是通过"全员参与风险管理工作、全面的风险管理范围、全体认同的风险管理文化、全域的风险管理体系、全额的风险测量评估、全力创新风险管理方法、全程的风险管理监控和全面评价风险管理效果"的"八个全"的管理运作体系加以实现的。

五、管理要素

COSO 在企业全面风险管理框架中提出企业风险管理要围绕四目标、八要素进行。

四目标是指企业的所有者根据既定的使命或愿景，制订企业的战略目标、选择战略，并由管理者在企业内自上而下设定相应的目标，主要包括以下内容。

（1）战略目标：高层次目标，与使命相关联并支撑其使命。

（2）经营目标：有效和高效率地利用其资源。

（3）报告目标：报告的可靠性。

（4）合规目标：符合适用的法律和法规。

八要素是指企业风险管理包括八个相互关联的要素。它们来源于管理者经营企业的方式，并与管理过程整合在一起。这些要素如下。

（1）内部环境。内部环境包含组织的基调，它为企业主体内的人员如何认识和对待风险设定了基础，包括：风险管理理念和风险承受力，诚信和道德价值观，他们所处的经营环境。

（2）目标设定。必须先有目标，管理者才能识别影响目标实现的潜在事项。企业风险管理确保管理者采取适当的程序设定目标，确保所选定的目标支持和契合该主体的使命，并且与它的风险承受力相符。

（3）事项识别。必须识别影响主体目标实现的内部、外部事项，区别风险和机会。机会被反馈到管理者的战略或目标制订过程中。

（4）风险评估。通过分析风险的可能性和影响来对其加以判断，并以此作为决定如何进行管理的依据。风险评估应立足于固有风险和剩余风险。

（5）风险应对。管理者选择风险应对措施可以是回避、承受、降低或分担风险，采取这些措施的目的是将风险控制在主体的风险承受力范围内。

（6）控制活动。制订和执行政策与程序以确保风险应对有效实施。

（7）信息与沟通。公司经营管理所需的信息被识别、获取并以一定形式及时地传递，以便员工履行职责。有效沟通要求信息在企业内部及时地自下而上、自上而下和平行流动，并保证信息在流动过程中的稳定性，防止信息在流动中衰减。

（8）监督评价。对企业风险管理进行全面的监督，及时发现过程中的问题并加以纠正。监督可以通过对企业持续的管理活动、企业内单独的评价活动或者两者结合来完成。

COSO 强调企业风险管理并不是一个严格的顺序过程，一个要素并不仅仅影响接下来的那个要素。它是一个多方向、反复的过程，在这个过程中几乎每一个构成要素都能够也的确会影响其他构成要素。

巴塞尔委员会针对商业银行风险管理在巴Ⅱ中提出了"三大支柱"的管理要素，从最低资本要求、监管检查到市场约束，这些要素也构成了新资本协议的基本框架。第一支柱最低资本要求源于委员会认为"压倒一切的目标是促进国际金融体系的安全与稳健"，而充足的资本水平被认为是服务于这一目标的核心因素。1988 年的巴塞尔协议就提出了银行资本充足率的要求，将银行资产业务与银行资本挂起钩来，使银行监管者对商业银行的资本有了一个衡量标准，这是 1988 年资本协议的最大贡献。但是，1988 年资本协议也有不足之处，新资本协议为此还专门增加了两个方面的要求：首先是要求各银行在严格的监管之下建立自己的内部风险评估机制。尤其是大银行，要求运用自己的内部评级体系决定自己对资本的需求。其次，委员会提出了一个统一的方案，即"标准化方案"，建议银行借用外部评级机构对借款企业的评级，决定银行面临风险的大小，并据此准备相应的风险准备金。一些企业在借款时，由于没有提供担保和抵押，在发生财务危机时会在还款能力方面出现困难。银行通过事前的评级，可以对未来的风险有一个基本的判断、提前预备相应的准备金，以降低自己的风险损失。第二支柱是加大对银行的监管力度。监管约束第一次被纳入资本框架之中，其基本原则是监管机构应该根据银行的风险状况和外部经济环境，要求银行保持高于最低水平的资本充足率，严格控制银行的资本充足率，确保银行有严格的内部体制来有效管理自己的资本需求。根据协议要求,银行应参照其承担风险能力的大小,建立起银行内部关于资本充足状况的内部评估机制,不定期地针对银行面临的各类风险评估资本是否充足,并制订维持资本充足水平的战略。在此基础上,监管当局的责任是判断银行的管理层和董事会是否有能力合理地评估、决定银行的资本需求,是否有能力对不同的风险采取不同的应对措施。巴Ⅱ第二支柱要求银行和监管者遵循以下四项原则以确保银行的资本状况与其总体风险状况和正在进行的风险管理策略相一致:①监管当局对于银行经济资本超过最低监管资本的预期;②银行评估资本充足率的内部程序;③对内部评估过程和遵守监管资本充足要求的监督检查;④监管当局的早期介入。第三支柱是市场对银行业的约束。这是巴塞尔委员会第一次引入市场约束机制,让市场力量来促使银行稳健、高效地经营并保持充足的资本。稳健、经营良好的银行可以更为有利的价格和条件从投资者、债权人、存款人及其他交易对手那里获得资金,而风险程度高的银行在市场中则处于不利地位,它们必须支付更高的风险溢价、提供额外的保证或采取其他安全措施。巴塞尔委员会要求市场对金融体系的安全进行监督约束,要求银行及时披露信息、加大透明度,也就是要求银行提供及时、可靠、全面、准确的信息,这些信息包括资本结构、风险敞口、资本充足率、对资本的内部评价机制以及风险管理战略等信息,以便市场参与者作出判断。

六、风险管理的模式和内容

COSO 在《企业风险管理——整合框架》(COSOⅡ)中提出企业风险管理应该包括协调风险容量与战略、增进风险应对决策、抑制消减经营意外和损失、识别与管理多重的和贯穿于企业的风险、抓住机会、改善资本调配六个方面的内容,并要求企业风险管理框架力求实现主体下的战略、经营、报告及合规四个目标。COSO 认为企业欲实现上述主体目标,其风险管理需要整合八个相互关联的要素:内部环境、目标设定、事项识别、风险评估、风险应对、控制活动、信息与沟通、监督评价。

COSO 强调面对企业或内部任一层级机构实施风险管理时,需要:①分析、判断企业或该主体的内部控制环境,了解管理者的风险管理理念和风险容量、企业的组织管理架构、授权职责的分配、企业文化与道德价值观、人力资源管理准则和企业绩效水平等。②明确企业主体的经营管理目标,包括设定战略层次的目标,为经营、报告和合规目标奠定基础。③找出、分析影响企业主体目标实现的各种事件,判明它们是否代表可能带来收益的机会,或是可能导致损失的风险。④运用定性和定量相结合的方法分析评估潜在事项发生的可能性和对实现企业目标的负面影响程度,并得到固有风险。⑤针对风险评估以后得到的固有风险,管理者提出包括风险回避、降低、分担或承受的应对策略,确保采取这些措施后的剩余风险在企业风险容量以内。⑥根据提出的风险管理应对策略组织内部相关部门和人员进行落实,以控制风险发生的可能性,降低风险对企业负面影响的程度。⑦在完成上述工作后由管理者自行对这些工作进行回顾检查,找出不足与缺陷并及时整改;同时由董事会安排企业内部审计对管理者的工作进行全面的评价。在进行上述七项工作环节的过程中，COSO 要求企业董事会、管理层和各级机构人员保证风险管理各类信息的正常流动，包括自上而下、自下而上和平行传递，确保各类信息及时有效地传递到位。

巴塞尔协议的风险管理体系则提出通过风险识别、风险测量、风险控制、风险监督和风险调整五种管理手段，达到"资本约束资产"的目的；利用资本限额、组合管理、风险缓释技术等，确保风险损失控制在资本承受能力范围以内。风险识别要求银行针对不同的风险找出可能导致风险损失的因素，通过建立数据仓库将损失数据清理、归集在一起，利用数据挖掘技术建立损失与各类风险因素的关系，确定风险损失模型。风险测量是以数理统计模型为基础，测算各类风险损失发生的概率和损失程度比率，然后依据损失发生时的风险敞口计算出某类风险损失发生时的损失值；通过一段时间的数据积累得到该风险损失的平均值和标准差。同时，通过内部资金价格转移系统测算银行内部不同业务条线、产品的风险收益，为银行产品和服务定价提供依据。风险控制是根据风险测量得到的风险损失数据判断银行资本承受能力，并依据银行董事会的风险偏好，确定银行风险资本的价值取向；它包括风险损失控制和风险收益控制两个方面的内容，并以此设置银行风险资本限额配置到不同的行业、地区、产品和客户维度上，达到"以资本数量的多寡决定资产规模大小"之目标。风险监督是根据银行风险管理政策对银行业务全流程实施监督，从客户准入、盈利分析、尽职调查、资本配置、限额管理、额度控制、产品定价，到贷款投放、资产分类、减值准备、档案管理全过程的监督。风险调整是要求银行"以资本的价值取向决定资产结构的组成"为目标，根据经济资本收益率的要求调整银行资产在行业、地区、产品和客户维度上的分布与定价，确保风险损失锁定在银行资本承受能力以内的基础上，风险收益的最大化，并以此对银行内部机构人员进行绩效考核，为银行董事会实现经济增加值的目标提供坚实的保证。商业银行在上述风险管理过程中除了充分利用打包销售、资产证券化、保险等风险缓释技术手段保证组合管理的成功外，还会运用风险监督的方法及时检查、纠正风险管理过程中的各种问题，为最终实现商业银行企业战略提供积极有效的保障。

第二节　监管差异对企业的影响

目前，国际、国内资本市场对上市公司的风险管理要求均以 COSO 理论为依据，这一要求符合当前国际一般行业风险管理的水平和能力。然而，完成 COSO 风险管理体系的要求，并非企业风险管理的终点。这是因为，企业此时仅仅是完成了风险管理体系的建设，企业在实践中遇到的大量风险管理和内部控制的问题及其难点还完全没有着落，甚至连解决的思路和方向都还没有明确。风险管理的实践告诉我们，完成 COSO 体系的建设只是完成了风险管理基础平台的建设，这仅仅是万里长征的第一步。要真正做好风险管理，我们还需要学习和实践目前国际上最为先进的风险管理理论，即巴塞尔委员会与国际商业银行已经实践了几十年的风险管理理念和方法。目前国际、国内一些工业企业已经开始将商业银行的经验和做法移植到本企业中去,并获得了良好的效果。

扩展阅读 5.2 "蚂蚁金服"背后的金融风险您知道吗?

由于 COSO 和 BASEL 两大风险管理体系的基本理念、方法、路线图存在巨大的差异,这种不同的监管理念让企业在实践中无所适从,我们在具体的工作中难免遇到同一件事情有两种不同的解释或要求。对于后来者而言完全不必再经过自己的实践去摸索,我们完全可以通过先行者的教训和经验找到一条通往目标的捷径。下面将以商业银行实践的经验和教训为范本,梳理出这方面的问题。

一、不同的标准和要求以哪个为准

我们知道在上市时,商业银行必须已经建立一套风险管理体系,如果没有这样一套风险管理体系,是不会有投资人敢买这家银行的股票的。21 世纪初,中国银行业在大规模上市前,已经根据国际银行业的先进经验,按照 BASEL 风险监管理念和要求建立了一套风险管理体系。然而,令当时的商业银行尴尬的是,上市后按照市场监管当局要求对银行的风险管理体系进行评价时,评价的标准却是 COSO 体系。如何根据一种标准对按照另一种标准建设的体系进行评判是当年困扰商业银行很长一段时间的问题。由于这个原因,商业银行在上市后的一段时间内,需要将一件事情分别遵循两个组织的不同管理要求做两次,支付了双倍的管理成本,浪费了大量的人力、物力和财力。

二、企业内部控制建设与内部控制评价的标准是否要求一致

提出这个问题的原因除了两大组织的差异以外,还有企业的内部控制建设是由企业高级管理层负责,具体实施是由第二道防线牵头组织,而企业负责内部控制评价的部门则是董事会下属的审计部门。与此同时,任何一项工作的标准都需要有一定的前瞻性,如果标准太低,所有人都可以轻松达标,这样的标准就失去了意义;相反,如果标准太高,多数人无论怎样努力都无法达到,削弱了达标的信心和积极性也不利于标准的实现。所以,内部控制建设和内部控制评价的标准是否要求一致?如果是一致的,标准由谁负责制定?如果不一致,孰高孰低?

三、两大组织的风险监管理念无法满足董事会盈利诉求

COSO 强调实现企业的战略目标,但是没有风险测量和资本的概念,没有资本概念的战略制订如何反映资本的利益诉求?而巴塞尔委员会对资本也只是要求作为损失的最后吸收器,并没有提及风险占用资本符合监管要求以后,如何实现资本对盈利的诉求。

四、企业内部控制与外部审计师进行内部控制审计的导向差异

目前,国际各大会计师事务所对上市公司操作风险管理体系与内部控制体系的审计评价均是根据美国《SOX 法案》(《萨班斯-奥克斯利法案》)404 条款,以财务报告的真实性为导向进行的,其关注的重点是防止企业在经营中可能导致财务失真的情况。这与企业对内部控制关注的重点存在显著的差异。一般企业对内部控制和内控评价的主要目的在于防范道德风险引发的欺诈舞弊案件与重大事故隐患,它是以风险(管理)为导向的。这种导向上的差异使双方在识别风险、排查隐患、确定控制措施以及管理方法上出现矛盾,也给各级管理者带来了困惑。这种不同导向的管理要求和模式如何在实际工作中整合一致,其难度是可以想象的。

第三节　企业对监管差异的应对策略

通过以上分析,我们已经可以清楚地看到这样的事实:COSO 风险管理体系虽然在技术上落后于巴塞尔风险管理体系,但是其适用性却是巴塞尔体系无法比拟的;COSO 体系最大的优势就是可以让不同行业、不同管理水平的人使用同一种标准和语言讨论问题、规范彼此之间的工作。巴塞尔体系的管理水平和方法领先于其他风险管理组织,代表着风险管理未来的发展方向。

面对以上事实,我们在企业风险管理实践中需要先解决两大机构逻辑上的相互关联问题,并在认识上形成统一,以便指导下一步的工作。其一,企业在风险管理过程中是否要平等地执行 COSO 和 BASEL 两大体系不同的管理要求。如果答案是肯定的,那么我们如何处理两者之间的差异? 如果答案是否定的,那么针对不同的管理要求,以哪个体系为主? 其二,对于前一个问题,我们应该实事求是地看待,科学地对待 COSO 和 BASEL 不同的差异要求。

一、基本原则

面对不同的监管要求,作为被监管者,不仅要考虑企业经营的合规问题,还要考虑企业经营的目的,更要考虑企业的核心竞争力问题。企业在风险管理实践中不能只是跟随行业的领先者,要做先行者,争取话语权,力争成为行业的标杆。所以,企业必须做到"尊重监管、不唯监管、超越监管"。

二、前提假设

企业风险管理实践已经证明,对于风险管理刚刚起步的企业尤其是非金融企业而言,

COSO 风险管理体系是构建全面风险管理体系和内部控制体系的最佳指引。即使对于已经具有一定风险管理实践经验的商业银行而言，除了信用风险和市场风险管理以外，针对其他风险尤其是操作风险的管理和内部控制，首先实施 COSO 风险管理体系也是一条事半功倍的捷径。通过运用 COSO 的风险管理理念和方法可以有效地实现操作风险的识别，为下一步按照 BASEL 监管要求和商业银行最佳实践的方法测量操作风险奠定基础。因此，无论是金融企业还是非金融企业都应该将 COSO 风险管理体系作为企业全面风险管理的指导原则和实施操作风险管理与企业内部控制的工作指引。

三、工作思路

首先，企业以 COSO 风险管理体系为指引，构建企业全面风险管理体系和组织架构。其次，企业在公司层面和战略、战术上将 COSO 风险管理体系用作内部控制或操作风险管理的指引。再次，企业内部基层机构或具体部门在风险管理战术层面上可以尝试用 COSO 风险管理体系对多种风险实施管理。最后，企业利用 BASEL 体系下的风险管理理念和方法测量并管理企业主要的风险敞口，包括但不限于信用风险、市场风险和操作风险。

四、方法论实施程序和技术路线图

企业在确定工作思路之后，需要按照方法论要求制订分步实施的工作程序，并在专业技术层面设计出可行的路线图和里程碑，以明确分阶段工作的目标、行进路径、工作要求、验收标准和工作成果。

（一）企业层面的工作内容及程序

企业实施全面风险管理需要针对企业各个业务领域和组织架构开展工作，具体的工作内容和步骤如下。

第一步：以 COSO 标准构建企业风险管理体系、分清三道防线和部门职责。

第二步：各职责部门建立规章制度。

第三步：明确企业风险管理目标和评价标准。

第四步：在企业范围内实施全面风险管理评估，找出风险隐患。

第五步：针对风险点和风险隐患制订应对措施。

第六步：落实执行有关措施规定。

第七步：检查验证应对措施的有效性并进行修补。

第八步：将第七步的结果向董事会、管理层反馈。

企业在内部各个层面上完成以上八个步骤并得到可验证的结论，说明已经按照 COSO 的要求构建了企业的风险管理体系和内部控制体系。但这只是完成了企业风险管理的基础建设,企业下一步需要根据 BASEL 体系下的风险管理理念和要求,开展有针对性的风险管理和控制。

第九步:根据企业经营情况划分企业所面临的各类风险,并对风险进行定义。

第十步:确立风险数据,建立数据仓库,收集、清理相关数据,建立数据模型。

第十一步:测量风险并建立风险容忍度。

第十二步:根据测量结果分析风险环境和形势,制订风险收益和风险损失的控制策略。

第十三步:根据董事会风险政策委员会制定的风险偏好、资本限额和风险控制策略,调整企业经营策略和资产配置方案,对企业的客户和产品实施主动的风险营销。

第十四步:利用 RAROC 等工具实施风险管理和绩效管理,实现目标导向,为企业战略的落实奠定技术基础。

企业从第九步到第十四步需要较长的时间才有可能完成,一旦达到这个目标,企业在风险管理中就已经掌握了主动权,可以实施主动的资本经营,为资本获取更大的利润。

(二) 企业内部控制专业技术路线图和里程碑

企业实施全面风险管理需要以内部控制为基础,针对操作风险、道德风险和重大事故隐患开展相关工作,合理地设计施工路线图和里程碑不仅可以起到事半功倍的作用,还可以有效地激励与激发员工的士气和工作热情。企业在内部控制方面的路线图、工作内容和里程碑如下。

第一阶段:操作风险的识别(A)。

工作内容:企业根据统一的规则按业务条线组织流程划分。

里程碑:产出企业的业务流程结构图。

要求:工作实施标准是流程划分至环节并以自然人为标准。

第二阶段:操作风险的识别(B)。

工作内容:根据统一的规则对所有业务流程进行梳理,并完成三项工作(其一,明确各环节的功能、风险点和控制点;其二,操作风险事件清理与问题固化;其三,对规章制度进行工艺整合),得到所有业务流程的风险点和可能发生的操作风险事件。

里程碑:产出企业流程图和风险标识图。

第三阶段:建立操作风险事件问题数据库(A)。

工作内容:用专业语言对操作风险事件进行统一表述并加以固化。

里程碑:产出全行操作风险矩阵图。

第四阶段:建立操作风险事件问题数据库(B)。

工作内容:编制操作风险事件字典,并以代码将操作风险事件逐一转换为数据。

里程碑:完成操作风险数据仓库建设。

第五阶段:采集操作风险数据。

工作内容：根据五个统一的工作要求[①]，每年对全行各业务条线和机构进行抽样检查，将检查结果录入数据仓库。

里程碑：得到具有统计意义的操作风险数据。

第六阶段：建立分析模型，对操作风险进行分析。

工作内容：数据录入第一年可以进行对比分析；两年以上可以进行同比分析；3年以上可以进行趋势分析、历史最好(差)值分析和均值分析。

里程碑：得到数据分析模型与数据分析报告。

第七阶段：建立以数据分析为基础的操作风险预警体系。

工作内容：数据积累至第5年后可以进行操作风险概率测量，预测银行业务条线、产品、流程、环节和机构五个维度未来一年发生操作风险事件的概率。

里程碑：完成操作风险概率维度的测量工作，构建全行操作风险预警体系。

第八阶段：建立道德风险识别机制(A)。

工作内容：根据操作风险发生的频率和概率对操作风险管理的薄弱环节(高频)，如机构、流程等进行分析，找出制度漏洞并加以完善。

里程碑：通过技术将内部审计、业务管理部门对业务的管理与纪检监察部门对人的管理有机地结合在一起，构建第二、三道防线的合作机制。

第九阶段：建立道德风险识别机制(B)。

工作内容：根据欺诈舞弊案件的特征和可能出现道德风险的业务环节特征分析可能出现的案件线索与作案手法，并对该环节操作人员进行摸底排查，制定应对防范措施。

里程碑：构建完成定量和定性相结合的道德风险防范体系。

即 测 即 练

• **思考与练习**

1. 同一件事面对不同监管标准和要求，作为被监管者应该如何应对？

2. 内控建设为何要以内控评价标准为标准？

3. 如何处理董事会与监管当局对风险管理的不同要求？

4. 如何避免被外部审计的风险导向审计带入歧途？

5. 如何避免跟在监管要求后面被动地实施风险管理？

[①] 五个统一的工作要求是指操作风险数据采集过程中的统一组织风险评估、统一制订检查计划和方案、统一现场抽样规则、统一检查评价标准、统一数据录入格式。

第六章

新兴业态对传统银行职能冲击下的思考

- **本章学习要点**
1. 了解高科技对银行业的作用；
2. 了解互联网金融的本质；
3. 了解高科技对银行业职能影响的本质；
4. 掌握体现银行结算功能的基础工具的名称和基本作用；
5. 掌握银行业信贷业务的基本内容和工具。

扩展阅读 6.1　孙冕拒建盐场的故事

第一节　高科技对银行业的冲击影响及作用

自 20 世纪 80 年代初开始,银行业经历了计算机、互联网、人工智能、云计算、移动互联网、大数据等高科技的冲击,这些冲击为银行的制度创新、技术创新、工具创新提供了便利,对于银行职能的发挥、运营的效率都起到了积极的作用。然而,这些变化仅仅属于技术层面的改变,如互联网金融不过是把传统的金融服务业更换一个通道而已[①],对银行基本职能尚不足以构成根本性威胁。了解掌握商业银行支付、结算、信贷三大基本功能是对金融风险管理人员的基本要求。

一、互联网金融对传统银行的冲击

中国第一家 P2P(点对点网络借款)平台成立于 2007 年,至 2016 年 3 月中国互联网金融协会成立,互联网金融得到了高速发展,互联网金融解决了传统金融服务密度不足的问题,为数以百万计的小微企业提供了快捷便利的金融服务。在小微企业融资难、融资成本高的背景下,互联网金融为破解小微企业融资瓶颈开拓了新渠道,有助于提升实体经济的运行效率。

互联网金融的高速发展对传统银行形成了巨大的冲击,有人甚至断言传统银行在物理形态上将会消亡。

---

① 庞东梅. 风险控制是互联网金融立身之本[N].金融时报,2014-08-22.

（一）打破银行业垄断

支付宝/微信等第三方支付彻底打破了银行结算的垄断地位,大幅度提升了个人结算速度和感受。但第三方支付基本上割裂了客户与银行的联系,形成了新的垄断。

（二）结算孤岛

支付宝/微信虽然方便了商户和客户之间的结算,但是由于需要商户和客户必须在支付宝和微信开立账户,所有的结算都在支付宝或微信内部完成,进而形成结算孤岛,见图 6-1。

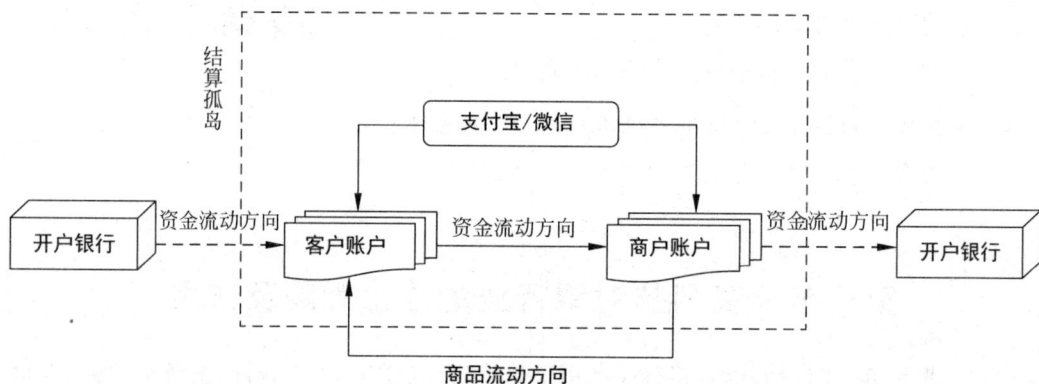

图 6-1　支付宝/微信结算示意

（三）削弱了银行风险防范能力

互联网金融中的授信功能是对银行传统信贷功能的补充,如 P2P 模式为存款客户群提供了一种全新的投资渠道;为借款客户群提供了快捷、简便的融资渠道。然而,汽车抵押消费贷款等互联网金融的新型小额分散消费金融在切割了商业银行基本功能的同时,从金融行业整体视角而言,并没有对传统金融的基本功能起到提升改进的作用,反而大大削弱了传统银行基本风险(信贷业务层面)防范能力。

以 P2P 模式为例看金融的信贷功能本质,传统金融信贷功能的本质是为社会提供资金融通服务,金融机构在其中起到中介桥梁作用。这个中介作用可划分为两类:一是信息中介,二是信用中介。信息中介就是为资金供需双方提供信息,解决信息不对称的问题,如资金需求、价格等。信用中介就是金融中介机构在资金融通过程中,以自身作为信用的保证,保障出资人的本金和利息安全,承担控制贷款风险的职责。传统金融具备信息中介和信用中介两个职能,而且后者长于前者,并以后者的优势使社会忽视其前者的职能作用。而 P2P 等互联网金融的优势恰恰在于信息中介职能方面,P2P 利用其大数据和网络平台优势让资金供需双方直接对接,减少中间环节、提高效率、降低成本,由此弥补了传统金融的不足。但在信用中介职能方面,P2P 远远不如传统金融。首先是风险信息不完备,大数据仅涵盖线上数据,线下数据的获取还需要依靠传统手段,而 P2P 所面对的借款人往往都是小微企业或个人,针对这部分群体的信息收集手段并没有什么创新,在征信体系还未完善又不具备传统金融的风控手段的情况下,P2P 的风险信息难以完善。其次是 P2P 风控手段远不如传统金融行业,因此,大多数 P2P 平台难以具备信用中介职能,但在信息中介方面的优势却能弥补传统金融的不足。

(四)威胁国家金融稳定

脱离监管的互联网金融直接威胁国家金融体制。互联网金融的发展得益于国家政治稳定、经济高速发展的社会环境,特别是利用了国家金融监管的缝隙和漏洞,以金融服务薄弱地带为突破口,通过运用高科技手段抢占市场的同时,也以高科技创新为掩护,在没有金融牌照的情况下,逐步蚕食金融机构的传统职能,如开展结算、授信、理财等金融业务。这些问题在其发展初期对国家经济的负面影响有限,但是,随着其业务规模的不断扩大,由于其不在国家统一的金融体系之内,无论是业务活动、结算环节、资金渠道,还是行业监管等都游离在国家金融体系之外,形成了一个平行于国家金融体系的"独立王国"。同时,由于所有制原因,这样的金融企业并没有受到国家宏观经济金融政策的指导和约束,这就逐步形成了对国家经济、金融体系的风险隐患,对国家金融稳定造成直接的威胁。

(五)以"割韭菜"为生存发展之基础

互联网金融从初期的生存到发展,乃至最终形成的垄断都是以绝对的高息为基础,这在充分的市场经济环境下是绝对不允许的。因为,一旦失败,其社会成本巨大到小政府根本无法承受的地步。

总之,40 多年的历程告诉我们,无论什么高科技都仅仅是工具,那种认为工具可以改变本质的想法是本末倒置的。互联网金融等高科技没有改变也不可能改变金融的本质,遗憾的是"互联网金融的本质还是金融"的这个认识,互联网金融业是在经历了惨痛的教训以后才在 2014 年形成全行业的统一共识。以上分析说明,互联网金融仅仅利用高科技等手段尚不足以对金融机构基本功能产生影响,也不会对国家金融体系构成威胁。但是,互联网金融一旦脱离监管,利用高科技手段谋取传统金融工具的基础功能并发展成为该领域内的垄断寡头,就有可能替代金融机构的基本职能,对国家金融体系的完整性构成威胁。

二、区块链对银行业的冲击

扩展阅读 6.2　从万众瞩目到落寞清零——P2P 时代落幕背后的真相

区块链是金融科技的核心技术之一,也是现代金融底层技术革命。意大利是欧洲较早开始远洋贸易的国家,高风险、流程烦琐的货通全球需要相应的资金融通等金融服务,由此在 1407 年,意大利威尼斯成立了世界上第一家银行。当时意大利银行家发明了复式记账法,对复杂的跨国经贸活动进行会计计量,这种中心化复式记账法 600 多年来改进空间有限,在一定程度上制约了金融创新。如今,分布式账本、智能合约等区块链技术给现代金融带来了提质增效和创新服务的巨大空间。美国《连线》杂志创始主编凯文·凯利(Kevin Kelly)在《失控:机器、社会系统与经济世界的新生物学》(*Out of Control:The New Biology of Machines,Social Systems,and the Economic World*)中认为,社会进化趋势是分布式、去中心,从失控到控制再到失控。从某种意义上说,区块链不单是一项工程技术,而是以共识、信任、共享为价值观的社会思潮。[①]

(一)区块链在金融行业的应用

1. 区块链技术支持支付结算提高效率

2016 年 12 月美联储在发布的首份分布式账本白皮书中指出:"区块链主要在支付和交易结算领域应用,具有推动改变金融市场结构的潜力。"英国央行在对新一代支付结算系统的调研报告中提出分布式账本技术可能的三个应用场景:一是作为结算业务的底层技术;二是作为使用法币进行证券结算和外汇结算的平台;三是作为与支付结算系统实现互联互通的加密数字货币平台。

区块链对于推动跨境支付结算生态化升级具有高效、低成本的价值:其一,将智能合约等区块链技术与支付结算、物联网等技术和工具有机结合。区块链技术的分布式账本、可跟踪、不可篡改、可追溯、去中介化等特点解决了传统跨境支付的效率和安全问题。其二,区块链技术可以构筑跨境贸易、跨境支付的去中介化信用体系,减少银行、担保、保理等金融机构作为第三方中心化信用机构的介入,使付款方与收款方在无须信任的情况下基于技术逻辑建立信任关系,有效解决跨境支付结算存在的时间长、中间环节多、中间费用高等问题。其三,各国法律法规尚存在一些不对接、不匹配的情况,给跨境贸易、跨境支付带来国际法律风险,利用区块链技术点对点跨境支付,减少不同国家金融机构等中间环节,可以带来全天候便捷支付、实时到账、提现简便、消除隐形成本等价值。

2. 破解票据市场乱象

票据融资所具有的操作简单、灵活便利等优势为中小企业避开企业规模限制筹措资金、扩大再生产,创造高于贴现息的资金使用效益提供了可能。票据业务的这一特征促使票据市场快速膨胀,然而,票据助力实体经济、提高企业资金融通能力和经营绩效的本义被异化,社会上逐步出现脱离实体经济交易、投资、投机的乱象。个别银行借助资管、信托、代持等激进操作做大票据业务,吹大票据泡沫。一些空壳公司开立虚假票据骗取银行贷款,通过自己开票、自己申请贴现获得资金融通。

出现这类问题的根源在于传统票据运作方式存在造假套利空间、从业者合规意识淡薄、风险管理失控。票据本身的特点决定了票面信息和交易信息必须具备完整性和不可篡改性。与一般金融交易相比,票据金额较大,对安全性的要求更高。如果借助区块链构建

---

① 刘洋.区块链金融——技术变革重塑金融未来[M].北京:北京大学出版社,2019.

数字票据在链上实现价值的点对点传递,就可以实现联盟链上的直接结算。同时,区块链通过密码学提供的安全性、完整性和不可篡改性等特性,可在一定程度上满足票据交易的上述需求,有助于在技术层面上防控票据业务风险。

3. 助力消费金融创新提质增效

随着消费信贷的发展,小额、分散、无抵押、无担保、在线申请审批、利率市场化的日常消费贷款成为主要市场,借款用户由过去的中高收入群体转变为长尾客户(小微企业、普通公众,也称为中小微弱群体)。长尾客户开发面临的挑战在于信用等级和质量参差不齐、批量获客成本高、风险甄别难、风险定价不准确,尤其是难以利用金融科技风控技术精准识别欺诈用户、精准判断用户的还款意愿。区块链具备的分布式记账、防篡改、去中心化、智能合约等特点,是解决日常消费贷款上述问题的新技术方案。总体来看,目前区块链应用到消费贷款主要是在以下领域探索:资产在线抵押、去中心化联盟链搭建、信贷中介和资产管理服务、区域化和全球化信贷,以及消费链、产业链、信贷链结合的生态体系搭建等方面。

4. 区块链提升资产证券化风控合规效益

区块链作为一种不可篡改、透明安全、多中心化、分布式数据储存技术,兼有海量数据处理、溯源、灵活高效分析等优势,天然适合用来打造一体化资产证券化产品交易体系。其分布式账本能重新设计底层系统,给参与各方提供资产质量、交易信息等共同记录,实时更新各参与机构资金交易信息,摒弃过去耗费多余资源的清算环节。区块链赋能资产证券化将有望突破传统模式若干瓶颈:其一,资产穿透。将资产信息、现金流信息、业务流信息实时上报,项目参与各方可以共享链上数据。其二,提升效率。区块链技术可自动根据资产数据与产品特征进行匹配,高效筛选符合特定投资者的底层资产,缩短资产证券化准备时间。智能合约可以实现资产证券化产品发行方与投资方直接签约,自动执行,在交易过程中减少操作成本。其三,提高市场活跃度。区块链技术解决了信息不对称与不透明、定价可信度低等影响二级市场交易的关键问题,可以帮助二级市场投资者更好地完成质优价低资产的发现,提升投资者信心,促进资产证券化产品在二级市场的流动。其四,提升网络安全性。区块链技术有助于提升资产证券化交易系统的安全弹性。过去需要投入大量资源来提升中心化服务器的安全性能,随着分布式数据库的部署,黑客需要破坏51%以上的节点数据才能达到目的,系统安全性随着参与节点的增加而提升。即使部分节点出现问题或者瘫痪,其他节点仍能正常运作,为问题节点恢复提供了时间,系统容错性增强。

5. 区块链对保险业务环节改造优化

第一,在客户管理方面,保险公司过去以保单为基础进行产品销售管理,但是客户和客户信息分散,区块链应用则可整合多渠道的分散的用户信息,实现用户账号、账本统一管理,有助于数据共享,提高业务效率。第二,在数据高效管理方面:一是数据安全。利用区块链不可篡改等特点,智能合约、自动交易等手段,以及带有加密算法匿名的保护,为数据安全特别是个人信息提供保障,并实现自动理赔,可简化数据收集与保费支付操作环节,提高承保流程透明度,更好地监控风险敞口与理赔流程。二是数据可得。传统保险公司为了防范客户的信用风险,需要建立庞大的核保部门或依靠第三方机构获取投保人关键数据。利用区块链可以对个人身份信息、健康医疗记录、资产信息、各项交易记录等关键数据交叉验证。三是数据连续。过去消费者行为数据由承保的保险公司所有,行业间数据不共享。区块链存储用户数据,客户信息可以独立于承保人存储,保险公司需要授权获得,完整的用户行为记录能够提升保险公司的风险评估、核保核赔效能。第三,智能合约提高理赔效率。保险公司的理赔工作大量由人工处理,不但效率低,主观性强,容易出错,还需要集中校验,导致用户体验差,消费者投诉高企。利用智能合约实现基于事件、数据触发的自动赔付,可减少或者消除人工干预,提升理赔效率,实现理赔资金及时到账,更好地服务投保人,体现保险"雪中送炭"的核心价值。第四,反欺诈。相比传统模式,区块链赋能反欺诈有三个优势:一是避免重复记录,让事件和理赔一一对应,可防止重复理赔;二是建立所有权机制,将保险标的数字化,可防止伪造标的欺诈;三是减少违法分销行为,非授权保险经纪人如果违规将产品销售给客户或者私吞保费,客户保单将不会被登记上链,由此可以直接查验出欺诈行为和造假者。第五,降低行政费用。区块链能自动验证投保人身份与合同有效性,通过第三方机构提供用于审计注册的索赔数据,通过基础支付设施或者智能合约完成保费支付和赔付,可省去多个中间渠道以及随之产生的多余费用。

6. 区块链在征信业的应用优势

首先,实现数据确权、共享与协作,打破"信用数据孤岛"。区块链可以帮助用户确立自身数据主权,生成信用数据资产。在信用确权的基础上,以分布式信用数据账本连接征信机构、征信需求方和监管部门,进而开展用户数据授权,就能解决"数据孤岛"问题,确保用户隐私安全及各方数据源不对外泄露。征信机构作为区块链节点,以加密形式存储、共享、处置用户授权的信用数据,从而实现信用数据的共享、共通、共建、共用。其次,实现系统规模高效运维,降低征信运营成本。区块链可以帮助征信机构低成本拓宽数据采集渠道,消除冗余数据和重复数据采集,规模化解决数据的真实性问题,还可实现数据供需方直接对接,去除中介机构参与。同时,区块链可使信用评估、定价、交易,以及征信后的应用场景合约执行等全过程上链和自动化运行管理,降低人工与柜台等实体运营成本,整体提升征信及其场景的效率效能。最后,保障征信系统整体安全,实现数据隐私保护。征信区块链上每个节点都会参与系统维护,不会因为某个节点出现问题造成系统瘫痪。即使出现问题或是遭遇恶意攻击,征信系统仍然可继续稳定运行。同时由于并非所有数据都要上链,也并不是所有数据都要公开透明,因此除了数据共享交易参与各方,不会有其他机构有权限获得数据。

(二)从技术层面看区块链的问题

1. 区块链中每一个节点的管理问题

区块链中每一个节点的账户由账户所有人管理,没有任何其他机构可以介入,包括查询、认证、冻结等。虚拟货币在区块链上实现点到点的支付,区块链记录的是 A 点到 B 点的支付行为,也就是只记录了发生额。对 A 点来讲是账户资金减少,假设 A 点账户没有足够的头寸支付款项,或者 A 点用一笔头寸支付两次(双花问题),并没有机构或节点负责监督、证明 A 点的账户余额是否可以保障此次支付行为,即区块链只是记录每个节点账户发生的所有交易,也就是只记录发生额,并没有账户余额。为了防止对方恶意透支,在与任何节点进行交易时,每个节点都需要根据对方以往的所有借方(收)和贷方(付)发生额计算对方节点的余额。这种方法随着时间的推移,上述计算的工作量将是巨大的。

在去中心化和匿名化的环境下,上述问题很难与现实环境场景挂钩衔接。比如这一技术方法无法防止 A 账户的恶意透支,同时,如果虚拟货币被国家承认为法定货币的话,在上述环境下就可以为违法者藏匿资产、逃避法律追究提供条件。

2. 区块链技术应用面临的制约因素

按照区块链的理论,它在技术上能够提高数据的透明度和安全性,但在技术落地上仍面临一定的制约。这主要体现在以下几个方面:第一,区块链作为一个去中心化(或者弱中心化)的底层技术,目的是建立一个公平对等联盟生态,涉及众多的参与方,然而现实中很难撮合参与方共同建立这样的区块链网络,因为区块链在互联网中的物理系统、模型结构、扩容方案等技术方法的维护,难以取得所有节点信任。第二,区块链的起始节点在建立“创始区块”后,在同样规则下创建的规格相同的区块通过一个链式结构依次相连组成一条主链条,然而在建立不同的“创始区块”时,难以保证规则的一致性。而且,在业务维护方面,具有数据维护功能的节点工作应交由具备专业素质和能力的技术人员完成,那么专业人员的管理就与“去中心化”的要求相悖。第三,使用区块链技术后每个参与方都有一份数据账本,如果明文存储或存放在中心服务器上会有数据泄露的风险,而为了防止数据泄露就需要用密码学技术来对数据加密,每次加密都用对方的公钥进行加密会使交易活动不够灵活,因此业务应用需要灵活授权且有一定的时效,导致了数据高效共享存在一定障碍。第四,交易所的公信力成为应用区块链加密货币与现实世界应用场景建立连接的窗口,在区块链中交易所起到中心化机构的作用。然而,全球范围内数千家加密货币交易所与现实场景几乎都没有直接关系,可能会加速经济虚拟化。第五,区块链技术应用涉及灰色监管地带。由于其匿名性,与区块链紧密相关的加密货币容易和灰色经济甚至非法经济联系在一起,如毒品交易、枪支交易,甚至还涉及逃税、洗钱、恐怖融资,因此如何将加密货币纳入监管,使之远离非法经济活动,对金融监管提出了新的考验。

(三) 区块链对金融行业的影响与作用

(1) 区块链的去中心化、匿名化决定了其属于技术层面的工具,只有在联盟链、私有链中才有发展的空间。在现有国际环境下,纯粹的去中心化和匿名化是不现实的。根据区块链概念和技术演变而生的私有链、联盟链已经不是去中心化,现有银行的联盟链依据智能合约中的"绝对信任"仍然依靠的是银行信用。

（2）电子货币改变了人民币发行模式。电子人民币进入区块链的切入点如果按照区块链规则由一个普通的节点操作是不可能的，从这个意义上讲，只是区块链技术在法币发行渠道上的应用，改变的是货币发行模式，银行的基本功能并没有改变。未来我国法定加密数字货币是人民币的数字化，将改变法定货币的供给方式。但与基于区块链技术的加密货币不同的是，人民币数字化货币发行无法改变"中心化"特征，因为它是中国人民银行作为中央银行以信用为基础建立的中心化联盟链发行的国家信用法币。

综上所述，区块链技术在目前社会环境下，完全去中心化和匿名化是不现实的。这一技术可以作为金融科技的手段之一，它可以改变银行在支付、结算和信贷领域中的运作模式并提升银行的工作效率。就如同大数据、人工智能、云计算、移动通信、物联网等一样都是金融科技的工具，它不可能从根本上改变银行在社会经济发展中的基本职能和作用。

第二节　商业银行支付结算功能与工具[①]

一、票据

票据作为银行结算的主要工具，是在不断演进的贸易实践过程中发展起来的。从原始的物物交换，到以金属货币作为商业交换的媒介，采取的都是现金结算的方式。但是，现金交易在贸易结算尤其是国际贸易结算中存在风险大、费用多、积压资金等问题。随着资本主义生产关系的出现和发展，以票据替代真金白银作为支付工具的情形出现；随着钱庄和商业银行逐步介入贸易结算领域，票据的功能和作用也得以迅速发展。

票据有广义和狭义之分。广义上的票据也称为金融单据、资金票据或流通票据，泛指各种记载一定文字、代表一定权利的书面凭证，如汇票、股票、债券、发票、提单、保险单等。狭义上的票据是指由出票人（drawer）签发的，承诺自己或委托他人在见票时或指定日期向收款人（payee）或持票人（holder）无条件支付一定金额、可以流通转让的一种有价证券，主要是指汇票、本票和支票这三种代表货币的支付凭证。

（一）汇票

《中华人民共和国票据法》（以下简称《票据法》）第 19 条对汇票的定义是：汇票是出票人签发的，委托付款人在见票时或者在指定日期无条件支付确定的金额给收款人或者持票人的票据。

---

① 本章第二节和第三节内容是商业银行基础产品和业务，现在银行的许多创新产品和业务都是在此基础上衍生或延伸出来的，但万变不离其宗，掌握根本是关键。

1. 汇票当事人的权利和义务

汇票在设立时有三个基本当事人,即出票人、付款人(payer)和收款人,此时汇票尚未进入流通领域。当汇票进入流通领域后,还会出现其他当事人,如背书人(endorser)、被背书人(endorsee)、持票人等。

出票人即依照法定方式签发汇票并交付汇票的人,出票人对持票人及正当持票人承担票据在提示付款或承兑时必须付款或者承兑的保证责任。在传统商品交易(托收业务)和国际贸易(出口商)中通常是由卖方对买方或其委托的银行开出汇票,经买方或其委托的银行在票上签章承兑。而在国内银行业务中,一般由买方直接开出汇票向开户银行申请办理银行承兑后交给卖方。

付款人又称受票人(drawee),即接受出票人开出的汇票及相应支付命令的人,在商品交易中通常是买方及其银行,汇票的受票人在接到出票人开出的汇票时或立即付款或是承兑,承诺在指定时间支付汇票票款。汇票经受票人及其银行承兑之后,持票人可以背书转让或向银行贴现。

收款人也称受款人,是指凭汇票向付款人请求支付票据款项的人,在商品交易中一般是卖方,是汇票的债权人。收款人可以将票据背书后转让给其他人。

背书人,是指在票据背面签章或书写文字,转让票据所赋权利的当事人。一切合法持有汇票的人,均可成为背书人。背书人对被背书人或其后手,负有担保付款人或付款的责任。当最后的被背书人,即持票人不能得到承兑或付款时,可向前手行使追索权。

被背书人,即背书的受让人。依据票据法的规定,票据一经背书,票据上的权利便由背书人转让给了被背书人,因此,被背书人是票据的权利人,他可以凭票要求付款人付款。汇票可以连续转让,被背书人可以在汇票再加背书而将其转让,成为第二背书人,再背书,产生第三背书人,依次类推。

持票人,即持有汇票的人。占有汇票的收款人、被背书人和来人抬头汇票的持有人都是汇票的持有人。持票人有权向付款人或其他关系人要求履行汇票所规定的义务。由于持票人取得汇票的方式不同,可将其分为对价持票人和正式持票人。

承兑人(acceptor),付款人同意接受持票人的命令并在汇票正面承兑汇票,即成为承兑人。承兑人要保证到期按其所承兑的文义付款,不能以出票人不存在、出票人的签字是伪造的、出票人没有签发汇票的能力或未经授权而拒付汇票。付款人承兑汇票而成为承兑人,就成为汇票的主债务人,出票人成为从债务人。如果承兑人到期拒付,持票人可以直接向法院起诉,也可以向前手追索。

保证人(guarantor),即由非票据债务人对出票人、背书人或参加承兑人作出保证行为的人。票据保证人与一般债务人的担保人都具有债务的从属性,最大的不同点在于,票据保证人的责任具有独立性,即使被保证人的债务无效,也要负票据上的责任。

2. 汇票的票据行为

汇票的票据行为是指一张汇票从开立到正当付款至注销所经历的一系列过程,也就是票据的法律行为。狭义的票据行为仅指以承担票据债务为目的而进行的要式法律行为,即围绕汇票发生的、以确立或转移票据权利义务关系为目的的法律行为,如出票、背书、承兑、保证、保付等。广义的票据行为泛指一切能够引起票据权利义务关系发生、变更或消灭所必要的法律行为,除狭义票据行为外,还包括提示、付款、划线、拒付或拒绝承兑、追索等,见图 6-2。

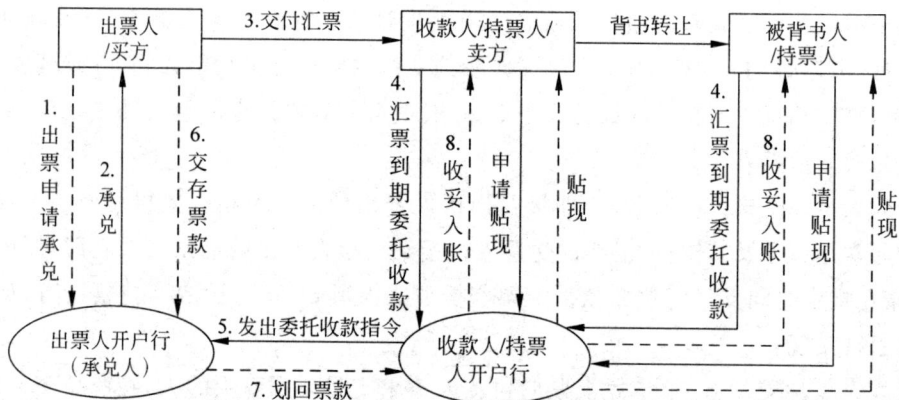

图 6-2　票据业务流程

(二) 本票

《票据法》第 73 条规定,本票是出票人签发的,承诺自己在见票时无条件支付确定的金额给收款人或者持票人的票据。

由于本票的出票人和付款人是同一人,所以本票当事人只有两个,即出票人和收款人。出票人即签发本票的人,也是本票的付款人(主债务人)。它的主要责任就是履行所承诺的付款义务,到期时保证支付给收款人或持票人。出票人交付本票后无权再干预持票人。收款人即本票的债权人,一般又称本票的抬头人,收款人可以背书转让本票,并对后手保证付款。

本票除不必承兑,亦不必参加承兑以及对本票银行不予贴现之外,其余事项,即出票、背书、保证、到期日、付款、追索权等与汇票的规定一样。

(三) 支票

支票是以银行为付款人的即期汇票。《票据法》第 81 条规定:"支票是出票人签发的,委托办理支票存款业务的银行或者其他金融机构在见票时无条件支付确定的金额给收款人或者持票人的票据。"支票有两个重要的特点:一是见票即付;二是银行作为付款人。

支票的出票人就是支票的签发人,他在付款银行开设存款账户并订有支票协议。支票的收款人可因交易而取得支票,也可因受赠、继承而取得,因此支票收款人很广泛。支票项下的付款人就是开户银行。支票上的出票人和付款人的关系是存款户与银行的关系,只有存款户在他的开户行里有足够的存款,他才能开出支票。因此,支票出票人的保证也是保证他在银行有足够的存款,或者银行允许透支,支票提示时一定会付款。如果没有足够的存款而开空头支票,要负法律上的责任。

在我国开空头支票,银行除退票外,并按票面金额处以一定的罚款,对屡次签发空头支票的出票人,银行将根据情节给予警告,通报批评,直至责令其停止签发支票。

二、结算工具

(一)汇款

1. 汇兑

当债权人与债务人处在不同的地区时,需要通过银行的汇兑业务调拨资金了结彼此的债权债务关系。汇兑按资金流向和结算工具流向的不同,分为顺汇和逆汇两大类。

首先,顺汇也称汇付法,是由付款方主动将款项交给银行,委托银行使用某种结算工具,交付一定金额给收款人的结算方式。其特点是结算工具的传递方向与资金流向一致,从付款方传递到收款方,流程如图6-3所示。

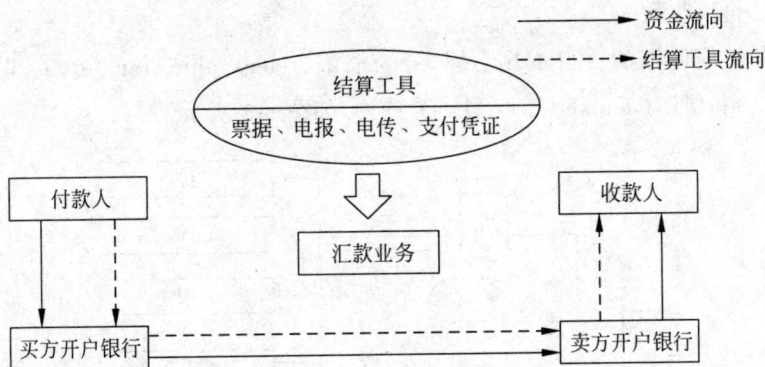

图 6-3　顺汇结算流程

其次,逆汇又称出票法,是由收款方主动索款,以开出汇票的方式委托银行向付款人索取一定金额的结算方式。其特点是结算工具的传递方向与资金流向相反,流程如图6-4所示。

银行结算业务包括汇款、托收、信用证(letter of credit,L/C)三种方式,汇款结算方式属于顺汇,托收和信用证方式属于逆汇。

2. 汇款业务种类和流程

汇款是指银行应汇款人的要求,以某种方式将一定的资金通过其联行或代理行,付给收款人的一种结算方式。

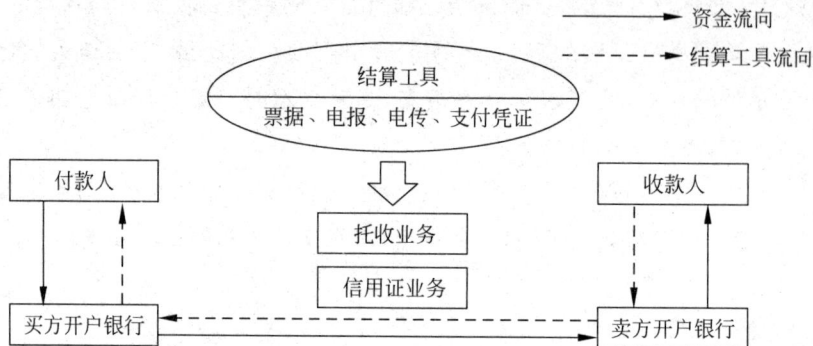

图 6-4　逆汇结算流程

在汇款业务中有四个当事人：第一，汇款人，是付款方，是指将款项交给银行申请汇款的人，通常是商品交易中的买方，汇款人在办理汇款业务时，需要向汇出行提交汇款申请书，作为与汇出行之间的契约。第二，收款人，是汇款业务的受益人，是汇款的最终接受者，收款人通常是商品交易中的卖方。第三，汇出行，是指受汇款人委托，将资金汇出的银行。汇出行办理汇出汇款业务是将接受汇款人申请书作为与汇款人之间建立契约关系，并按照汇款申请书的内容办理汇款业务。第四，汇入行，是指接受汇出行委托，解付汇款的银行，也叫作解付行。汇入行办理的汇入汇款业务是根据汇出行的委托，将汇入汇款按照指定的账户和金额解付给收款人。

汇款业务按照使用的支付工具不同，分为电汇（telegraphic transfer，T/T）、信汇（mail transfer，M/T）和票汇（demand draft，D/D）三种，如图 6-5 所示。

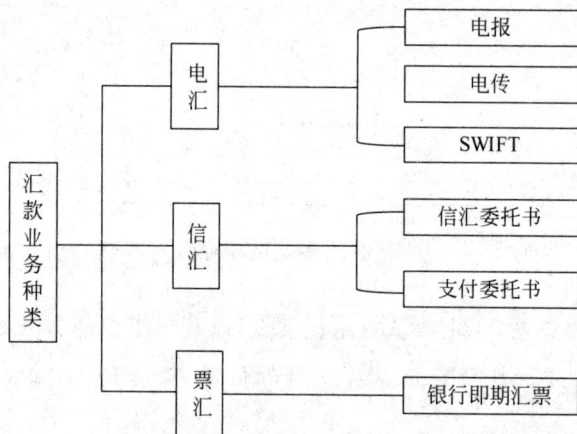

图 6-5　汇款业务种类

首先，电汇是汇款人将一定款项交付汇款银行，汇款银行通过电报、电传或环球银行间金融电讯网络（SWIFT）的方式将汇款委托给目的地的分行或代理行（汇入行），指示汇入行向收款人支付一定金额的一种汇款方式。电汇的特点在于迅速、安全，但费用较高。电汇业务流程如图 6-6 所示。

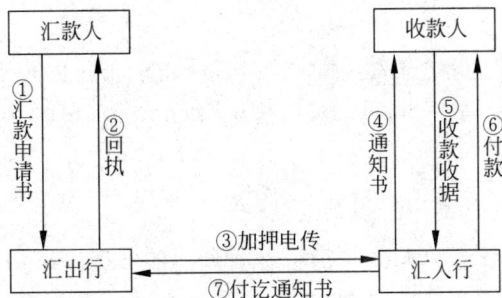

图 6-6　电汇业务流程

其次,信汇是指汇款人将汇款及手续费交付给汇款地银行(汇出行),委托该银行利用信件指示收款人所在地的银行(汇入行)向收款人支付一定金额的一种汇款方式。信汇的优点在于收费低廉,但时间较长。信汇业务流程如图 6-7 所示。

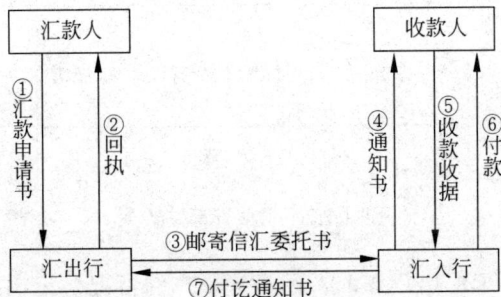

图 6-7　信汇业务流程

最后,票汇是以银行即期汇票为支付工具的一种汇款方式。汇出行应汇款人的申请,开立以其代理行或账户行为付款人,列明汇款人所指定的收款人名称的银行即期汇票,交由汇款人自行寄给收款人。收款人凭票向汇票上的付款人(银行)取款。汇票的收款人可以向汇入行以外的其他银行取款,只要取款银行能够核对汇票上印鉴的真伪,就可以买入汇票。而且汇票本身可以背书转让,因此,收款人收款主动性、方便性较高。票汇业务流程如图 6-8 所示。

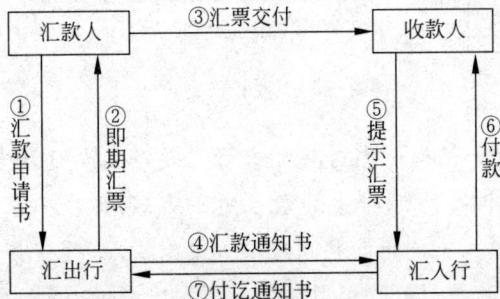

图 6-8　票汇业务流程

3．汇款业务头寸调拨

汇款业务头寸调拨是指汇款资金的调拨与偿付，汇出行办理汇出汇款业务，应及时将汇款金额拨交给其委托解付汇款的汇入行，俗称"拨头寸"。银行在办理汇出汇款业务时必须在每笔汇款中注明拨头寸指示，说明汇出行与汇入行之间头寸的调拨情况。银行间拨头寸要根据汇出行与汇入行的账户开设情况处理。

首先，主动贷记适用于汇入行在汇出行开有账户的情况。汇出行应在发出汇款通知书之前，主动将相应头寸贷记汇入行的账户，并在汇款通知书中注明，即写明偿付指示：作为偿付，我行已贷记你行在我行开立的账户。汇入行在款项贷记以后，应向汇出行发送贷记报告单。汇入行收到汇款通知书时，知悉汇款头寸已拨入本行账户，即可用该笔头寸解付汇款。主动贷记方式如图 6-9 所示。

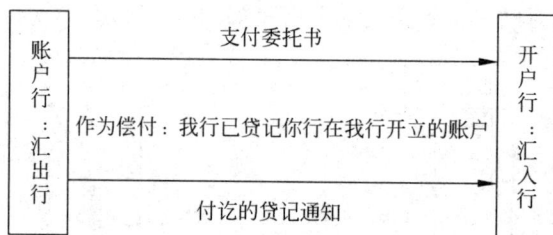

图 6-9　主动贷记方式

其次，授权借记适用于汇出行在汇入行开有账户的情况。汇出行应在发出汇款通知书时，授权汇入行借记汇出行在汇入行开立账户上的头寸金额，即其偿付指示为：作为偿付，请借记我行在你行开立的账户。汇入行收到汇款通知书后，即可借记汇出行账户，拨出头寸解付汇款，同时汇入行在款项借记以后，应向汇出行发送借记报告单。授权借记方式如图 6-10 所示。

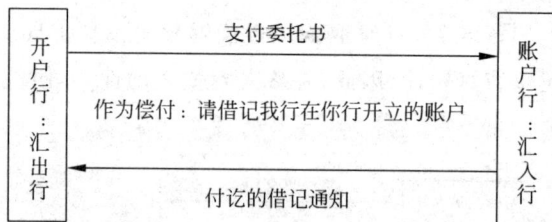

图 6-10　授权借记方式

最后，共同账户行转账是指汇出行与汇入行之间相互没有开立账户的情况下，通过双方都开有账户的银行（共同账户行）拨付汇款头寸的方式，即在一家汇出行与汇入行都开有银行账户的银行进行偿付。汇出行向共同账户行发出指示，授权共同账户行借记汇出行账户，并将头寸拨交汇入行账户，同时，可以向汇入行发出偿付指示：作为偿付，我行已授权×银行（共同账户行）借记我行的账户并同时贷记你行在该行开立的账户。共同账户行转账后，向汇入行邮寄贷记报告单，同时向汇出行邮寄借记报告单。共同账户行转账方式如

图 6-11 所示。

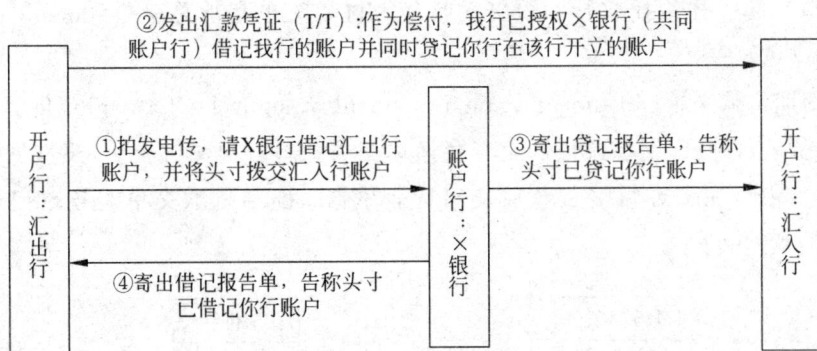

②发出汇款凭证（T/T）:作为偿付，我行已授权×银行（共同账户行）借记我行的账户并同时贷记你行在该行开立的账户

①拍发电传，请X银行借记汇出行账户，并将头寸拨交汇入行账户

③寄出贷记报告单，告称头寸已贷记你行账户

④寄出借记报告单，告称头寸已借记你行账户

开户行：汇出行　　账户行：×银行　　开户行：汇入行

图 6-11　共同账户行转账方式

（二）托收

托收是指卖方(委托人)根据买卖合同发运货物之后,将金融单据和商业单据委托开户银行(托收行)通过联行或代理行(代收行),向买方(付款人)收取款项的一种结算方式。其中金融单据是指汇票、本票、支票或其他类似票据。商业单据是指发票、运输单据、物权单据或其他单据,或是除了金融单据之外的其他任何单据。

(1) 托收业务的当事人包括委托人、托收行、代收行、付款人、提示行、需要时的代理人。委托人是指委托银行向付款方收款的一方,因为是由其开具托收汇票收款,所以,也称出票人。委托人可以是卖方、债权人、托运人等。托收行是指接受委托人的委托,负责办理托收业务的银行。代收行是指接受托收行委托,参与办理托收业务向付款人收取款项的银行。付款人是债务人,也是汇票的受票人;当汇票提示给付款人时,如为即期汇票,付款人应见票即付;如为远期汇票,付款人应承兑汇票,并于到期日付款。

(2) 光票托收是指不附带商业单据(主要指货运单据),仅有金融单据的托收,主要有汇票、支票、履行支票和本票的托收。光票托收的汇票,在期限上也应有即期和远期两种。由于光票托收的金额一般都不会太大,所以,即期付款的汇票较多。光票托收业务流程如图 6-12 所示。

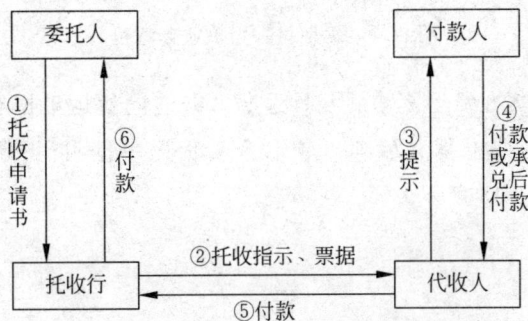

委托人　　付款人

①托收申请书　⑥付款　　③提示　④付款或承兑后付款

托收行　②托收指示、票据　代收人　　⑤付款

图 6-12　光票托收业务流程

（3）跟单托收是指附有商业单据的托收。卖方开具托收汇票，连同商业单据（主要指货物装运单据）一起委托给托收行。跟单托收分为付款交单和承兑交单（document against acceptance，D/A）。

第一，即期付款交单（document against payment at sight，D/P at sight）指卖方按合同规定日期发货后，开具即期汇票连同全套货运单据委托银行向买方提示，买方见票和单据后立即付款。银行在买方付清货款后交出货运单据。即期付款交单业务流程如图 6-13 所示。

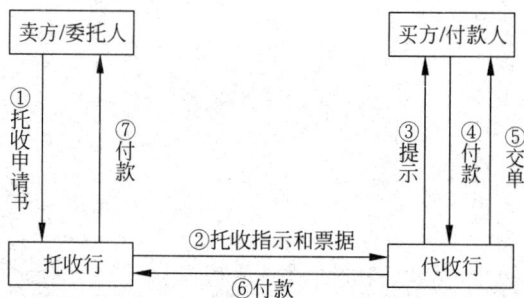

图 6-13　即期付款交单业务流程

第二，远期付款交单（document against payment after sight，D/P after sight）指卖方按合同规定日期发货后，开具远期汇票连同全套货运单据，委托银行向买方提示，买方审单无误后在汇票上承兑，于汇票到期日付清货款，然后从银行处取得货运单据。远期付款交单业务流程如图 6-14 所示。

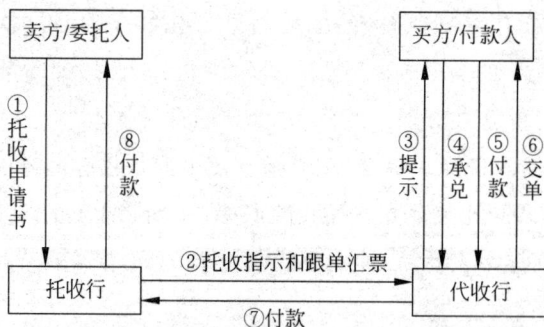

图 6-14　远期付款交单业务流程

第三，承兑交单，指卖方发运货物后开具远期汇票连同货运单据委托银行办理托收，并明确指示银行，买方在汇票上承兑后即可领取全套货运单据，待汇票到期日再付清货款。承兑交单业务流程如图 6-15 所示。

（三）信用证

信用证是在托收业务基础上演变出来的一种比较完善的结算方式，它的主要作用是把

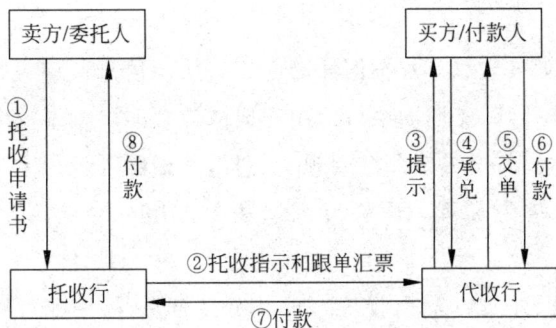

图 6-15　承兑交单业务流程

托收方式下由买方履行的跟单汇票付款责任转由银行履行,保证买卖双方的货款或单据交割不致落空。同时,银行还能为买卖双方提供融资的便利,促进商品贸易的发展。

1. 信用证的概念

信用证是指开证行(issuing bank)(买方地银行)应开证申请人(applicant)(买方)的要求和指示向受益人(beneficiary)(卖方)开立的,承诺在一定期限内凭符合信用证条款规定的单据付款的书面保证文件。或者说,信用证是银行开立的一种有条件的承诺付款的书面文件。

2. 信用证的特点

首先,信用证是银行信用,开证行承担第一性付款责任。信用证一旦开立生效,开证行就必须承担第一性付款责任,在受益人提交符合信用证规定的单据时保证付款,不能以开证申请人破产倒闭等为理由拒绝付款,即信用证开立后,开证行的付款责任与开证申请人有无支付意愿和支付能力无关。

其次,信用证是一种自足性文件,它不依附于贸易合同而独立存在。信用证的开立是以买卖双方签订的贸易合同为基础①,但是,信用证一经开出,便成为独立于贸易合同的契约,不受贸易合同的约束,即信用证与贸易合同是两份完全独立的文件,贸易合同仅能约束买卖双方。银行只对信用证负责,对贸易合同没有审查、监督执行的义务和使用的权利。贸易合同的修改、变更甚至失效都不影响信用证的效力。

最后,信用证是一种纯单据业务,其处理的对象是单据,而不是单据涉及的货物、服务或履约行为。只要受益人提交的单据与信用证相符,开证行就应承担付款责任。即使单据与货物不一致,银行也不能以此为由或以与单据无关的其他理由拒付。简单而言,信用证是开证申请人与开证行之间的交易,是单据买卖关系,只要单证相符,银行就必须付款。但银行对于任何单据的形式、完整性、准确性、真实性,以及伪造或法律效力上所发生的问题或单据上规定或附加的一般或特殊条件等方面概不负责。

---

①　信用证是以贸易合同为基础的;但随着 20 世纪 90 年代中期,我国经济发展逐步进入快车道,资金短缺成为经济领域的常态之后,信用证贸易背景真实性就成为我国银行业贸易融资领域独特的风险点。

3.信用证的作用

首先,信用证解决了贸易双方互不信任的矛盾。使用信用证结算方式是因为买卖双方缺乏相互满意的信用基础,需要借助银行信用完成双方之间的商品交易。采用信用证结算方式,由银行出面担保,只要卖方按照合同规定备货,并根据开证行开出的信用证条款准备好相关的单据,就可以拿到货款。而买方无须在卖方履行合同规定的交货义务前支付货款。

其次,信用证可以保证卖方安全收款。对于卖方而言,信用证可以保证其在履行交货义务后,按信用证条款的规定向银行交单取款,即使是在国际贸易中进口国实施外汇管制的情况下,也可以保证凭单收到外汇货款。

再次,信用证可以保证买方安全提货。对于买方而言,信用证可以保证其在支付货款时即可取得代表货权的单据,并可以通过信用证条款来控制卖方按质、按量、按时交货。

最后,信用证可以为买卖双方提供信用证项下的融资安排。对于买方而言,在向开证行申请开立信用证时,可以依据自身的信用向开证行申请免收全部或部分开证保证金,待单据到达后再向银行付款赎单。如果是远期信用证,买方还可以凭信托收据①向开证行借出单据先行提货出售,到期时再向开证行付款。对于卖方而言,在收到信用证后可以凭信用证向银行申请打包贷款②备货,待信用证项下货物装运后,还可以凭信用证所需的单据向银行申请押汇③,提前取得货款。

4.信用证业务当事人

信用证业务包括开证申请人、开证行和受益人三个基本当事人。此外,信用证业务处理中还会出现通知行(advising bank)、议付行(negotiating bank)、保兑行(confirming bank)、付款行(paying bank)、承兑行(accepting bank)等被指定银行以及偿付行(reimbursing bank),见图6-16。

开证申请人是指要求开立信用证的一方,也称开证人。在国际贸易结算中,申请开立信用证的一方通常是进口商(买方)。开证申请人受贸易合同和开证申请书的约束,其责任义务和权利分别在贸易合同中和开证申请书背面列明,具体包括:其一,根据合同内容在合理的时间内开出信用证,信用证的内容必须符合合同的内容。如果信用证内容与合同内容

---

① 信托收据:买方(进口商)在单到开证行后无足够资金付款赎单的情况下,可以开一张收据向开证行借出单据先行提货,待货物销售后再支付信用证款项的文件。进口商在凭信托收据借出代表物权的单据后,物权仍属于银行,进口商仅以银行代理人身份提货、存仓,不得再将货物转借或抵押。货物一经销售,买方则需要立即将货款交与银行。银行有权随时取消信托收据,收回货物。

② 打包贷款:出口地银行为了支持卖方(出口商)按期履行合同,出运交货,向收到合格信用证的出口商提供的用于采购、生产和装运信用证项下货物的专项贷款。该贷款是一种装船前的短期融资安排,并以待出口的货物做抵押。由于出口商已经收到开证行的付款保证,故还款具有保障。

③ 押汇:出口商按照信用证条款装妥货物并取得相关的单据后,为了提前收回货款,在收到买方付款之前,以预期的出口收益作为抵押,先将跟单汇票卖给议付行。议付行要和出口商签订抵押书,确定单据为抵押品,银行对垫付款有追索权。

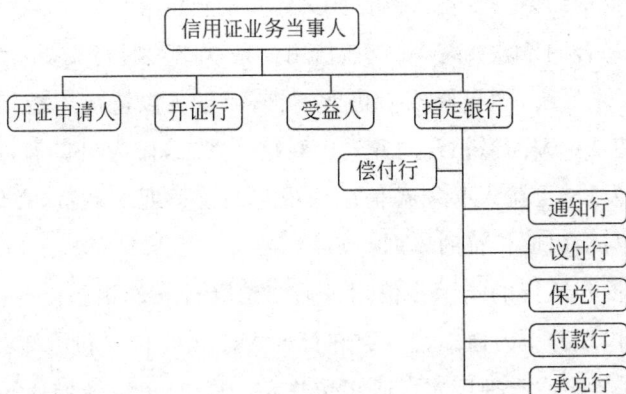

图 6-16　信用证业务当事人

不符,受益人可以提出修改,开证申请人有义务对信用证进行必要的修改。其二,应向开证行提供开证担保,如开证保证金、动产质押、不动产抵押、其他银行保函等。在实务中,开证行会根据开证申请人的资信状况给予其一定的授信额度,免收部分或全部开证保证金。其三,在接到开证行的单到通知后,在单证相符的前提下,开证申请人应该立即向开证行付款赎单。其四,有权在付款前审核单据,如果开证行通知的单据不符合信用证的规定,开证申请人有权拒付或不赎单。

开证行是指应开证申请人的要求或者代表自己开出信用证的银行,开证行接受开证申请人的申请后受开证申请书的约束,必须按照申请人的指示行事并对自己的过失负责。开证行开出信用证后,受信用证的约束,承担对受益人的第一性付款责任。开证行的责任义务和权利具体包括:其一,在接受开证申请人的开证申请之后即与申请人确立合同关系,开证行须按照开证申请书的指示开立信用证。如果开证行开立了背离开证申请书内容的信用证,由此产生的一切后果都由开证行负责。开证行为了减轻因信用证与开证申请书不符所承担的责任,可以在开证申请书中规定一些免责条款,由这些原因引起的信用证与开证申请书不符,开证行可以免责。其二,开证行受与开证申请人之间的开证申请书的约束,与受益人之间受信用证的约束,以及与指定银行之间受代理协议的约束。其三,开证申请人破产倒闭、拒绝付款、未交开证押金或有欺诈行为不能成为开证行的拒付理由。只要单据相符,开证行必须承担第一性、独立的付款责任。开证行自开立信用证之时起即不可撤销地承担承付责任,开证行对审单相符后的付款无追索权,但是如果受益人出于恶意伪造单据并经银行事后察觉且审查核实,开证行可以拒付。其四,开证行有权利根据开证申请人的资信情况收取一定比例或全额的开证保证金,或者要求开证申请人提供质押,以降低自身承担的开证风险。其五,开证行的付款是有条件的,在付款之前,开证行有权利审核单据,如果发现单证不符,可以拒绝付款。

受益人是指信用证上指定的享有信用证权益的人,即贸易合同中的出口商(卖方)。作为出口商,其与开证申请人之间存在买卖合同关系,与开证行之间存在信用证的法律关系,受贸易合同和信用证的约束。受益人的责任义务和权利包括：其一，收到信用证后，核对信用证条款是否与贸易合同条款相符，并审核信用证条款能否履行。受益人如果发现信用证与合同不符，有权要求修改，如果修改后仍然不符，而且足以造成不能接受的损失，则有权拒绝接受信用证，甚至单方面撤销合同并提出索赔。其二，作为出口商，其基本义务是按照合同规定向进口商发货，受益人必须在信用证规定的装运期内装货，在信用证规定的交单期和有效期内提交与信用证相符的单据。

通知行是指根据开证行的指示将信用证通知给受益人的银行。开证行一般会指示其在出口地的分行或代理行作为通知行。通知行的责任义务和权利包括：其一，审核信用证的真实性，负责核对签字或密押后才可通知受益人。其二，负责缮制通知书，通知行在核实收到信用证的真实性以后，缮制通知书，及时、准确地通知受益人。

保兑行是指应开证行或信用证受益人的要求在信用证上加具保兑的银行。为了提高信用证的付款保证性和接受性，保兑行一般由信誉良好的银行担当。被指定保兑的银行可以接受开证行的指示对信用证加具保兑，也可以不接受开证行的指示，如果它接受开证行的指示对信用证加上保兑，则与开证行同责，承担第一性付款责任和终局性付款责任。实务中，开证行一般会指定通知行担当保兑行。

议付行是指接受开证行的邀请，并根据受益人的要求，按照信用证的规定对单据进行审核，确定单证相符后向受益人垫付货款或办理贴现，并向信用证指定的银行收回垫付款项的银行。议付行可以是通知行、保兑行或出口地的其他银行。议付行购买受益人的汇票和单据，扣除手续费、邮电费和押汇利息等开支后，预先付款给受益人。从票据的角度看，议付行支付了对价获得汇票和单据，成为汇票的正当持票人。其权利和义务包括：其一，由于议付行只是受开证行的邀请，而不是本身作出承诺，因此，其有权利不议付信用证，一般只有在开证行资信不佳或者信用证过于复杂、议付的风险比较大的时候，议付行才会拒绝议付。否则，议付行不会放弃收益颇丰的议付业务。其二，开证行对议付行的偿付是以议付行买入汇票所附的单据，符合信用证要求为条件，因此，议付行必须严格审核单据，确保单证一致才能保全自己的利益，如期收回垫款。其三，议付行只是按照信用证中开证行的付款承诺和邀请，根据受益人的要求对单据进行审核，然后议付，并有权利向开证行凭相符的单据要求偿付。

付款行是开证行的付款代理人，是指在信用证中被指定为信用证项下汇票的支付方，在单据相符时向受益人付款的银行。它可以是开证行自己也可以是开证行的付款代理行，如通知行。开证行指定的承担付款责任的通知行一经接受开证行的代付委托，它的审单付款责任就与开证行一样，属于终局性的，付款后无追索权。付款行一旦验单付款，只能向开证行索偿，不得向受益人追索。

承兑行是指在远期信用证中，开证行指定并授权在单据相符时对受益人提示的远期汇票作出承兑，并负责在到期日付款给受益人的银行。承兑行的付款属于终局性的，如发现单据不符应拒付。一旦验单付款,就不得向受益人追索,只能向开证行索偿。

偿付行是开证行指定的对议付行、承兑行或付款行进行偿付的代理行。偿付行类似于开证行的出纳,只负责替开证行付款,而不负责审单,单据正确与否不构成其偿付的依据。因此,付款时不凭单据,只凭议付行或付款行交来的索偿书。开证行开出信用证后应向偿付行发出偿付授权书,通知授权付款的金额、有权索偿银行等内容。出口地银行在议付或代付款之后,一面把单据寄给开证行,一面向偿付行发出索偿书,偿付行收到索偿书后向索偿行付款,然后再向开证行索汇。

5. 跟单信用证业务流程

银行在处理不同类型的信用证业务时,虽然一些具体操作环节存在差异,但处理的流程大致相同,具体业务流程见图 6-17。

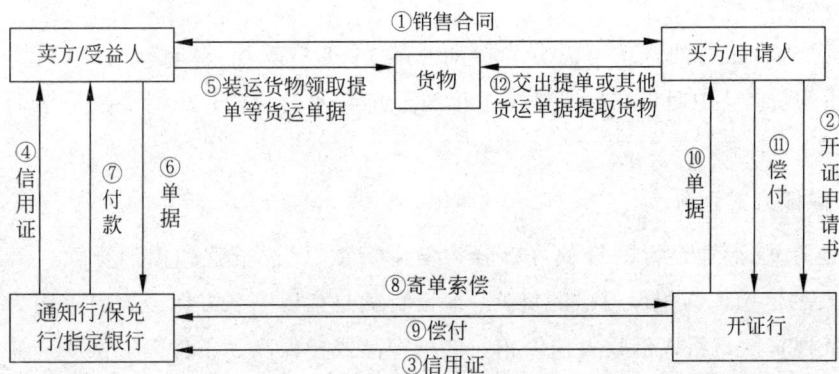

图 6-17　跟单信用证业务流程

第三节　银行的信贷业务与基本方法

传统银行的信贷业务中所包含的对客户违约风险的管理与现代商业银行的信用风险管理存在较大的差异,传统信贷管理与现代风险管理是两个不同层次的管理。[①] 传统信贷管理是现代风险管理的基础,现代风险管理为传统信贷管理提供了更加科学的方法论。了解掌握传统信贷管理是有的放矢地开展现代风险管理工作的必由之路。

一、贷款业务经营与管理

贷款业务是商业银行资金运用的主要方式,也是取得收益的主要途径。贷款业务是指商业银行将其通过负债方式吸收的资金,以一定的利率放贷给资金需求者并约定归还日期

---

① 信贷管理与信用风险管理的关系是:风险管理是信贷管理的前提和引领,信贷管理是风险管理的基础。从业务流程的先后顺序看是风险管理—信贷管理—风险管理。

的业务。它是商业银行的传统资产业务,集中体现了商业银行的信用中介职能。同时,贷款业务还有助于密切商业银行与客户之间的关系,从而有利于拓展其存款业务和其他金融业务的范围和领域。

(一)贷款种类划分

商业银行的贷款根据不同的标准和要求,可以分成以下种类。

1. 按偿还方式划分

按偿还方式,商业银行的贷款可以分为一次还清贷款和分期偿还贷款。前者要求借款人于贷款到期日营业终了之前一次性归还全部贷款本金;后者要求借款人按合同约定分次偿还贷款的本金。

2. 按期限划分

按期限,商业银行的贷款可以分为短期贷款、中期贷款和长期贷款。短期贷款是指在1年内归还的贷款;中期贷款一般是指1年至5年归还的贷款;长期贷款是指期限在6年以上的贷款。

3. 按保证方式划分

按保证方式,商业银行的贷款可以分为信用贷款、保证贷款和抵押贷款。信用贷款是指以借款人的信用作为担保提供的贷款;保证贷款是指以第三方保证人的信用为担保提供的贷款;抵押贷款是指以借款人提供相应的抵押品或担保品为条件而提供的贷款。

4. 按定价方式划分

按定价方式,商业银行的贷款可以分为固定利率贷款、优惠利率贷款和交易利率贷款。固定利率贷款主要适用于贷款期限短、金额不大的贷款;优惠利率贷款通常是向关系密切而且资信较好的客户提供的贷款;交易利率贷款是指在对贷款定价时,以基础利率为标准,根据客户的资信、借款金额、期限、担保等方面的条件,在基础利率上确定加息水平或某一乘数的贷款。

5. 按风险高低划分

按风险高低,商业银行的贷款可以分为低风险贷款、中风险贷款和高风险贷款。银行根据自身的风险偏好将贷款划分为低、中、高不同等级的风险,并按照风险的高低确定不同的贷款价格。

6. 按对象或目的划分

按对象或目的,商业银行的贷款可以分为:针对金融机构和工商企业的批发贷款,针对个人消费和按揭的零售贷款。

7. 按贷款用途划分

按贷款用途,商业银行的贷款可以分为经营性贷款、特定专项用途贷款、固定资产项目贷款。经营性贷款是指用于企业日常经营所需要的流动资金贷款,特定专项用途贷款是指针对某种特殊需求而发放的贷款,固定资产项目贷款是指用于基础设施建设、技术改造等属于固定资产投资类的、以项目为核算单位的贷款。

8. 按发放方式划分

按发放方式,商业银行的贷款可以分为逐笔贷款、贴现贷款、透支贷款、定额贷款和循环贷款。逐笔贷款是银行接受企业的申请,根据贷款原则和企业情况审核,核定贷款金额、期限、利率并与借款人签订合同逐笔核放的贷款。贴现贷款是银行应客户要求,以现金买入未到期的票据,银行扣除自贴现日起到票据到期日为止的利息的一种贷款。透支贷款是银行与存款客户事先约定账户透支额度和期限,客户可以在额度内随时支用贷款或将资金存入账户归还的贷款。这种贷款又称为存贷合一贷款,银行根据账户的借方和贷方余额分别计算存款利息和贷款利息。定额贷款是银行根据企业经营需求、原材料采购、生产、销售计划、资金周转等情况核定给企业用于流动资金周转的贷款额度,企业可以根据需要随时提取或归还的贷款。循环贷款①是银行向客户提供的一种有限金额但归还后可以自动循环再提取使用的贷款。

(二) 贷款业务内容

传统贷款管理中对于贷款规模、贷款结构(种类、期限、行业、地区、产品、客户)、贷款定价等的管理在技术层面上远比信用风险管理落后,随着现代商业银行风险管理技术的发展,这部分内容已经纳入信用风险管理范畴,故不在此处赘述。下面仅就信贷管理层面的内容阐述贷款业务内容和要求。

1. 贷款原则

在贷款业务中,银行必须兼顾以下三个原则:其一是安全性,商业银行的资金主要来源于负债,这种负债经营最大的风险就是资金的安全性,其要确保发放出去的贷款及时如数收回。其二是流动性,流动性风险是商业银行风险管理中最为关键的内容,因为其往往是压死骆驼的最后一根稻草,以负债经营为主要模式的商业银行合理地配置资产与负债的期限结构,保持银行的流动性是至关重要的。其三是盈利性,商业银行作为企业,其经营的最终目的就是为资本获取利润,而贷款一般是商业银行最大的资产业务,也是其主要利润来源。因此,贷款收益的最大化是银行作为企业收益最大化的重要途径。

但是,在贷款业务中,这三个原则是有冲突的。流动性和安全性越高,盈利性就越低;相反,盈利性越高,流动性和安全性就越低。安全性与流动性成正比,与营利性成反比。商业银行在贷款时必须兼顾这三个原则、通盘考虑。掌握的原则是优先考虑安全性和流动性,将流动性作为协调安全性和盈利性的有效手段,既要盘活资金并充分有效地利用,又要

---

① 定额贷款和循环贷款现阶段基本不太使用,贷款要求到期必须归还后再借。于是出现了"过桥贷款"这类违反经济规律的现象。

保证银行经营的安全。

2. 接受借款申请的前提

商业银行在接受企业任何借款申请时,在进行正常的贷款常规审查前,需要对以下内容进行初步的分析判断①,这些内容如果有任何一项存在问题或明显不可行,就不必进入后面的审查程序,可以直接拒绝企业的借款申请。

(1)借款用途合理。借款用途是否符合国家政策以及借款企业的经营范围是决策该笔贷款业务是否进入审查程序、判断贷与不贷的首要因素。对于借款企业跨行业经营或调整经营范围,除需要满足国家法规要求外,借款企业的资信也要按照本行风险管理要求,重新进行评审后再进入授信审查阶段。

(2)还款来源正当、可信。借款企业承诺的第一还款来源正当,其现金流充沛可信。

(3)借款保证措施合法可靠。借款企业承诺提供的借款保证及其手续等措施合法且可靠。

(4)贷款必须符合本行的风险管理要求。在满足上述三点之后,还需要针对此项贷款业务依据本行的风险管理要求进行初步的分析判断,需要考虑的因素包括但不限于贷款在资产结构中的配置要求、贷款的期限是否符合流动性管理要求、贷款价格是否符合风险定价的规则等。

3. 贷前调查

银行根据企业提出的借款申请,要做好贷前的调查工作,以保证贷款的安全性和营利性,具体的调查内容有以下方面。

(1)审查借款企业借款用途的合法性。根据国家的有关政策、规定,着重审查借款的使用范围、进货渠道等方面的合法性,看借款用途是否在经营范围以内、是否符合国家规定的政策法规,以确保贷款投向的正确合理。

(2)对于制造业企业,要审查借款企业的资产结构、产品库存的合理性。了解判断资产中是否有存大销小、产大于销、冷背呆滞、质次价高的产品和被拖欠的不合理结算资金占用等。

(3)对于商品流通企业,要审查企业购进商品的适销性。购进和储备适用适销、符合市场需求的商品,作为商品流通企业必须坚持以销定购、以销定贷。

(4)审查企业对问题产品的处理情况。市场经济中随着消费需求的变化,一些产品会从畅销变为滞销积压,形成呆滞产品,导致企业资金周转减速。企业需要对这类问题产品采取积极有效的措施进行处理,减少不良资产占用,盘活资金。

(5)审查企业挖掘资金潜力的情况,分析企业资金周转变化,找出影响资金周转速度的

---

① 传统商业银行对借款申请实施审查的前提是借款人资格审查,在借款人资格审查合格后才会启动下列借款申请的前提调查。在现代商业银行风险管理成为银行的正常业务之后,借款人的资格审查被前移至风险管理阶段,并入授信客户资格准入中的资信评级环节。

因素,分析非商品资产占用比例,以及是否存在流动资金被长期挤占挪作他用的情况。

4. 贷时审查

贷款发放审查是指对贷款批准后的放款操作环节中可能对未来贷款安全性造成影响的各类因素进行审查。贷款经批准后,银行贷款部门应当严格遵照批复意见,着手落实贷款批复条件,完善贷款及担保手续,签订借款合同。

(1) 贷款发放的条件及原则。首先,贷款先决条件文件的生效。作为贷款发放的重要先决条件通常在借款合同中加以规定。银行必须按照借款合同的规定逐条核对是否已经齐备或生效,以确保贷款发放前符合所有授信批准要求,落实全部用款前提条件。其次,担保手续的完善。银行在向借款人发放贷款前,必须按照贷款批复要求落实担保条件,完善担保合同和其他担保文件及有关法律手续。最后,贷款发放的原则。银行在发放贷款的过程中应遵循的原则包括:第一,按计划、按比例放款;第二,按进度放款;第三,建设项目资本金足额;第四,贷款资金转账监督。

(2) 贷款发放时的审查。贷款发放时的审查是为了防范贷款执行阶段出现的可能影响贷款安全性的各种不确定性因素。审查的要点包括但不限于商务合同、提款期限、贷款用途、放款进度、相关账户、提款申请书、借款借据等。

5. 贷后监督

贷款发放之后,仍然会出现许多不可预见因素和难以预料的事件,使信贷资产形成新的风险,商业银行需要加强对贷款事后监督,及时了解企业使用贷款的情况。对贷款发放后的监督管理包括对贷款执行情况的检查、对借款企业经营信息的采集和整理、计算利息并通知借款企业、督促贷款本金和利息的安全回收。

(1) 贷后检查。银行的贷款一经发放,其使用权即转移到借款人手中,投入生产经营之中。由于可变因素较多,影响资金的安全性,因此,银行需要密切关注借款人的生产经营状况,以及贷款的使用情况,帮助企业做好生产经营以保障信贷资金的回收。银行对借款企业的检查重点放在贷款的安全性上,应包括以下内容:第一,借款人在借款合同中所做的各项陈述与保证是否持续有效,是否在诚实地履行合同中的各项承诺。第二,借款人是否按规定用途使用贷款,是否有挤占挪用、变相挪用或者套用银行贷款资金的行为。第三,使用贷款购买的原材料或商品库存是否适销对路,有无形成挤压的可能性。第四,使用贷款进行建设的项目是否按计划实施,项目进度和质量是否符合要求,是否可能发生用款超支。第五,借款人的法律地位是否发生变化,是否有合并、兼并、改组、更名的可能。第六,借款人的财务状况是否发生变化,资产是否在短期内大幅度减少,债务是否在短期内急剧上升,营业额和销售额是否迅速下降,是否有大量应交税款等。第七,贷款的偿还情况是否良好,每次还款本息是否准时足额,出现拖欠的原因以及是否采取有效的改进措施。第八,贷款抵押品的状况是否发生变化,尤其是其品质、价值、期限等是否有变。

如果借款人出现以下情形,银行需要加强监督检查:第一,企业无正当理由推迟按合同约定向银行报送有关的财务报表和资料。第二,企业无法按期支付利息。第三,其他金融机构突然前来调查企业的资信情况。第四,借款人态度突变,回避电话和与银行人员见面。第五,借款企业环境改变,如有新的竞争者出现。第六,经常透支。第七,借款企业发生罢工。第八,有非法行为。第九,发生对借款企业不利的判决,如民事纠纷和扣留税款等。第十,借款企业所在行业陷入不景气。

银行在检查监督贷款执行过程中,对于发现的问题,应分析问题发生的根源,及时与借款人沟通找出解决问题的方法。

(2) 贷款分类。银行在对贷款进行检查的过程中需要根据借款企业的经营和贷款的执行情况对信贷资产状况及时进行调整。区分正常、关注和不良资产,在加强贷款管理的同时,根据稳健经营的原则满额提取贷款呆坏账准备金。正常类贷款指借款人能够严格履行合同,有充分把握偿还贷款本息。关注类贷款指尽管目前借款人没有违约,但存在一些可能对其财务状况产生不利影响的主客观因素;如果这些因素继续存在,可能对借款人的还款能力产生负面影响,应该引起注意。次级类贷款指借款人的还款能力(债务人的资产净值或抵押品)出现了明显问题,依靠其正常经营收入已经无法保证足额偿还贷款本息,本金和利息偿还逾期 90 天以上。可疑类贷款指本金和利息逾期偿还 180 天以上,借款人无法足额偿还贷款本息,即使执行抵押或担保,也肯定要发生一定的损失。损失类贷款指本金和利息逾期偿还 1 年以上,采取所有可能的措施和一切必要的程序之后,贷款仍然无法收回。

6. 贷款发放收回流程操作

贷款发放收回流程主要包括贷款合同制作、贷款放款操作、贷款偿还的操作、贷款展期、依法收贷、结清贷款、账务处理等。

7. 贷款资产保全

资产保全是指对银行不良资产进行清收、盘活、管理和处置等一系列行为。商业银行不良资产主要体现为不良贷款,按照对不良贷款的风险分类要求,银行需要将信贷资产按照正常、关注、次级、可疑、损失五个等级进行划分。其中后三类合称为不良贷款。商业银行作为经营风险的机构,在正常运营过程中产生不良贷款是必然的,但是,不良贷款会直接导致银行资产损失,增加银行贷后管理成本,削弱银行的盈利能力,大量提取损失准备金必然加重银行财务负担,并最终破坏银行的公众形象,降低银行的信誉。

商业银行需要在深入分析不良贷款成因的基础上,有针对性地采取重组、清收、出售、证券化、合作经营、债转股、派出财务顾问、核销等方式化解不良贷款。

二、经营性贷款审查分析

经营性贷款的对象包括工业制造、商业销售、科技开发、农林牧渔、物流仓储、交通运输、信息咨询、服务娱乐等企业。其贷款方式以定额贷款、循环贷款和临时性短期周转贷款为主。商业银行对这类贷款的审查分析是一项技术性很强的工作,除了要求分析人员根据国家政策法规要求分析判断借款人和借款项目合规性以外,还需要在银行自身风险管理规则和要求的基础上针对贷款层面的特征和需要进行专业分析和判断,这不仅要求信贷分析人员具有很高的政策解读分析能力,还要求其掌握必要的专业技术知识,包括但不限于贷款审查的基本要求和方法、会计核算、财务分析、市场营销、国际贸易、银行结算、贸易融资、工商信贷、企业税收、资产评估、风险管理、资信评级、债项评级、债务重组、资产重整、内部控制、法律法规以及行业分析、企业管理等。

(一) 一般分析方法

对企业经营性贷款的分析是银行在对客户资信评级、授信需求分析、风险资本限额控制的前提下,根据客户提出的具体授信要求,在收集借款人和借款项目相关资料、数据的基础上,针对某一项具体授信业务进行的贷与不贷的分析决策行为。在对贷款进行财务和非财务专业分析之前,需要对借款人和借款项目的基本情况进行了解和分析判断,为后续的专业分析奠定基础。

1. 审查内容

在银行客户资信评级的基础上对借款人的还款意愿和能力进行再评估。分析评估的内容主要集中于以下六个方面。[①]

(1) 品格(character)。品格是指借款申请人的工作作风、生活方式、个人品德等,对于借款企业就是指其负责人的品德、诚信、企业管理的资金运行方面是否健全、经营稳健与否以及偿还债务的主观愿望。简言之,借款人的品格是指借款人对待诚信的态度,也就是其偿还债务的意愿。

(2) 能力(capacity)。能力是指借款申请人未来偿还债务的能力,也就是借款人的还款能力。**还款能力是指企业在保证资金周转的同时,可以根据还款计划,利用销售回笼资金或再融资等方式按时偿还到期债务的能力。** 它与债务人承受债务的能力是两个不同的概念。企业债务承受能力是指一个企业在向外举债后,**有能力利用负债获取的资金采购原材料,开展生产等业务经营活动,并通过业务经营将其产品或服务推向市场取得收入,且收入扣除所有成本和费用后还给企业带来收益,为资本赢得利润的能力。** 一家企业的全部债务即使在银行核定的**最高债务承受额**[②]之内,且企业运行正常,也不能说这家企业就有还款能力。因为银行核给客户的最高债务承受额和**客户损失限额**属于银行信用风险管理范畴;而根据客户的还款能力审核确定的授信额度属于银行信贷管理范畴,这是两个不同层次的管理问题。还款能力的分析是根据借款人申请授信时的环境、业务特点、授信产品的特性进行的,主要依据借款企业预期的现金收入流量并参考其他资金需求或现金流出测定。

---

① 评估借款人还款意愿和能力的六个方面内容又称为"信用 6C 原则"。

② 关于企业的债务承受能力和最高债务承受额等概念请参见本授课老师推荐的参考书目。

（3）资本（capital）。作为借款人必须有一定的资本，这是衡量其经济实力的一个重要方面，也是衡量其债务承受能力的一个重要参数。一个企业的资本实力越雄厚，银行贷款的风险就越小。

（4）抵押担保（collateral）。借款人提供的抵押担保是在借款企业信用基础上的额外保障，抵押品的质量、价值、保管、处置以及合法性都是银行需要严格审核的内容。

（5）环境条件（condition）。环境条件是指企业经营的经济、政治环境，包括同业竞争、劳资关系、经济周期、行业前景、政局变动等，以及企业对这些因素变动的敏感性。

（6）事业的连续性（continuity）。事业的连续性是指借款企业持续经营的前景。在信息科技时代，大数据、人工智能、云计算等高科技对现代社会的影响在不断加剧，技术更新快、产品生命周期缩短，市场竞争日益激烈。企业若不能适应这些变化，就可能被淘汰，进而影响银行贷款的回收。

2. 获取客户信息的方法

客户信息资料的获取是对客户进行贷款审查的基础。商业银行主要通过以下渠道获取客户信息资料。

（1）会见借款申请人。通过直接与借款企业总经理和财务总监的见面可以了解借款企业的真实情况，对企业负责人作出初步的评价。

（2）建立客户信息档案。银行与客户的往来是多方面的，银行通过建立客户信息档案，将客户的基本信息、账户信息、财务信息和交易信息进行汇总分析，进而对企业的经营情况作出基本判断。

（3）银行同业交流。虽然银行之间存在竞争关系，但相互提供客户信息对于双方都是有益的，通过同业之间的交流可以了解同业对借款企业的评价。

（4）征信机构和市场信息咨询机构。征信机构和市场信息咨询机构已经成为银行获取客户信息的重要补充渠道，银行可以按照自己的需要向市场信息咨询机构定制所需要的信息。

（5）直接走访借款企业或派驻企业客户经理。进入企业直接了解企业内部经营情况可以获得第一手可靠的信息，对于大型企业或重要客户，银行应该安排驻厂（企业）客户经理，随时了解企业的真实情况。

（6）借款企业财务报表和经营报表。通过企业的资产负债表、现金流量表、利润表和生产经营报表了解掌握企业的经营状况。驻厂（企业）客户经理可以通过企业财务部门的会计科目记账流水和各个经营部门或车间、仓库的台账及时了解企业日常的生产经营情况。

（二）借款企业非财务分析

对借款企业非财务分析就是对企业经营状况的分析，判断企业正常经营的资金需求，确定企业借款的正当性、合理性。分析的内容主要有以下几方面。

1. 企业负责人的经历和相关情况

分析一个企业的信用首先要从企业主要负责人开始,企业的所有权人、实际控制人和负责企业日常经营的责任人都是谁? 他们在企业界的声誉如何? 他们的私人财产、所拥有财产的类型是什么? 他们是否还有其他企业? 是否有过破产史? 他们的学历、履历、兴趣、爱好、习惯如何? 身体健康状况如何? 家庭成员情况以及与企业的关系如何? 通过对这些情况的了解初步判断这些负责人的"三观"和征信。

2. 企业的概貌和营业状况

企业的概貌和声誉表明其未来成功的能力,银行需要对企业"画像",了解企业如何应付自己的客户、供应商和债权人,对销售的产品和劳务是否负责任,是否按时支付采购款、工人工资和其他应付款项;了解企业产品的生命周期,一贯的经营思想和方针,企业的福利和劳资关系,企业面临的市场状况,厂房设备状况,上下游产业链的条件,产品是否具有季节性因素等。

3. 行业特点

全面评价一个企业还需要了解该企业所处的行业状况,调查企业在所在地区行业内所占比重、市场份额,以及该行业的市场发展前景,如可否通过提高销售价格应对增加的成本;整个行业未来的利润率趋势;高新技术变革对该行业产品造成正面或负面影响等。

(三)借款企业财务分析

对借款企业的财务进行分析还要了解企业的资金周转、盈利能力、负债结构、偿债能力等,进而佐证调查了解到的企业经营状况的真实性。对企业财务分析主要通过企业资产负债表、利润表、现金流量表和各类经营性报表获取。

三、固定资产项目贷款分析

固定资产项目贷款是商业银行针对企业用于扩大再生产、基础设施建设、实施技术改造等以固定资产建设投资为目标的一种贷款,该贷款通常涉及企业新建、购置厂房、机器设备更新。贷款对象是企业或以建设项目为主体成立的项目公司,包括但不限于基本建设项目、项目融资、技术改造和房地产贷款等。贷款期限以固定投资项目建设和投资回收期为基础测算后确定,贷款按照建设工期分期发放,在项目建成投产后依据产生的经济效益逐笔回收,不得循环使用。

商业银行在决定是否向固定资产项目提供贷款前需要对项目的可行性研究进行独立的再评估,分析判断并最终决策是否提供贷款。商业银行所做的贷款项目评估是以项目可行性研究报告为基础,根据国家现行方针政策、财税制度以及银行风险管理和授信政策的有关规定,结合通过调研而来的有关项目生产经营的信息资料,从技术、经济等方面对项目进行科学审查与评价的一种理论与方法。项目评估是以银行的立场为出发点,以提高银行的信贷资产质量和经营效益为目的,根据项目的具体情况,剔除项目可行性研究报告中可能存在的将影响评估结果的各种非客观因素,重新对项目的可行性进行分析与判断,为银行贷款决策提供依据。

对这类贷款的分析要求银行分析人员不仅掌握常规贷款审查分析方法和要求,还对固定贷款所发放的对象行业、项目投资、环保法规等方面的知识有所了解。

在我国现行体制下,由于诸多因素共同作用,仅凭借款企业提交给银行的可行性研究报告等资料往往难以对项目进行客观的评价。银行通过对贷款项目的再评估,可以剔除这些非客观因素,从而比较真实地对项目进行评价。银行进行贷款项目评估的原因在于:第一,从借款企业的情况看,由于项目成败与某些企业的决策者没有多大的利害关系(这种情况主要存在于国有企业中,在项目决策上往往表现为对决策不够慎重),或受企业本身水平限制,在进行项目决策时往往只看到有利的一面,而对项目存在的困难和面临的风险估计不足或视而不见。第二,从可行性研究报告的编制机构来看,我国目前大部分项目可行性研究报告是由设计院或有资质的咨询机构制作的,设计院和咨询机构都实行企业编制,自负盈亏,加上咨询行业内部竞争激烈,而主管部门的管理又不配套,致使设计院等机构为了各自利益在编制可行性研究报告时可能会服从于项目企业的意志和观点。

综上所述,商业银行对项目评估的角度和标准与咨询机构、政府和企业存在区别。银行通过独立的项目评估,可以从维护银行利益的立场出发,根据自己的标准评价项目,为贷款决策提供科学依据。贷款项目评估的内容包括以下几方面。

(一) 项目建设的必要性评估

根据以下三个方面的情况和项目企业的实际,分析项目是否符合企业发展需要,对项目企业建设该项目的必要性作出总体评价。

(1) 项目所属行业整体状况分析,国内外情况对比,发展趋势预测;项目所生产产品的生命周期分析。

(2) 贷款项目是否符合国家产业政策,是否符合国家总体布局和地区经济结构的需要。

(3) 项目产品市场情况分析和项目产品的竞争力分析,国内外市场的供求现状及未来情况预测,生产同类产品的厂家的竞争情况及项目的竞争力分析,项目产品销售渠道分析。

(二) 项目建设配套条件评估

厂址选择是否合理,所需土地征用落实情况,资源条件能否满足项目需要,原辅材料、燃料供应是否有保障,是否经济合理;配套水、电、气、交通运输条件能否满足项目需要;相关及配套项目是否同步建设;环保指标是否达到有关部门的要求,环境影响报告书是否已经有权部门批准;项目所需资金落实情况。

（三）项目技术的先进性和可执行性评估

（1）项目所采用的技术是否先进、适用、合理、协调，是否与项目其他条件相配套。

（2）项目设备选择是否合理，能否与生产工艺、资源条件及项目企业的工人技术水平和管理者的管理水平相协调；引进设备的必要性，引进设备今后对国外配件、维修材料、辅料的依赖程度和解决途径；引进设备与国内设备是否协调。

（3）项目的规模分析，根据项目的现实条件分析项目的建设规模是否合理，是否满足规模经济。

（4）项目的单耗分析，判断项目可行性研究报告中的各种投入物的单耗取值是否合理。

（四）借款企业人员水平及管理能力评估

借款企业是否有健全的机构、完善的规章制度、团结的领导班子、胜任的企业负责人，员工的技术素质能否满足项目的需要。

（五）项目财务与经济效益评估

项目财务与经济效益评估是贷款项目评估的基础工作，它是在吸收对项目其他方面评估成果的基础上，根据财税金融制度，确定项目评估的基础财务数据，分析计算项目直接发生的财务费用和效益；编制财务报表，计算财务指标，考察项目的盈利能力、清偿能力、抗风险能力等财务状况，以及进行外汇平衡分析，据此判断项目财务的可行性，为项目贷款决策提供依据。贷款项目的财务分析与经济效益评估包括以下方面。

1. 财务预测的审查

财务预测的审查是对项目可行性研究报告财务评价的基础数据进行审查，是项目财务分析的基础性工作，其主要内容包括：第一，项目的总投资、建设投资、流动资金估算与资金筹措评估的审查。这部分主要审查各部分投资的计算口径是否正确、计算依据是否合规、合理；有没有高估、低估和漏估问题；所需资金如何筹集，落实程度如何，自有资金比例是否符合国家的有关规定；建设资金及流动资金分年使用计划是否合理。第二，固定资产、无形资产、递延资产原值确定的审查及其折旧和摊销办法的审查。这部分主要审查这三类资产的原值确定方法和固定资产折旧及无形资产、递延资产摊销方法是否符合国家政策。第三，成本审查。这部分主要审查可行性研究报告中成本的计算是否合规、合理，审查项目基础财务数据评估，基础数据的取值是否有理有据，是否按照规定核算项目生产经营成本，同时还要重点审查成本计算中原辅材料、包装物、燃料动力的单耗、单价的取值是否有理有据。外购的投入物按照买入价加上应由企业负担的运杂费、保险费、合理损耗、入库前加工整理和挑选费用以及缴纳的税金等计算成本。第四，销售收入审查。这部分主要审查产量和单价的取值是否合理。第五，税金的审查。这部分审查主要包括项目所涉及的税种是否都已计算，计算方法是否正确，所采用的财税制度和税率是否符合国家现行规定。第六，利润的审查。这部分审查包括利润计算方法是否正确，销售收入、销售税金、销售成本在计税方面的口径是否一致，税后利润的分配顺序是否正确。

2. 项目现金流量分析

现金流量分析是根据项目在计算期（包括建设期和经营期）内各年的现金流入和流出，通过现金流量表计算各项静态和动态评价指标，用以反映项目的获利能力和还款能力。

根据投资计算基础的不同，现金流量表分为项目全部投资现金流量表和自有资金现金流量表。这两种表由于计算基础不同导致各自现金流量的流入和流出项目也不同，审查时应根据不同的计算基础判断哪些应作为现金流入、哪些应作为现金流出。

判断项目能否按时还款，可以借助净现金流量的分析，把各年的还本付息额与当年的净现金流量进行对比，从而判断出项目在还款期内各年能否按时还款。

3. 项目财务盈利能力分析

项目的盈利能力分析主要通过财务内部收益率等评价指标进行，这些指标是：第一，财务内部收益率，是指使项目在计算期内各年净现金流量累计净现值等于零时的折现率。第二，财务净现值，是反映项目在计算期内获利能力的动态评价指标，一个项目的净现值是指项目按照基准收益率或根据项目的实际情况设定的折现率，将各年的净现金流量折现到建设起点（建设期初）的现值之和。第三，净现值率，是指项目的净现值与总投资现值之比。第四，投资回收期，亦称返本年限，是指用项目净收益抵偿项目全部投资所需时间，它是项目在财务上投资回收能力的主要评价指标。第五，投资利润率，是指项目达到设计能力后的一个正常年份的年利润总额与项目总投资的比率，它是考察项目公司投资盈利能力的静态指标。第六，投资利税率，是项目达到设计生产能力后的一个正常生产年份的利税总额或项目生产期内年平均利税总额与项目总投资的比率。第七，资本金利润率，是在项目达产后的正常生产年份的利润总额或项目生产期内年平均利润总额与资本金的比率，它反映出项目资本金的盈利能力。

4. 项目清偿能力分析

项目清偿能力分析主要通过计算一些反映项目还款能力的指标，分析判断项目还款期间的财务状况及还款能力，分析项目按时偿还贷款的可能性。清偿能力的分析通过以下指标进行。

（1）资产负债率。资产负债率反映企业利用债权人提供的资金进行经营活动的能力，表明企业每百元资产所需偿付的债务。该指标可以直观地反映项目今后的负债水平，通过对这个指标的分析，对项目今后的还款能力可以有个大体上的了解，判断项目的负债水平是否超出所允许的限度。

（2）贷款偿还期。项目归还贷款所需的时间就是贷款偿还期，贷款偿还期一般用于计算项目偿还固定资产贷款所需的时间，这个指标的计算有两个目的：其一，在还款时间及还款方式既定的情况下,计算项目能否满足还款要求,这时可以采用综合还款的方式。其二,以最大能力法计算项目贷款偿还期。最大能力法即以项目本身投产以后产生的可还款资金偿还项目贷款所需的时间。

分析项目的还款能力时,除了进行还款指标计算外,还必须把项目的还款资金来源分析作为评估的重点。项目有哪些还款资金来源,各种来源的可能性如何,项目本身的利润是否已按规定提取了公积金和公益金后再用于还款。项目的还款资金除了项目本身所产生的资金外,还可以是项目公司的综合效益。另外,流动比率和速动比率也是分析项目还款能力时需要的指标。

5. **不确定性分析**

项目评估所采用的数据,大多数来自预测和估算,随着项目的实施和时间的推移,项目原材料市场和产品市场供求关系、技术水平、经济环境、政策法律等影响项目效益的不确定性因素都可能发生变化。为了分析不确定性因素对经济评价指标的影响程度,明了项目可能承担的风险,需要进行不确定性分析,以确定项目在经济、财务上的可靠性程度。在评估实务中,不确定性分析方法应用较多的是盈亏平衡分析和敏感性分析。

(1)盈亏平衡分析。盈亏平衡分析是通过盈亏平衡点分析项目成本与收益平衡关系的一种方法,在盈亏平衡点上,企业的销售收入总额与产品销售总成本(含销售税金)相等,企业处于不盈不亏状态。对于项目而言,盈亏平衡点越低越好,因为盈亏平衡点越低表明项目抗风险能力越强,用盈亏平衡点来分析项目的抗风险能力必须结合项目背景和实际情况才能作出正确判断。盈亏平衡点通常根据正常生产年份产品产量或销售量、固定成本、变动成本、产品价格、销售税金及附加等数据计算,用产量、销售收入、生产能力利用率及销售单价来表示。

(2)敏感性分析。通过分析项目主要因素发生变化对项目经济评价指标的影响程度,从中找出对项目效益影响最大的敏感因素,并进一步分析其可能产生的影响。在项目计算期内可能发生变化的因素有产品产量、产品价格、产品成本或主要投入物的价格、固定资产投资、建设工期以及汇率等。敏感性分析通常是分析上述单因素变化或多因素变化对项目内部收益率产生的影响,银行可以分析敏感性因素的变化对贷款偿还期的影响。项目对某种因素的敏感程度可以表示为该因素按一定比例时评价指标的变化,也可以表示为评价指标达到某个临界点时允许某个因素变化的最大极限。

四、特定专项用途贷款分析

特定专项用途贷款是指商业银行对借款企业专项用途或特定方式的贷款。这类贷款与经营性贷款和固定资产项目贷款的区别在于借款企业以借款形成的资产属性是不确定的。以经营性贷款形成的资产属于流动资产,以固定资产项目贷款形成的资产属于固定资产,而以特定专项用途贷款形成的资产需要根据借款用途逐一确定。例如季节性采购(制糖业、粮油储备、农副产品收购等)、应收账款贷款和出口卖方信贷形成的资产属于流动资产,融资租赁贷款①和出口买方信贷形成的资产属于固定资产,而劳务承包贷款所形成的资产既有流动资产又有固定资产。

对这类贷款的审查分析要求银行分析人员不仅掌握常规贷款审查分析方法和要求,还对特定专项用途贷款的借款人所处的行业特征、经营模式十分熟悉,全面掌握贷款的特定方式、方法。在此基础上对贷款审查时需要特别关注以下几点。

(一) 按照借款最终用途的属性进行审查

特定专项用途贷款的借款企业使用借款的目的不同,银行在审查时需要遵照借款的最终用途属性按照经营性贷款或固定资产项目贷款要求进行审查。

(1) 季节性采购贷款由于是集中用款购入,再经过存储、加工、销售后逐步回笼资金偿还贷款,审查时注意购入量与往年的差异,存储、加工能力是否有变,销售合同与购入量是否衔接等。

(2) 应收账款贷款和出口卖方信贷属于借款企业将已销售商品形成的远期收益作为抵押向银行获取资金融通,重点审查买方和担保方的信誉及提供保证的可靠性。

(3) 由于出口买方信贷的借款人在境外,调查了解借款人的资信和还款保证是贷款审查的重点,在还款保证中进口方的外汇管制规定是关键。

(二) 根据贷款的特定方式要求进行审查

特定专项用途贷款中一些贷款的资金来源和投放领域是有特殊要求的,如国际银团贷款、外国政府贷款等,审查需要根据贷款资金来源方的要求进行。

(三) 针对贷款最终投放地的外汇管制规定进行相应的审查

一些特定专项用途贷款的借款人或贷款项目的受益人在境外,如劳务承包贷款。对于这类贷款,除了要按照借款用途参照经营性贷款或固定资产项目贷款规则进行审查外,还特别需要针对贷款最终投放地的外汇管制规定进行审查。

五、贷款决策机制

贷款决策机制主要涵盖尽职调查、专家评审、问责审批(贷款审批权限设置管理)、审批流程、贷后评价等。②

---

① 融资租赁贷款中租赁设备在借款企业资产负债表中,借记:固定资产——融资租入,贷记:长期应付款——应付融资租赁;每年支付租金时,借记:长期应付款——应付融资租赁,贷记:银行存款。

② 这部分内容属于贷款管理领域中的操作风险管理范畴在此不做赘述。

即 测 即 练

- **思考与练习**

1. 举例说明高科技与商业银行职能的关系。

2. 信用证业务的特点是什么？

3. 贷款三原则是指什么？

4. 贷款三查是指什么？

5. 按贷款发放方式举出至少三种贷款名称并加以说明。

6. 按贷款用途，贷款可以分为哪三种？

7. 贷款审查中的"信用 6C 原则"是指什么？

第 七 章

信贷管理与信用风险管理

扩展阅读 7.1 扁鹊见蔡桓公的故事中的风险管理哲理

- **本章学习要点**
1. 掌握银行业务的几个基本概念；
2. 了解信贷管理与信用风险管理的分界点；
3. 掌握信贷管理与信用风险管理的对象和目的；
4. 掌握信贷管理与信用风险管理的目标。

第一节 澄清几个基本概念

一、会计业务

（一）结算/清算

结算是指个人或企业之间由于商品交易、服务、劳务支出等所发生的债权债务进行了结（算账）和支付的行为。以现金进行直接支付的称为现金结算，通过银行将资金在两者账户之间进行划拨的称为转账结算或非现金结算。结算按照地区分为同城结算和异地结算，跨国的结算称为国际结算。企业结算示意图见图 7-1。

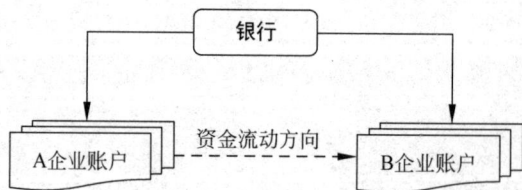

图 7-1　企业结算示意图

清算是指银行之间由于资金往来而进行的了结（算账）和支付的行为。银行因承担货币的结算功能，在社会经济活动中受开户企业的委托办理企业之间的资金往来结算而引发银行之间的债权债务结算和支付的行为称为清算，见图 7-2。

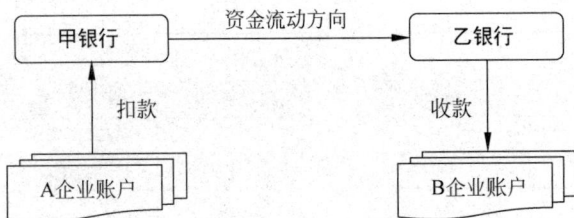

图 7-2 银行清算示意图

（二）借方/贷方

借方是贷方的对称,在会计账户中的左方,用于登记"借记"金额的那一栏。贷方是借方的对称,在会计账户中的右方,用于登记"贷记"金额的那一栏。

在会计核算中,资产类科目:增加记借方,减少记贷方;负债类科目:增加记贷方,减少记借方;权益类科目:增加记贷方,减少记借方;损益类科目:增加记贷方,减少记借方;成本类科目:增加记借方,减少记贷方。

借贷记账法的基本规则是:有借必有贷,借贷必相等。

以商业银行业务为例:

① 某企业客户存入"活期存款"100 万元,资金(头寸)存入人民银行账户。

借:人行活期存款(资产类科目) 100 万元

  贷:客户活期存款(负债类科目) 100 万元

② 用存于人民银行的活期存款资金向企业发放"临时贷款"20 万元。

借:临时贷款(资产类科目) 20 万元

  贷:人行活期存款(资产类科目) 20 万元

③ 从其他银行拆入资金 300 万元,存入人民银行账户。

借:人行活期存款(资产类科目) 300 万元

  贷:拆入资金(负债类科目) 300 万元

④ 归还向其他银行拆入的资金 120 万元。

借:拆入资金(负债类科目) 120 万元

  贷:人行活期存款(资产类科目) 120 万元

借贷记账法范例见表 7-1。

表 7-1 借贷记账法范例   万元

借方账户:临时贷款			贷方账户:活期存款		
借方发生	贷方发生	余额	借方发生	贷方发生	余额
②20		20		①100	100

续表

借方账户：人行存款

借方发生	贷方发生	余额
①100		100
	②20	80
③300		380
	④120	260

贷方账户：拆入资金

借方发生	贷方发生	余额
	③300	300
④120		180

（三）借差/贷差

借差是会计中的俗称,指的是借方金额大于贷方金额的差额;贷差是指贷方金额大于借方金额的差额。在银行业务中,当银行的负债类科目余额小于资产类科目余额时,称为借差行;当银行的负债类科目余额大于资产类科目余额时,称为存差行,也叫贷差行。

（四）银根/头寸

在中国历史上,金融业务中主要采用银本位制,市场交易中用贵金属银作为支付工具,因此,逐渐形成通用说法,一家银行或是金融市场上的资金供应量称为银根。当一家银行或是市场上的资金需求大于供给,体现出资金紧张时,称为"银根紧";当一家银行或是市场上的资金供给大于需求,体现出资金宽松时,称为"银根松"。

头寸是中国传统金融行业用语,意指款项,即银行账户中的资金额。[①] 如果银行预计当日全部业务终了时收入的款项大于付出的款项,称为"多头寸";相反,如果付出的款项大于收入的款项,就称为"缺头寸"。这种针对头寸多寡的预估俗称为"轧头寸",轧多时可将多出的头寸贷出,轧缺时则需要拆入资金弥补头寸的不足,俗称"轧平头寸"。

（五）资产负债率/杠杆率/杠杆倍数

$$资产负债率 = \frac{负债}{资产} \times 100\%$$

$$杠杆率 = \frac{资本}{资产} \times 100\%$$

$$杠杆倍数 = \frac{负债}{资本}$$

假设一家企业的资产总额是 100,负债总额是 80,资本是 20。此时该企业的上述几项指标分别是:

(1) 资产负债率 $= 80/100 \times 100\% = 80\%$。

---

① 在民国时期,中国的流通货币是银元,也就是民间俗称的"现大洋""袁大头",由于携带和清点的不便,在日常交易时,人们喜欢用纸包着 10 块银元,这 10 块银元厚度刚好是 1 寸(1 寸≈3.33 厘米),也就是说 10 个"袁大头"摞起来刚好是 1 寸,因此被称为"头寸"。

（2）杠杆率＝20/100×100％＝20％。

（3）杠杆倍数＝80/20＝4。

二、授信业务

（一）融资/授信

融资是指企业根据自身业务发展的需要而进行的资金筹集行为,包括但不限于通过金融市场的直接融资或向金融企业借款的间接融资。

授信是指金融企业向借款企业提供融资便利的行为,包括但不限于向客户提供各类融资、透支、垫款和现金贷款等表内业务,以及担保、承兑、开出信用证和信用证保兑等表外业务。

（二）借款/贷款

借款是指从他人那里获得融资便利的行为;贷款是指向他人提供融资便利的行为。得到资金的一方称为借款人,提供资金的一方称为贷款人。

第二节　信用风险的新形态

进入21世纪以来,随着巴塞尔资本协议的普及,现代商业银行风险管理理念和方法得到了广泛的应用。特别是以互联网金融为代表的新一代金融工具的诞生与运用,导致信用风险产生了大量伴随新型金融生态与产品的新形式、新特点。在上述风险的新形式、新特点与管理的新理念、新方法同时发生与发展的现实中,一些人认为互联网金融将取代原有的金融形态,因此而产生的风险问题也是过去原有金融形态所没有的;更有人认为传统商业银行信贷管理已经无法适应新时代、新问题。下面我们先举一个实际案例[①]:

随着互联网金融机构向小额分散的消费金融转型,"医美"分期[②]、旅游分期、教育分期、汽车抵押消费贷款,正成为各类互联网金融机构布局消费金融的突破口。但是……不少业务的风险隐患都游离在传统风险控制手段之外,包括中介与美容顾问"合谋"赚取"医美"分期业务的贷款分成,以及不法分子拆除抵押汽车GPS(全球定位系统)追踪设备骗取贷款。如何控制这类新型风险,俨然成为众多互联网消费金融机构业务转型急需解决的难题。

……

这两项业务本身有着很强的风险控制逻辑,以"医美"分期为例,不少职业白领通过医

---

① 陈植.消费金融业内人士诉苦:新型风险防不胜防[N].21世纪经济报道,2017-01-20(11).

② "医美"分期是消费金融机构推出的一种消费金融产品。

学美容手术变得更加漂亮,更容易争取到更好的工作岗位,从而获得更高收入,还贷压力自然变得相当轻;至于汽车抵押消费贷款业务,由于贷款额几乎是汽车当前估值的五六成,即使借款人还不上钱,消费金融机构也可以处置抵押汽车套现资金偿还借款本金。但是,在实际操作环节,他们发现自己的想法过于天真——初始之时,消费金融机构分别向"医美"分期与汽车抵押消费贷款投入 3 000 万元自有资金进行业务试点,起初每月业务量在 200 万元左右,贷款逾期率控制在 3% 以内,在他们看来还算合理;但是随着每月业务量扩大到 500 万元,他们骤然发现逾期率迅速超过 15%,大大超过风险管理部门估算的逾期率。然而,消费金融机构对风险控制模型做了检查,发现借款人的信用积分均符合借款标准,直到对借款人做了一轮排查后才发现问题。……不少借款人都是由中介机构与美容医院美容顾问牵线搭桥推荐而来,但他们未必有经济能力偿还贷款。此时消费金融机构才意识到,随着"医美"分期业务日益活跃,一条隐形套利产业链悄然出现。具体而言,由于"医美"的手术利润率非常高,美容顾问能从每笔业务获取相当可观的佣金回扣,于是他们开始与中介机构合作,以拿出部分佣金回扣为诱饵,吸引还贷能力不强的客户通过分期业务获取各类美容手术资金,由此带来三赢局面:首先是美容医院业务量大幅增加;其次是美容顾问能以量取胜,获得更多佣金回扣;最后是中介机构也能从中赚取相应好处费。唯一吃亏的恰恰是消费金融机构,由于不少客户经济实力不强而出现还贷违约,贷款逾期率骤增。

　　……

　　汽车抵押消费贷款业务遭遇了类似的道德风险。通常,消费金融机构基于降低运营风险的考虑,会为每辆抵押车辆安装 GPS 跟踪设备,再将汽车交还给借款人使用,以此了解抵押汽车的行踪。然而,道高一尺,魔高一丈,个别借款人竟然聘请专业人士想办法将 GPS 跟踪设备拆除,安装到其他车辆上瞒天过海,导致消费金融机构最终难以找到抵押车辆,借款人也就无须履行还款义务。目前,这类道德风险让相关机构损失了约 80 万元贷款,不少汽车抵押型消费贷款机构均遭遇相似的道德风险,个别机构因此损失金额甚至有数百万元。

　　如果上述案例的报道是真实和专业的话,那么案例中提到的所谓新型风险,其实质就是信用风险在新型金融工具下出现的新形式、新特点,而那些骗取贷款的手段也只不过是在具体客户交易层面上的信用风险,与传统的信贷风险在本质上并没有什么区别,仍属于信贷管理范畴,尚未达到现代商业银行信用风险管理的层面。即使是案例中提到的风险控制模型和估算的逾期率,也只是传统商业银行信贷分析中针对客户信用评估使用的打分卡和对不良贷款的分析工具,与利用金融机构内部数据,经过数据清理,构建数据仓库后,通过数据挖掘工具建立内部计量模型而形成的风险测量方法及客户资信评级体系尚有不小的差距。再者,案例中提到交易对手的"道德风险"不过是信用风险的根源,引发信用风险的原因众多,从金融机构风险管理的视角看,任何风险的界定都应该以直接影响金融机构的风险因素作为判断的标准,将本属于信用风险的问题归结为交易对手的道德风险并不利于金融机构自身的风险管理。且上述交易对手的行为并非"道德风险",而是典型的"欺诈"

犯罪行为,若作为"道德风险",会引发该风险主体在管理上的混乱局面。连这些基本概念都没有弄清楚,谈何授信业务?最后,该消费金融机构用自有资金发放贷款已经是违反了风险管理的基本原则,甚至是违背了商业银行基本的经营准则,不要说什么风险管理了,连经营金融企业的基本能力都需要考量,遑论风险管理水平。上述案例说明在新的金融生态环境下,科学地划分风险,合理地区分金融机构内部的管理层次具有十分重要的现实意义。[①] 我们通过表 7-2 具体说明信贷管理与信用风险管理的差异。

表 7-2 信贷管理与信用风险管理辨析

辨 析 内 容	信贷管理概念 A) 授信风险管理 B) 授信控制管理 C) 授信业务管理	信用风险管理概念 A) 授信风险管理 B) 操作风险因素 C) 操作风险衡量
贷款客户 A 及客户 B 已分别逾期 14 天及 30 天,授信政策规定需要联络逾期 30 天或以上的客户⇨联络客户 B	C	B
授信政策规定需要联络逾期 30 天及以上的客户⇨分行只联络到 1/3 的逾期授信客户	B	C
银行逾期贷款比上月上升了 2%,预期亏损率将会上升 1%	A	A

金融机构内部规定客户经理必须对逾期 30 天以上的客户进行走访,这个规定在传统商业银行里是信贷管理的概念,属于授信业务管理范畴;而在信用风险管理概念中,它是操作风险因素,属于信用风险管理领域中的操作风险,不是信用风险管理的范畴。因为客户 A 和客户 B 是否逾期与银行客户经理联络走访无关,银行作出这项规定只是督促客户经理及时了解客户逾期原因。客户经理联络走访了客户即为合规;反之,则违规。所以,这是银行内部管理问题,与信用风险无关,只是在信用风险管理领域的操作风险因素。

该金融机构没有按照上级规定走访全部逾期客户,这在信贷管理概念中属于授信控制管理;而在信用风险管理概念中属于操作风险衡量的问题。

该金融机构逾期贷款上升,预计其亏损率会扩大,这个问题在信贷管理和信用风险管理概念中都属于授信风险管理范畴。

现代商业银行信用风险管理(以下简称"风险管理")与自有商业银行起就已经存在的传统风险管理(以下简称"信贷管理")是两个不同层次的管理。风险管理是 20 世纪计量经济学引入金融学及 20 世纪 80 年代末巴塞尔委员会关于银行业资本监管协议出台后逐步形成的一套以测量风险与资本管理相结合的风险管理理念与方法。它与信贷管理有着本质上的区别。

---

① 此案例所反映出的消费金融机构的其他问题,不属于本文范畴,不再赘述。

第三节　风险管理与信贷管理的差异分析

一、风险管理与信贷管理的对象和目的不同

信贷管理的对象是银行的信贷资产,注重的是对授信客体特别是单一授信业务本身的研究,即使是在银行管理层面上也仅仅是对信贷资产组合中的不良贷款进行研究和控制,而且是当客户发生违约时才根据贷款的素质提取坏账准备。而风险管理的对象是风险资本或称经济资本,要求商业银行将客户作为风险的源头,根据风险资本承受损失的能力和收益要求确定信贷资产的最佳配置;将风险发生的可能性在客户发生违约之前就加以量化和确定,在提取足够的坏账准备的同时,对风险发生的过程进行管理和控制,使风险按照人们的主观意愿发生、发展。

信贷管理的目的是压缩不良贷款,提高贷款质量;而风险管理的目的是根据风险资本所能抵御损失的能力和董事会的收益要求对信贷资产进行合理的配置,以期达到在锁定损失的前提下的收益最大化或是在锁定收益的情况下将损失控制在允许的范围以内,为企业创造更大的价值,确保企业的资本保值增值。

商业银行实施风险管理,确保企业的增值是将 EVA 作为工具进行考核的。EVA 的计算公式为

$$EVA = 风险调整后的收益 - 资本成本$$
$$= (收益 - EL) - (加权平均资本成本率 \times 经济资本)$$

风险管理工具中还有一个与 EVA 很相近的概念——股东增值(shareholder value added,SVA),其计算公式为

$$SVA = 预期盈利 - (25\% \times 经济资本)$$

这两个工具体现的都是企业的增值,但是,从它们的计算方法中可以看出两者的区别。EVA 是财务的概念,是对过去一年执行结果的核算;而 SVA 是风险的概念,是对未来一年绩效的预期。

二、风险管理与信贷管理的目标不同

现代商业银行针对风险管理的最终目的,明确提出了风险管理的五大目标,它们是:风险识别、风险测量、风险监督、风险调整收益、风险控制。而信贷管理的目标却十分模糊,远没有风险管理目标这样清晰、具体和明确。

(一)风险识别

商业银行防范风险的前提是准确地识别和判断风险。商业银行在业务经营活动中,首

先,由于不同银行所在的环境、银行的经营特色以及银行的金融产品的不同而导致商业银行的客户群不同;不同的客户群可能带给商业银行的风险因素就会有所不同。其次,即使是对同一个客户,银行在审核授信业务时由于工作人员水平的不同、资历的不同以及当时看问题角度的不同,也会对客户可能给银行带来的风险因素有不同的认识和理解。

　　信贷管理为了准确地识别和判断风险,一般采用增加审查环节、实施审贷分离、成立信贷审查委员会等方式方法。而风险管理是根据董事会的风险偏好,通过统一的标准制订风险识别准则;利用数据仓库、数据挖掘等信息科技对众多无序的数据进行筛选,分离出符合商业银行自身实际情况的风险因素,然后在具体的授信业务审查环节中通过统一制作的风险识别工具对客户和具体的授信业务进行风险分析。

(二)风险测量

　　商业银行面临着风险究竟何时发生、发生后所产生的影响是朝着收益的方向或是损失的方向发展以及风险的大小是多少等问题,风险本身的不确定性特征使它们成为自有商业银行授信业务以来最难回答的问题。信贷管理由于受制于风险测量技术而无法将风险量化。20 世纪 70 年代以后,市场风险管理技术的发展最终带动了信用风险的量化和创新,使信用风险管理在 20 世纪 90 年代发生了革命性的变化和发展。自那以后发展起来的风险管理要求对风险的不确定性进行量化,因此,风险测量是要解决制定什么样的标准和运用什么方法来量化风险,以及对风险因素和可能的损失及预期收益如何进行评价的问题。巴塞尔委员会于 2004 年公布的巴塞尔资本协议第二版在原 1988 年版协议规定的运用标准法(Standardized Approach)测算商业银行信贷资产风险的基础上,又增加了内部评级法作为测量商业银行信用风险的方法。该风险测量方法是以信息数据为基础,以信息科技为技术平台,运用数据仓库、数据挖掘和数学计量模型等金融工具以及数理统计方法对客户的违约可能性和可能带给银行的损失,以及银行的收益进行量化。

　　信用风险测量分为对预期损失 EL 和非预期损失 UL 两个阶段的测量。第一个阶段对 EL 的测量我们已经十分清楚了,这里只强调两点:其一,在 EL 的测量中,违约概率 PD 和违约损失率 LGD 之间是条件概率的关系,即前者是后者发生的条件,前者的发生必然带来后者的发生。因此,它们之间是相乘的关系,也就是因为客户违约才有银行的损失。前者是客户评级,后者是债项评级,各自有各自的管理要求;同时两个百分比的乘积一定小于100%。其二,在统计计量学已经十分成熟的今天,对于概率的测量已经可以做到相当的准确,这样基本可以肯定的东西也就不再是风险了。且这部分风险成本已经通过提取准备摊入产品的成本之中,利用产品定价收回。所以,真正的信用风险体现在第二个阶段对 UL 的测量上,但是,从我们已经掌握的非预期损失的测算过程可以知道,实际上非预期损失是在设置一定容忍度的情况下的主观判断。正像我们在第三章风险定义中提到的,它体现了风险的主观性。

（三）风险监督

风险监督是指商业银行在授信业务的全流程中对风险因素进行全方位的检查、反映的行为过程。及时、准确、全面地监督、反映商业银行在日常经营活动中各类情况，是风险防范的基本要求，也是及时发现风险和控制风险的必要手段。

但是，由于信贷管理无法用统一的标准识别风险因素，更无法对风险进行量化，所以，信贷管理的监督在宏观层面上还只能围绕着信贷资产组合管理上的不良比率来进行；而在微观层面上对具体贷款实施五级贷款分类评级，这种管理的特点在于完全是凭借银行管理人员的主观判断进行的，而且其工作重点是在客户发生违约之后。

风险管理的监督在宏观层面不仅要对信贷资产本身进行监督，更要对风险资本进行监督。通过对具体授信业务预期损失、资产组合层面非预期损失、在险价值以及风险资本的计算，监督商业银行风险是否接近或有可能超过计划拨备额和风险资本限额。在微观层面上对具体贷款实施 15 级甚至更多级别的贷款分类评级，这种分类评级的特点在于将正常级别和关注级别的贷款根据客户的 PD 和 LGD 进一步细化，要求商业银行贷后管理工作的重点由客户违约之后转移到客户发生违约之前。

（四）风险调整收益

风险调整的资本收益是指商业银行通过科学的测量方法对银行不同经营部门、产品和客户间的收益情况和发生损失的可能性进行比较，以达到对银行经营情况进行科学衡量的目的。风险调整收益就是要科学地衡量商业银行的经营收益。传统的商业银行对其内部各个部门经营业绩进行考核主要是通过绩效考核来实施的，这类对业务经营环节的考核是以账面会计数据作为衡量的基础，以各个经营部门业务环节的经营成本、管理成本和利润指标及不良贷款比率作为考核对象，以利差、费用、各模拟率（如股权收益率、资产收益率等）为考核目标。

但是，由于信贷管理无法具体量化风险这一缺陷，在信贷管理下的绩效考核缺少对信贷资产存量中潜在损失的考核。首先，不良贷款并非等于银行最终的损失；其次，正常贷款和关注类贷款中也存在着潜在损失。所以，信贷管理下的绩效考核无法全面、准确地反映银行潜在损失对即期业务经营收益的影响。银行业务风险中的这种具有隐蔽性、滞后性、长期性的特性，只有通过 RAROC 手段将隐蔽的滞后风险揭露出来。

而风险管理中的风险调整收益是要用商业银行经营活动中的预期损失、非预期损失调整即期盈利，衡量经过风险调整后的收益大小和资本的使用效率，它用风险资本收益率和经济增加值表示。通过风险调整收益可以得到商业银行不同经营部门、产品和客户的盈利性和风险状况，并将其与盈利性目标进行比较，对风险进行定价，根据对损失和收益的预测在不同经营部门、产品和客户之间分配资本、配置资产，为实现锁定损失前提下的股东权益的最大化提供了科学的测量方法，使商业银行资本的收益与其所承担的风险直接挂钩，与银行最终的盈利目标相统一,为银行各个层面的业务决策、发展战略、绩效考核、目标设定等多方面经营管理提供重要、统一的标准依据。

风险调整收益的本质告诉我们商业银行将可能的损失与收益结合起来衡量银行的经营业绩才有意义,银行的利润必须经过风险的调整才是真实的利润,银行不应以远期的风险损失换取一时、即期的繁荣,其盈利必须始终覆盖所承担的风险损失,唯此才可以实现持续的发展。风险调整收益克服了商业银行风险的滞后性和隐蔽性,要求业务发展与风险控制的内在统一,是银行股东与管理者,风险承担者与风险控制者认识风险、测量风险和管理风险的统一标准与共同语言;它还克服了传统银行绩效考核中盈利目标与潜在的可能损失在不同时期反映的时间错位问题,实现了经营目标与业绩考核的统一,股东利益与经营者行为的统一。

总之,风险调整收益为商业银行提供了一种技术手段,使商业银行真正敢于理性地面对风险、承担风险,可以通过主观努力去寻求风险的平衡,达到最终控制风险的目的。

随着风险管理方法和技术的不断成熟,商业银行的绩效考核应该根据不同的考核者和被考核者采用不同的考核内容,这样才能够保证所有的考核更具针对性。表 7-3 为商业银行不同层级的考核内容。

表 7-3　商业银行不同层级的考核内容

考　核　者	被　考　核　者	考　核　内　容
股东大会	董事会	EVA
董事会	管理层	ROE(股本回报率)
管理层	业务部门及分支机构	RAROC
业务部门	单笔业务	SR(短期再贷款)

(五)风险控制

风险控制是指商业银行根据风险资本抵御损失的能力,通过制订风险政策、组织授信业务流程的管理和实施限额监控等手段,进而达到锁定损失和收益的行为。

信贷管理对风险的控制在银行宏观层面是通过控制不良贷款比率来完成的,但是,控制不良贷款比率并不等于控制了风险,因为如果通过扩大分母来降低比率,不仅不会减小分子的绝对值,反而可能掩盖了风险的危险性。信贷管理在具体的业务层面,虽然也会实施限额管理,但是由于缺少 PD 和 LGD 等量化的风险因素,所以只能根据客户的债务承受能力和还款能力,而非银行资本的抗风险能力来有效地控制风险。

风险管理对于风险的控制在宏观层面则是通过 RAROC 技术手段,根据银行董事会的风险偏好在确定银行对风险的最大可承受能力的基础上,计算银行总体需要的风险资本并与监管资本和账面资本进行比较,评价银行的资本充足状况;同时,将有限的经济资本在银行各个经营部门层面对不同行业、地区、客户的各类风险,在不同的业务品种、金融产品之间进行分配,并设置限额以对银行的总体风险和各类风险进行总量控制。不仅如此,根据风险的两面性,风险控制的目的是寻求风险的平衡即损失和收益的平衡,也就是将股东回报要求转化为对银行总体和各个业务环节的明确目标,用于业务的审批和绩效的考核,以求得到股东回报的最大化,即根据董事会的风险偏好计算出的风险资本和董事会要求的业务发展计划,针对银行现有信贷资产组合的收益、损失情况,求得最佳平衡点并设置合理的方案。

风险管理对于风险的控制在具体业务层面,是根据分配到具体经营部门层面对不同行业、地区、客户在不同的业务品种和金融产品上的风险资本限额,通过对具体客户核定客户损失限额和授信配额来实施控制;同时,通过 RAROC 技术手段对各类金融产品进行定价,以达到在客户层面上的风险平衡。

1. 风险控制的内容

企业是通过主动地控制、锁定收益和损失来达到风险平衡的。在企业整体层面,收益的控制和锁定是利用风险调整收益的技术方法进行的,并通过对各业务部门的绩效考核进行衡量;在客户层面,收益的控制是利用产品定价进行的,并通过与客户的合约来加以锁定。

企业对损失的控制和锁定,在整体层面,是通过对资本限额的控制进行的;而在客户层面是通过对该客户的授信配额控制和对单一授信的管理进行的,具体关系见表7-4。

表 7-4   企业及客户层面风险控制的差异比较

特 征	企业层面风险控制	客户层面风险控制
风险分散方式	组合层面	客户层面
具体业务操作	资本限额	损失限额/授信配额
定价方式	RAROC	产品定价

2. 对交易对手的控制

商业银行对交易对手的控制是通过设置风险限额和授信额度实现的。有关风险限额与授信额度的计算方法我们已经学过,这里仅就两者内涵的差异再做强调:风险限额是根据 VaR 设定的,VaR 是董事会所能承受损失的最大限额,它代表了董事会的风险偏好即容忍度。限额是针对银行内部损失承受能力而言,也就是银行资本所能承受的最后的底线。所以,限额是针对资本而言,是商业银行根据风险损失承受能力所设置的资本限额;而授信额度是商业银行在客户的债务承受能力和银行自身的损失承受能力范围以内,允许向客户提供的最大的授信额。假设按照 8% 的资本充足率计算,银行针对某行业客户设置的风险限额如果是 10 亿元,那么,在风险权重是 1 的情况下,该银行可以给该行业客户的最大授信额度是 125 亿元,也就是银行最多可以与该行业客户签订 125 亿元的贷款业务合同。

风险限额与授信额度的区别在于以下几点。

(1) 制订的依据不同。限额是根据银行的风险管理要求提出的;额度是根据客户的业务要求提出的。

（2）制订时考虑的因素不同。限额考虑的是客户的债务承受能力和银行的损失承受能力；而额度考虑的是客户单笔交易的风险，包括客户的经营风险、客户交易对手的信用风险、市场风险、外汇风险、国别风险等。例如，在衡量客户的债务承受能力时考察的主要内容之一是净资产，而衡量客户单笔额度的还款能力时考察的主要内容是现金流量。

（3）法律地位不同。限额是银行内部的控制手段，不与客户见面；而额度是银行与客户通过合约形式签订下来的，具有法律约束。

（4）执行的强度不同。由于限额是内部控制风险的手段，在制订时带有管理层一定的主观意愿，所以限额是可以根据管理层的风险偏好进行调节的；而额度一经签订合约，在没有新的约定之前，就无法改变。

三、风险管理与信贷管理的管理内涵不同

扩展阅读 7.2　从"海南发展银行"破产看银行信贷管理

信贷管理的管理内容由于技术条件而呈现出鲜明的历史特征：其主要内容包括贷款三查、审贷分离、专家评审、有限授权、逐级审批、单独提呆、独立催收等，而管理功能主要是通过贷款审批流程、审批环节和审批权限来体现的。在对客户进行授信审查时侧重于对客户还款能力的审查，强调对客户财务能力、借款保证状况和影响客户资金顺利有效周转因素的分析。

风险管理对客户的信用风险控制和管理不仅要满足上述内容，更强调从商业银行的总体层面看待客户，要求银行作为一个整体按照董事会的宏观管理要求统一行动。风险管理的内容主要包括四个方面：客户整体风险、风险平衡、统一授信管理、资本经营。

客户整体风险讲的是商业银行风险管理的基本概念，包括风险管理的对象、内容和基本要求等。风险管理将客户风险划分为客户整体风险和单一风险。整体风险强调从宏观管理的概念和角度考察客户、客户群体、信贷资产或相关业务，而不是仅对一个客户或一笔授信业务而言。现代商业银行对风险的研究是以客户的整体风险，以及整个社会的经济成分和经济活动作为对象；现代商业银行的风险管理体系也已由过去对单笔授信的管理向客户整体信用风险控制发展；由以单一客户为对象的控制向以客户所有关系网络为对象的监控发展。而为了控制银行集团的总体风险，风险管理也逐步由单个银行机构对单个客户的控制，向银行集团在全球范围统一控制发展，做到在银行集团的整体层面对客户的授信风险进行统一的测量和控制。

风险平衡是指商业银行如何实现风险平衡这一管理目标的方法。为了追求风险管理的最终目标、实现在全行层面的风险平衡，商业银行首先要通过业务实际操作找出风险的形成规律，达到控制和锁定风险的目的；其次，风险的两面性特征又要求商业银行尽可能做到将损失和收益对称，即达到风险平衡。这里所讲的风险平衡是指商业银行在日常经营活动中要主动地通过现代风险管理技术维持收益与损失间的一种对称关系，并非要求损失等于收益。任何盲目地增加收益的行为都可能导致损失的扩大；相反，过分强调损失或不允

许损失的发生也会限制收益的取得。

统一授信管理是指商业银行如何从组织管理的角度进行风险管理,它主要包括三个方面的内容:统一授信内涵、统一运行机制、统一组织管理。

资本经营是指企业为了满足资本的投资意愿,围绕如何实现资本的保值、增值而进行的有序的价值创造过程。资本经营的内涵要求企业以资本为研究对象,依据先进的科学管理技术,利用数理统计方法对企业以自身信用为基础,为客户提供产品和服务的过程中可能出现的损失与产生的收益进行统一的识别及测量,研究资本抵御风险损失的能力;根据企业统一的风险偏好,主动地将资产按照风险资本的要求合理地配置于行业、地区、产品和不同客户维度,利用资本限额、风险定价及缓释等技术手段的实施,保证企业资产配置得到有效的落实;通过对业务流程的管控和监督,确保在锁定损失的前提下获取最大收益目标。

四、风险管理与信贷管理的管理体制与模式不同

信贷管理作为商业银行的传统业务,其内部管理已经形成一套完整的管理体系。信贷管理强调建立完善的规章制度,设置科学的业务流程,建立明确严谨的职责分工、充分务实的岗位培训、周密有效的制约机制,完善认真细致的审计检查、全面合理的奖惩制度。根据审贷分离的原则,信贷管理要求业务拓展部门负责金融产品的推销和市场的开拓,在为客户提供授信业务服务时,业务拓展部门负责将客户的情况如实地向授信审查部门反映,由授信审查部门进行独立的尽职调查后提出是否做该业务的意见;对于受到法规政策限制的授信,还必须经过信贷委员会等高层或专家评审后由最终责任人审批。尽管信贷管理在对客户授信审查的过程中建立了十分完善的管理机制,但这毕竟只是对客户授信单一风险的审查,鉴于其无论是在管理理念上还是在管理机制或方法上都缺乏对客户整体风险的管理内容,因此信贷管理根本无法从风险管理的高度对客户授信实施有效的管理。

风险管理要求商业银行内部按照信用风险管理的要求,区分不同的管理层次,设置不同职能的管理部门,如风险管理部门、信贷管理部门和授信业务拓展部门分别对客户整体风险和单一风险实施统一又有不同层次的"M"形组织管理。

风险管理部门负责整体风险的管理与防范,根据董事会的要求和风险偏好制订信用风险管理政策、授权准则和各类评级标准,并在全辖范围内组织对客户的统一授信;根据董事会确定的容忍度、风险资本、业务发展计划、盈利和拨备计划制订授信业务和信贷资产组合的配置方案,将经济资本分配给各个业务拓展部门和分支机构,直至其授信业务的不同地区与行业的不同的金融产品,并分别设置银行损失承受限额;根据董事会批准的 RAROC,针对不同金融产品的风险提出定价的指引和对各个业务部门及分支机构风险调整收益的建议;根据上述要求对不同的信贷管理部门政策执行情况、业务发展情况、资产组合情况、收益情况和各种损失情况进行监控,核定具体拨备金额。

RAROC 在中国银行业的使用尚未发挥其真正的作用,目前仅用于客户层面的授信审核及机构的绩效考核,而在引导授信、调整结构、改进授信审批模式方面其作用有待进一步发挥。商业银行作为企业,由传统单一的 ROE 考核,转变以 RAROC 为工具对业务组合和分支机构的考核及业务引领,代表着商业银行风险管理理念的变化。在这方面我们还有很大的提升空间,要走的路还很长。

信贷管理部门负责整体风险与单一风险的衔接管理,根据董事会风险政策委员会的业务发展实施方案和风险管理部门制订的各类损失限额制订信贷资产组合配置调整计划;根据整体风险管理要求和风险管理部门制订的评级标准建立客户资信评估中心,负责收集客户的信息等情报、对各类客户进行资信评级、判断其最高债务承受额;根据董事会风险政策委员会和风险管理部门制订的风险资本分配方案和各种损失限额要求,制订各类银行客户损失限额和授信配额;根据董事会风险政策委员会的风险偏好和业务发展计划制订单一授信业务审查标准;根据上述工作要求对业务拓展部门的信贷管理进行指导、检查和监督;根据制订的客户授信配额对授信业务部门的执行情况进行监控,对授信业务拓展部门超过法规政策限制的具体授信业务进行独立的尽职调查,并提出评审意见报送最终责任人审批。

授信业务拓展部门负责客户单一授信风险管理工作,根据董事会风险政策委员会的授信业务发展计划和风险管理政策调整客户结构,争揽优质客户和业务,收集客户的信息并传递给客户资信评估中心;根据信贷管理部门核定的银行客户损失限额、授信配额和单一授信业务审查标准,在法规政策规定的范围以内自行决定对各类客户的授信额度,组织实施并严格遵守。

以上三个与风险管理有关的部门中,风险管理部门和信贷管理部门属于业务管理部门,前者直接对董事会负责并接受其领导,负责全辖的风险管理;后者对行长或行政总裁负责并接受其领导。授信业务拓展部门属于业务经营部门,根据所经营的不同金融产品分别对主管的副行长负责并接受其领导。根据风险管理的要求,授信业务拓展部门为利润中心,在严格遵守信贷管理部门制订的银行客户损失限额和客户授信配额的前提下,享有客户具体授信业务额度的决定权。信贷管理部门根据行长和风险管理部门的要求将调整信贷资产组合计划与控制银行客户损失限额和客户授信配额结合起来,从整体风险角度看是将宏观管理要求落实到具体的信贷资产组合和各类具体客户的管理上;而从单一风险角度看又是对每一个具体客户的整体风险情况的管理,并不涉及每一笔具体的授信业务;它是通过对客户的限额管理将每一笔单一授信业务风险与商业银行整体风险的管理衔接起来。风险管理部门通过各种工具对全辖的授信风险进行管理监控,但并不干涉授信业务拓展部门的具体业务。总之,这三个部门按照信用风险的特征分工明确,形成前、中、后台的管理格局,各司其职、各负其责,避免了传统商业银行内部管理部门和业务部门之间就风险两面性如何平衡的管理矛盾,达到损失和收益管理上的有效结合。

五、风险管理与信贷管理对信息科技的要求不同

　　传统信贷管理主要是通过主观和经验判断进行的,因此,对信息科技要求并不高。信贷管理在对具体业务的分析过程中,除了对项目贷款和对客户的财务分析在20世纪90年代个人计算机普及之后,陆续使用一些计算机软件之外,基本上是凭借银行分析员的经验进行主观判断的。在对银行信贷资产进行组合管理中,也只要求对授信客户在银行的账户和授信业务中的数据进行积累,然后运用个人计算机中的Office软件进行简单的分析,尚未形成信贷管理对信息科技的依赖和信息科技对信贷管理的有效支持。20世纪90年代数据仓库技术出现,进而带动了数据挖掘等信息科技的飞速发展,推动了商业银行风险管理技术的提高。尤其是近年来,人工智能、大数据等技术的渗透和应用,大大提升了商业银行风险管理能力。事实上,风险管理从其产生到发展始终离不开信息科技的支持。这首先源于风险管理中的一些基本理念诸如预期损失和非预期损失等完全是凭借着信息科技的发展通过大量信息、数据的采集,运用数理统计分析方法才逐步形成的。其次,风险管理中的一些要素诸如RAROC技术运用和风险控制等只有通过信息科技才能组织实施。从技术角度来看,风险管理是以信息数据为基础,以信息科技为技术平台,运用数据仓库、数据挖掘和数学模型等金融工具以及数理统计方法对客户的违约可能性和可能带给银行的损失,以及银行的收益要求进行量化,并通过计算机系统对商业银行的业务进行监控管理。所以,没有信息科技的支持就没有风险管理的产生和发展,更没有商业银行的风险管理;同时,风险管理也为信息科技在银行等金融机构的发展提供了广阔的空间。总之,信息科技与金融业务的有机结合是商业银行风险管理的基础和必要条件之一。

　　综上所述,风险管理与信贷管理有着本质上的区别。但是,两者之间并没有原则性冲突,风险管理与信贷管理只是不同层次上的管理。具体而言,信用风险管理是以信贷管理为基础的,并在此基础上根据董事会风险政策委员会的要求,指导信贷管理工作;而信贷管理在风险管理的指引下,可以更加清晰地明确董事会的风险意愿,按照董事会资本经营的策略有组织地去实现资本的增值。因此,风险管理与信贷管理并不能互为取代,两者之间是相互依存、互为补充的关系。确切地说,有了风险管理,商业银行的管理才更加完善,风险管理为商业银行弥补了信贷管理的不足,使商业银行的经营更加符合市场经济运作的要求。因此,商业银行不断创新、完善风险管理技术和建立健全风险管理体系是市场经济与经济全球化的要求,也是中国银行业走向国际市场的必备条件之一。

即 测 即 练

- 思考与练习

1. 以实例说明风险管理与信贷管理的主要区别。

2. 为什么说商业银行在对交易对手违约管理中风险管理的层次要高于信贷管理?

3. 从风险管理的视角具体说明商业银行各个层次的考核内容。

4. 分别从组合层面和客户层面说明商业银行对风险损失与风险收益的控制工具。

5. 具体说明 RAROC 的本质。

第八章

金融监管

扩展阅读 8.1 宋代对钱庄的监管

- **本章学习要点**

1. 了解中国金融监管体制的演变过程;

2. 了解金融市场监管的内容;

3. 了解金融机构监管的内容;

4. 掌握未来金融监管的趋势。

本章主要介绍我国金融监管制度,第一节主要介绍我国现行金融监管体系发展演变的过程,以历史经纬,将我国金融监管历史划分成五个阶段,并阐述了各个阶段的特点。第二节在说明金融市场监管的含义和原则的基础上,进一步介绍了对票据市场、同业拆借市场、债券市场、证券市场、外汇市场等金融市场的监管内容。第三节从全周期、全领域视角分析了事前市场准入监管、事中业务运营监管及事后问题机构处理和化解的监管,并对银行、证券、保险、信托等不同业态的监管进行了介绍。通过阅读本章,读者将会对金融监管框架尤其是我国的金融监管体制有更清晰的认识。

第一节　中国金融监管体制的发展演变

中国金融监管体制的变迁是与国内经济发展和金融体制改革紧密联系在一起的,并且是政府主导型、主动的体制变迁模式。从历史经纬来看,中国金融监管体制经历了以下的演变过程。

一、初始阶段

这一阶段的金融监管为嵌入计划经济中的"大一统"管理(1949—1978 年),体现了金融监管中较明显的计划经济时代特征。

改革开放以前,与计划经济体制相适应,我国实行高度集中的"大一统"金融管理体制:全国只有一家金融机构,即中国人民银行。中国人民保险公司和中国银行对内是中国人民银行的职能部门,中国农业银行"三起三落"(1951—1965 年,即三次成立、三次撤销,其业务并入中国人民银行),中国建设银行是财政部的内部机构。这一阶段的中国金融体系以银行业为主,主要经营活动是计划拨款、贷款和存款等,较少涉及证券、保险、外汇等业务。中国人民银行集货币政策、金融经营和管理等多项职能于一身,工作重心放在改革和完善信贷资金管理体制、加强中央银行宏观控制上。这样一种以中国人民银行为单一主体的金融集中管理体制,虽然金融监管作用发挥得不是很理想,但其保证了当时一个崭新国家的金融体系的统一与高效,也为其日后以央行监管为主导的金融监管做了一定的经验、组织机构和人员方面的准备。

二、过渡阶段

这一阶段以银行监管为主的金融监管体系初步建立(1979—1991年),为中国人民银行统一监管时期。

改革开放以后,为了提高金融市场的资源配置效率、促进金融市场发展,也为了使金融体制为其他经济部门改革提供支持,政策当局将金融系统改革提上了日程。1979年1月,为了加强对农村经济的扶植,恢复了中国农业银行。同年3月,中国银行成为国家指定的外汇专业银行;同时设立了国家外汇管理局。此后,又重新建立了中国人民保险公司;组建了信托投资公司和城市信用合作社,出现了金融机构多元化和金融业务多样化的局面。1983年9月,国务院决定由中国人民银行专门履行中央银行职能,中国人民银行正式成为中国的货币金融管理当局。1984年中国工商银行成立,中国人民银行成为现代意义上的中央银行,负责货币政策的制定和金融监管。从此,银行、信托、保险、证券等所有金融业务都归中国人民银行监管,形成了集中监管体制。

三、发展阶段

这一阶段"一行三会"金融分业监管体制确立(1992—2003年),为分业监管模式与调整时期。

1992年10月,国务院决定成立国务院证券委员会和中国证监会,负责股票发行上市的监管,中国人民银行仍然对债券和基金实施监管。1995年颁布《中华人民共和国中国人民银行法》,这是我国第一次从立法角度明确了金融监管的主体。1997年,受亚洲金融危机的影响,全国金融工作会议提前召开,并决定健全证券市场的"集中统一"监管体制。1998年6月,国务院决定将国务院证券委员会并入中国证监会,将中国人民银行的证券监管权全部移交中国证监会。同年11月,国务院决定成立中国保监会,将中国人民银行的保险监管权分离出来,由中国保监会统一行使。中国人民银行专门负责货币政策和对银行业的监管。2003年3月10日,关于组建中国银监会的方案由十届全国人大一次会议审议通过;2009年4月28日中国银监会正式挂牌运作。它标志着中国金融业"三驾马车"式垂直分业监管体制的正式形成。

四、完善阶段

这一阶段分业监管体制进一步发展和完善(2004—2017 年),为分业监管基础的发展与改进时期。

2004 年以来,中国金融分业监管的体制得到进一步巩固与完善,监管协调与国际合作也有了新的发展。在全球金融危机之后,加强宏观审慎监管的尝试和其他改革探索也在逐步推进。这一阶段的中国金融监管改革与发展,与迎接金融全球化、金融创新、综合化经营以及金融危机的挑战密切相关。

在此阶段,美国次贷危机引发全球金融危机,危机后的反思引致世界范围的金融监管重构浪潮。各国监管重构的基本方向是修正的"双峰"模式,"宏观审慎监管＋微观审慎监管＋行为监管"框架。在 2008 年次贷危机前后,我国金融市场也发生了巨大变化。一是作为多层次资本市场体系的建设成果,各种金融创新层出不穷,融资融券交易(2008 年)、创业板市场(2009 年)、新三板市场(2012 年)等资本市场新业态不断涌现。二是随着利率市场化改革的深入,传统银行业务盈利能力弱化,加之监管套利的存在,影子银行迅速膨胀,银行理财和信托等影子银行业务在危机后爆发式增长。三是互联网金融呈现野蛮生长态势,第三方支付(2004 年)、P2P 网贷(2007 年)、互联网保险(2008 年)、消费金融(2009 年)、众筹(2011 年)、互联网银行(2014 年)等互联网新兴金融形态蓬勃发展。四是金融有"脱实向虚"趋势,巨量资金在虚拟经济领域空转,宏观流动性过剩与实体经济融资难并存。互联网金融等新金融业态的野蛮生长,导致金融风险不断集聚,P2P 跑路和套路贷、裸贷、校园贷、平台非吸自融等恶性金融风险事件频发,引发全社会广泛关注。

这一阶段,"一行三会"分业监管体制在以下几方面进一步发展和完善:一是法律体系进一步完善,对《中华人民共和国证券法》《中华人民共和国公司法》等多部法律进行了修订;二是加强监管执法和丰富监管内容,对现场检查、行政许可、行政处罚、行政复议等行为进行了规范,并加强了对金融创新和部分跨金融领域经营的监管;三是金融监管机构之间加强了协调配合,监管机构之间建立起联席会议制度;四是审慎性监管和功能型监管已被提到监管当局的监管改革议事日程上。

五、变革阶段

这一阶段从 2018 年至今,为功能型监管的尝试与变革时期。

为有效管控新金融业态野蛮生长,防控和化解系统性金融风险,新一轮金融监管体制改革就此开启。在此期间,我国的监管改革持续推进,首先构建了宏观审慎金融监管制度框架,并建立了监管决策协调机制;其次,微观审慎监管全面转向功能型监管,监管体系日趋成熟。2018 年,中国银监会和中国保监会合并,成立中国银行保险监督管理委员会(以下简称"中国银保监会")。至此,我国金融监管框架从"一行三会"分业监管模式转变为"一委一行两会"的双峰监管模式。

2023 年,中国金融业延续了从分业监管向综合监管的改革思路,对金融监管制度进行了新一轮改革。首先,组建国家金融监督管理总局。新部门在中国银保监会的基础上组建,并改为国务院直属机构,同时划入央行对金融控股公司的监管和消费者保护职责,以及中国证监会的投资者保护职责。这些举措扩大了中国银保监会的职责范围,强化了其执行权力的合法性和权威性,有助于减少监管空白和监管重叠。其次,深化地方金融监管体制改革。建立以中央金融管理部门地方派出机构为主的地方金融监管体制,统筹优化派出机构设置和力量配备。最后,中国证监会调整为国务院直属机构。中国证监会调整为国务院直属机构,符合全面注册制改革背景下,提高监管部门法制化监管水平的要求,有助于提高公信力和行政效率,更好地统筹资本市场监管工作。同时,中国证监会承接国家发展和改革委员会的企业债发行审核职责,意味着无论是上市企业还是非上市企业,无论是金融机构还是产业公司,其债券发行都将纳入中国证监会的监管范围。所有债券发行在审核、信息披露、监管等规则层面趋同,形成统一规范的债券市场体系,杜绝以往利用不同监管标准进行套利的行为,为债券市场健康稳定发展提供保障。至此金融监管体制由"一委一行两会"改革为"一行一会一局",如图 8-1 所示。

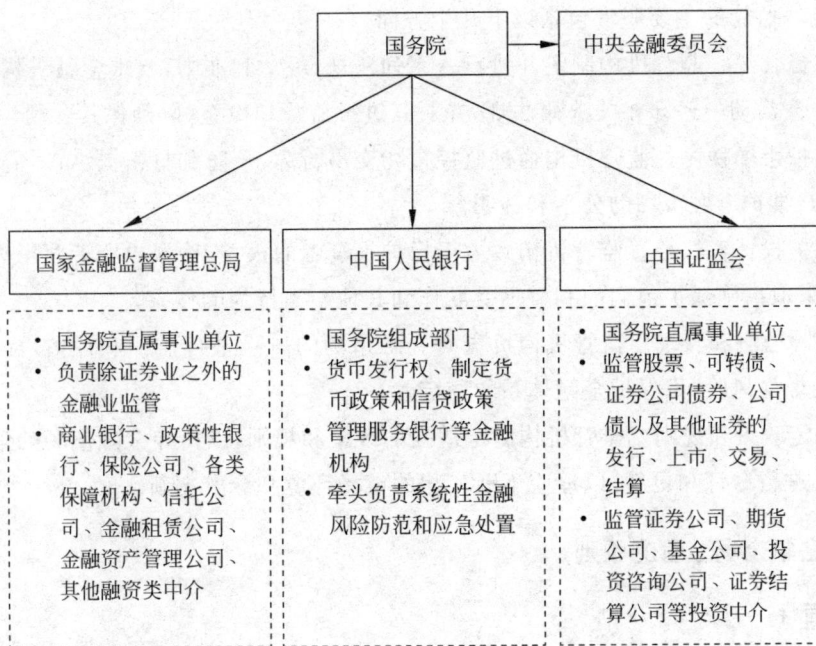

图 8-1　金融监管体制

"一行"即中国人民银行。中国人民银行是中华人民共和国的中央银行,国务院组成部门,在国务院的领导下依法独立执行货币政策,履行职责,开展业务。

"一会"即中国证监会。中国证监会依照法律、法规和国务院授权,统一监督管理全国证券期货市场,维护证券期货市场秩序,保障其合法运行。中国证监会负责监督全国证券期货市场,制定政策规划,管理监管机构,监管发行、交易和上市,保护市场秩序,管理交易所和机构,审批资格,调查处罚违规行为,推动国际合作。

"一局"即国家金融监督管理总局。国家金融监督管理总局统一负责除证券业之外的金融业监管,强化机构监管、行为监管、功能监管、穿透式监管、持续监管,统筹负责金融消费者权益保护,加强风险管理和防范处置,依法查处违法违规行为。

第二节　金融市场监管

一、金融市场监管的含义和原则

(一)金融市场监管的含义

金融市场监管是指政府、监管机构或其他相关机构对金融市场的运作进行监督和管理的过程。其目的是确保金融市场的稳定、公平和透明,保护投资者的权益,预防金融风险的发生,并促进金融市场的健康发展。

金融市场监管的主要职责包括以下几个方面。

(1)监督合规。监管机构制定并执行一系列法规、规章和准则,要求金融机构和市场参与者在其业务活动中遵守相关法律法规,并对其进行监督和检查,以确保其合规运作。

(2)维护市场秩序。监管机构通过监控市场交易行为,预防和打击操纵市场、欺诈和其他违法行为,维护金融市场的公平和透明。

(3)保护投资者权益。监管机构致力于保护投资者的权益,确保投资者获得充分、准确的信息,并采取措施保护他们的利益不受欺诈和其他不当行为的侵害。

(4)风险监测和管理。监管机构负责对金融市场的风险进行监测和评估,提前发现和应对潜在的金融风险,以保护金融体系的稳定性。

(5)制定政策和规则。监管机构制定适当的政策和规则,以指导金融市场的运作,并根据需要对其进行修订和更新,以适应不断变化的市场环境和金融创新。

(二)金融市场监管的原则

1. 全面性

全面性原则指的是监管机构在履行监管职责时应对金融市场的各个方面进行全面监管,涵盖全市场、全要素、全过程。

(1)全市场监管。监管机构应对金融市场的各类市场进行监管,包括股票市场、债券市场、期货市场、外汇市场等。不同市场之间可能存在相互影响和联动性,因此,监管机构需要全面了解和监管各个市场的运作情况,防范市场风险的传递和扩散。

（2）全要素监管。金融市场监管应关注金融市场中的各个参与要素,包括金融机构、金融产品、市场参与者等。监管机构应对金融机构的准入、运营、风险管理等进行监管,并制定相应的规则和标准。此外,对于金融产品的发行、销售和交易也需要进行全面监管,以保护投资者的权益和市场的稳定。

（3）全过程监管。监管机构应对金融市场的各个环节和过程进行全面监管。市场的设立和运营、交易的进行、信息的披露、投资者保护等环节都需要监管机构的关注和监管措施。全过程监管有助于发现和防范潜在的风险和问题,并及时采取相应的措施加以应对。

全面性原则的落实可以有效防范和化解金融市场中的各类风险,并确保金融市场的稳定和健康发展。通过全面监管,监管机构可以了解市场的全貌,发现市场中存在的问题和漏洞,及时制定相应的监管政策和措施,维护金融市场的公平、公正和透明。同时,全面性原则还有助于促进金融市场的创新和发展,推动金融业的转型升级。

2. 效率性

效率性原则的目的是提高金融市场的运行效率,尽可能地降低监管成本,并确保监管措施的有效性。

在金融市场监管中,效率性原则体现在以下几个方面。

（1）保证监管的有效性。监管机构需要确保其监管措施和政策的有效性,以实现监管目标,包括：制定切实可行的监管政策、规则和措施,监督和评估其实施效果。

（2）保证金融市场的竞争性。监管机构应确保金融市场具有公平竞争的环境。监管机构需要制定并执行反垄断和反竞争行为的政策与法规,防止市场参与者滥用市场支配地位,限制竞争,以维护市场的竞争性。

（3）提高金融市场效率。监管机构应致力于优化金融市场的运作效率。这通过降低监管的烦琐程度,简化监管程序和要求,降低市场参与者的遵从成本来实现。同时,监管机构还可以鼓励金融创新和科技应用,以提高金融服务的效率和质量。

（4）尽可能降低监管成本。监管机构在履行监管职责时应考虑监管成本的问题。过度繁重的监管要求和程序可能增加金融机构的运营成本,阻碍市场的发展。监管机构应寻求合理的监管措施,既能够保护市场和投资者的利益,又能够尽可能减轻监管成本的负担。

3. 公开、公平、公正

公开、公平、公正原则旨在促进金融市场的健康发展、维护投资者权益并且维护公共利益。

（1）公开性。监管机构应确保监管政策、规则和决策的透明度,向市场参与者和公众提供充分、准确的信息。

（2）公平性。监管机构应确保监管措施的制定和执行公平,不偏袒任何特定的市场参与者。公平性意味着所有市场参与者都应受到相同的待遇,监管机构不得歧视或偏袒任何一方,保证市场公平竞争的环境。

（3）公正性。监管机构应依法公正行事，对违规行为进行严厉打击，并保护投资者的合法权益。公正性要求监管机构对违规行为进行公正的调查和处理，确保违法行为者受到相应的法律制裁，并恢复受害者的权益。

二、对票据市场的监管

（一）票据市场的基本概念

票据市场是票据通过流通转让进行交易的场所。票据市场是货币市场的重要组成部分，是主要从事短期交易或融资业务的场所。票据市场是唯一直接为实体经济提供融资服务的货币市场子市场；对于中央银行来说，促进票据市场发展已成为拓宽基础货币投放渠道、完善货币政策传导机制的一个重要的手段。

票据市场按票据发行主体来划分，有银行票据市场、商业票据市场；按交易方式来划分，有票据发行市场、票据承兑市场和票据贴现市场；按照票据的种类划分，有商业银行票据市场、银行承兑汇票市场、银行大额可转让定期存单市场、短期以及融资性票据市场。

由于银行承兑汇票和商业银行票据是投资者进行短期投资与金融机构进行流动性管理的重要工具，银行承兑汇票市场和商业银行票据市场也成为票据市场最主要的两个子市场。

（二）票据市场的监管机构

票据市场主要由央行进行监督和管理。《商业汇票承兑、贴现与再贴现管理办法》《票据交易管理办法》和《票据法》明确规定了央行对票据市场的监管要求。

（三）票据市场监管制度

（1）央行管理票据市场参与者的准入和退出。央行规定票据市场参与者包括法人类参与者和非法人类参与者。法人类参与者必须依法合规设立，拥有完善的公司治理结构和内部控制、风险管理机制，拥有熟悉票据市场和专门从事票据交易的人员，具备相应的风险识别和承担能力，了解并承担票据投资风险且符合中国人民银行的其他要求。非法人类参与者其产品设立应符合相关法律法规和监管规定，并已获得金融监督管理部门的批准或备案。其产品委托托管人进行独立托管，托管人对资金进行分账管理和单独核算。产品管理人必须具备相关金融监督管理部门批准的资产管理业务资格。

（2）央行管理票据交易和结算。央行对票据交易的各方面作出了明确的监管规定，包括：票据信息登记和电子化，票据托管，票据交易结算与到期处理，票据市场基础设施建设。上海票据交易所作为票据交易的主要交易所，是中国人民银行指定的提供票据交易、登记托管、清算结算和信息服务的机构。结算流程涉及所有权转移、清算和支付，这些流程受到监管以确保透明度和效率。

(3) 央行管理票据市场风险。央行要求金融机构在票据业务中进行审慎管理和有效控制,包括商业汇票的承兑和贴现业务;要求承兑人和贴现人具备良好的财务状况和经营能力,且不能有持续逾期或未披露信息等不良行为;同时,规定了银行和财务公司承兑汇票的最高额度限制,以及商业汇票的付款期限。[①]

(4) 央行督促票据市场主体进行信息披露。发行人和交易平台在金融票据市场中需要进行定期与临时的信息披露及报告,包括财务状况、风险提示、债务偿还能力等信息。如商业承兑汇票和财务公司承兑汇票的信息披露,贴现人和背书人的信息核对等。

三、对同业拆借市场的监管

(一)同业拆借市场的概念

同业拆借,或同业拆款、同业拆放、资金拆借,又称同业拆放市场,是金融机构之间进行短期、临时性头寸调剂的市场,是指金融机构之间进行短期资金融通的行为,一些国家特指吸收公众存款的金融机构之间的短期资金融通,目的在于调剂头寸和临时性资金余缺。

(二)同业拆借市场监管的原则和内容

同业拆借市场是金融机构之间相互调剂、融通短期资金的市场。中国人民银行对同业拆借市场监管的基本原则有:①协调自愿、平等互利、自主成交;②短期使用;③坚持按期归还。

同业拆借市场监管的内容包括:①同业拆借参加对象的资格审定,例如,证券公司应在申请进入同业拆借市场前最近两个年度连续盈利,同期未出现净资本低于 2 亿元的情况;保险公司应在申请进入同业拆借市场前最近四个季度连续的偿付能力充足率在 120% 以上。②拆借资金用途的管理。③拆借期限和利率的控制。④拆借金融机构的资金安全比例限制,例如,政策性银行的最高拆入限额和最高拆出限额均不超过该机构上年末待偿还金融债券余额的 8%;中资商业银行、城市信用合作社、农村信用合作社县级联合社的最高拆入限额和最高拆出限额均不超过该机构各项存款余额的 8%。⑤督促商业银行建立健全自我约束机制,按照自身的资金可能和清偿能力控制拆借总量。⑥商业银行间的债券回购业务,必须通过全国统一同业拆借市场进行,不得在场外进行。

---

① 商业汇票承兑、贴现与再贴现管理办法[EB/OL]. (2022-11-18). https://www.gov.cn/zhengce/zhengceku/2022-11/18/content_5727779.htm;票据交易管理办法[EB/OL]. (2016-12-05). https://www.gov.cn/gongbao/content/2017/content_5213210.htm.

四、对银行间债券市场的监管

（一）银行间债券市场的概念

银行间债券市场是中国境内金融机构之间进行债券交易的场所。银行间债券市场的市场投资者主要有金融机构投资者和非金融机构投资者，交易方式有询价、点击成交、请求报价和匿名点击，由中央国债登记结算有限责任公司（以下简称"中债登"）和银行间市场清算所股份有限公司（以下简称"上清所"）作为登记清算机构，以实时全额逐笔结算为结算方式，回购规模不设置上下限，交易风险由双方自行承担。中国人民银行是银行间债券市场的监管机构。

（二）银行间债券市场的主要债券种类

银行间债券市场的债券一般主要分为利率债和信用债两大类。利率债的发行人基本是国家或有中央政府信用做背书、信用等级与国家相同的机构，可以认为不存在信用风险；而信用债的发行人则几乎没有国家信用做背书，需要考虑信用风险，和利率债之间存在"信用利差"。利率债主要受利率变动影响，包括长短期利率、宏观经济运行情况、通胀率、流通中的货币量等。

（三）银行间债券市场的监管机构和制度

中国人民银行是银行间债券市场的监管机构，交易商协会为自律监管准入机构，除了自律监管的职能外，还负责非金融企业债务融资工具的注册；全国银行间同业拆借中心（以下简称"交易中心"）负责组织本币、外币及其衍生品的交易，本币交易又包括货币、债券、利率衍生品及票据的交易等，相当于股票市场中的上海证券交易所和深圳证券交易所；而中债登和上清所都是银行间债券市场的登记托管结算机构，两者负责登记托管的产品不同，中债登主要负责利率债和部分信用债，上清所主要负责信用债，类似于股票市场中的中国证券登记结算有限公司（中证登）。

中国人民银行负责制定银行间债券市场的发展规划、管理规定，对市场进行监督管理，规范和推动市场创新。2003年修正的《中华人民共和国中国人民银行法》规定银行间债券市场由中国人民银行监管，为提高交易效率、规范交易环境，中国人民银行陆续发布了一系列管理规定，并建立了银行间债券做市商制度、结算代理人制度、货币经纪制度。这些制度办法的出台，规范了银行间债券交易，也活跃了市场。与此同时，中国人民银行也对银行间债券市场进行日常监督和管理，制定市场准入、交易、会计处理、税收安排、基础设施安排、信息披露、投资者保护等制度，并负责对市场参与者的债券交易、托管结算等违规行为进行处罚，维护市场正常秩序。

中国银行间市场交易商协会是由市场参与者自愿组成,包括银行间债券市场、同业拆借市场、外汇市场、票据市场和黄金市场的银行间市场自律组织,负责制定行业自律规则、业务规范和职业道德规范,并负责监督实施。

交易中心作为市场中介组织,为市场提供交易、信息、监管三大平台及相应的服务。

中债登主要为银行间债券市场提供托管和结算服务,另外为市场参与机构提供每一只银行间市场的品种的估值及债券收益率曲线,是银行间债券市场的后台之一。市场成员必须事先在中债登开设托管账户,以办理债券结算。

上清所为短期融资券提供结算服务,其他银行间债券品种仍通过中债登完成。

五、对证券市场的监管

(一)证券市场监管内容

证券监管是以明确证券监管为目的,通过维持"三公"的基本原则即公平、公正、公开的市场秩序来保护证券市场参与者合法权益的工作,并促进证券行业的不断发展。通过法律手段和经济手段,切实保证中小投资者的利益,促进国民经济的稳定发展。其中,证券市场监管的主要内容是:①证券发行核准制;②信息披露制度;③证券交易所的信息公开制度;④对操纵市场的行为。

(二)证券市场监管原则

证券市场监管主要有以下四个原则。

(1)依法监管。监管机构依据法律对证券市场参与主体进行规范和监督。

(2)保护投资者利益。从资本市场的发展历程来看,保护投资者利益,让投资者树立信心,是培育和发展市场的重要环节,是证券监管机构的首要任务和宗旨。

(3)"三公"。"公开原则"要求证券市场具有充分的透明度,实现市场信息的公开化。"公平原则"要求证券市场不存在歧视,参与市场的主体具有完全平等的权利。"公正原则"要求证券监管机构在公开、公平原则的基础上,对一切被监管对象给予公正待遇。

(4)监督与自律相结合。在加强政府、证券监管机构对证券市场监管的同时,也要加强从业者的自我约束、自我教育和自我管理。

(三)证券市场监管制度

1. 发行监管制度

我国从接触证券市场至今,从最开始的监管权模糊不清,到审批制,再到核准制以及现在核准制和科创板采用的注册制并行的方式。这一系列的制度变化可以看出,我国证券市场监管制度正在朝市场主导的方向发展。随着证券市场的发展,监管也变得更为复杂化,形成发行人、保荐人、金融中介机构以及监管机构四方相互牵制的局面。但是由于制度不够完善,存在各方之间的利益关系难以厘清的情况,许多无法有效监管的情况时有发生。

2. 收购监管制度

收购概念源于英美法上的"takeover"与"acquisition"。我国就并购存在两种不同的观点:①收购该公司的股份就是想取得该公司的控制权;②收购该公司的股份不仅仅为了取得控制权也为了巩固对该公司的控制权。两者的区别在于是否存在巩固控制权的情况。同时,也存在两种收购制度:权益法披露收购制度和要约收购制度。在相关规定的映衬下,当下的监管制度还不够完善,无法真正实现"三公"政策。

3. 借壳上市监管制度

借壳上市指一家非上市公司将其核心资产注入一家市值较低的已上市公司,其复杂程度较高,一般是通过收购、资产置换等方式取得已上市公司的控股权。2023 年 2 月中国证监会修订的《上市公司重大资产重组管理办法》对借壳上市提出了更为严格的法规要求,对成功借壳后的收购人及其关联人履行义务和程序的要求更加明确与细化;逐步完善的市场体系以及出台的《关于改革完善并严格实施上市公司退市制度的若干意见》《上市公司重大违法强制退市实施办法》等相关退市制度,对通过借壳上市的融资行为更加规范,将导致借壳上市的市场需求有所下降。

4. 上市公司信息披露监管制度

信息披露是上市公司的一项法定义务。其目的是使投资者获得全面、准确的市场信息,同时也防止在证券交易中出现欺诈和操纵行为。按照《中华人民共和国证券法》的规定,上市公司必须定期向社会公开其经营和财务状况以及一切可能会影响投资者进行投资判断的重要信息,以保护投资者的权益。所有监管制度均是以信息披露制度为基础,因此监管制度的改革也通常发生在对信息披露制度改革的前提下。

六、对外汇市场的监管

(一)外汇市场监管的机构和制度

我国的外汇由中国人民银行进行总体监管,中国外汇交易中心作为中国人民银行直属事业单位负责汇率检测并提供银行间外汇交易市场,国家外汇管理局同样作为中国人民银行的下属机构,负责具体外汇事务管理,如国际收支及外汇储备相关监督。

(二)外汇市场监管的内容

中国实行外汇管制的具体措施和形式随着国内外形势的变化而不断调整与完善,主要包括三个方面:对外汇收支进行登记和审批,对外汇兑换进行管理和限制,对外汇持有和使用进行监管与引导。

（1）对外汇收支进行登记和审批。中国对外汇收支实施登记制度，即所有涉及外汇收支的单位和个人都必须向国家外汇管理局或其授权机构登记，并提供相关的合同、发票、单证等资料，以进行监督和统计。此外，中国还对某些特定的外汇收支项目实施审批制度，即在进行相关的外汇交易之前，需要向国家外汇管理局或其授权机构申请并获得批准。例如，涉及国家安全、国家利益、国际义务等方面的外汇收支项目，如对外债务、对外援助、对外支付等，都需要事先审批。

（2）对外汇兑换进行管理和限制。中国实施外汇兑换管理制度，即所有涉及外汇兑换的单位和个人必须通过国家指定的银行或其他金融机构进行外汇兑换，不得使用非法渠道或市场。此外，中国还对某些特定的外汇兑换项目实施限制制度，即在符合一定条件和要求的情况下才能进行相关的外汇兑换。例如，对居民个人的境内外汇兑换，设有每年5万美元的限额；对非居民个人的境内外汇兑换，设有每次1万美元的限额。

（3）对外汇持有和使用进行监管与引导。中国实施外汇持有和使用的监管制度，即所有涉及外汇持有和使用的单位与个人都必须遵守国家的法律法规及政策规定，不得违规或滥用外汇。此外，中国还对某些特定的外汇持有和使用项目实施引导制度，通过激励或约束措施，鼓励或限制相关的外汇交易。例如，对企业的境内外汇贷款，鼓励其用于进口或出口；对企业的境内外汇存款，鼓励其用于结售汇或购买理财产品；对个人的境内外汇存款，鼓励其用于购买理财产品或以个人投资者身份参与银行间债券市场试点等。

第三节　金融机构监管

监管层关注金融机构通过实施全周期监管，对不同业态的金融机构进行全领域监管，从市场准入的监管、对业务经营活动的监督检查、对有问题机构的处理以及化解风险的措施等多个方面建立立体化监管体系，从而提升监管效能，确保监管的全面性和及时性，防止在某个环节出现监管盲区。

一、全周期监管

（一）市场准入监管

金融机构市场准入监管的目标是，通过在金融机构审批环节上对整个金融体系实施有效的控制，保证金融机构的数量、结构、规模和分布符合国家经济金融发展规划和市场需要，并与监管能力相适应。

金融机构市场准入要求必须有符合法律规定的章程，有符合规定的注册资本最低限额，有具备任职专业知识和业务工作经验的高级管理人员，有健全的组织机构和管理制度，有符合要求的营业场所、安全防范措施和与业务有关的其他设施。

（二）市场经营监管

对金融机构市场经营监管的具体内容在各国之间并不完全相同，但一般都将监督检查的重点放在金融机构的业务经营合规性、资本充足性、资产质量、流动性、盈利能力、管理水平和内部控制等方面。

对金融机构市场经营监管主要是通过现场稽核检查和非现场监控的方式实现的。现场稽核检查是指监管层派专人进驻金融机构，对其业务经营情况实施全面或专项的检查、评价和处理。非现场监控是监管层通过现代化的金融风险预警系统，对金融机构的业务活动进行全面、连续的监控，随时掌握金融机构的运行状况，对存在的突出问题和风险因素，及时采取防范和纠正措施。

（三）市场退出监管

1. 对有问题机构的处理

对金融机构的一般性问题，要责令其限期纠正；对违法违规行为，除责令限期纠正外，要视情节轻重，依法对金融机构给予相应的处罚。对违法违规行为的主要负责人和有关责任人员要给予纪律处分，构成犯罪的，依法追究刑事责任。

2. 化解风险的措施

当金融机构已经或者可能发生信用危机、严重影响存款人利益时，中央银行可以对其实施强制性接管。当个别金融机构遇到无法克服的临时流动性困难，有可能动摇公众信心或影响金融体系稳定时，监管层根据需要可通过协调和组织行业支持、提供临时贷款等方式开展紧急救助。

如采取纠正措施或紧急救助之后，金融机构仍然无法恢复正常经营能力，中央银行则应尽力促成有实力的金融机构对其进行兼并或收购。当所有努力都无法奏效时，中央银行将采取吊销经营许可证的断然措施，以防止危机蔓延，维护金融体系的安全、完整与稳定。"包商银行破产案"的处置就是一个典型案例。

包商银行股份有限公司（以下简称"包商银行"）于 1998 年 12 月 28 日经中国人民银行批准设立，前身为包头市商业银行，2007 年 9 月 28 日经中国银监会批准更名为包商银行，成为区域性股份制商业银行，总部设在包头市，在被政府接管前，包商银行资产总额为 5 500 亿元，员工有 8 000 名左右。

2019 年 5 月 24 日，包商银行因出现严重信用风险，被中国人民银行、中国银保监会联合接管。接管组全面行使包商银行的经营管理权，并委托中国建设银行托管包商银行的业务。报告称，接管当日，包商银行的客户约 473.16 万户。其中，个人客户 466.77 万户，企业及同业机构客户 6.36 万户。包商银行的客户数量众多，服务的企业与合作的同业交易对手遍布全国各地,一旦债务无法及时兑付,极易引发银行挤兑、金融市场波动等连锁反应。

2020年11月,包商银行发布公告称,因资不抵债,该行被北京市一中院裁定破产。这意味着,包商银行将成为新中国成立以来继海南发展银行、河北肃宁尚村农村信用社之后又一破产的银行。

包商银行的破产处置主要经历了宣告接管、清产核资、破产重组三个阶段。综合央行、中国银保监会、包商银行接管组及媒体披露的信息来看,包商银行破产处置的具体债权清偿机制如下①:

包商银行资不抵债金额约为2 200亿元。依法将原股东在包商银行的股东权益318亿元清零(其中包括"明天系"在包商银行89%的股东权益);将包商银行在2015年发行的65亿元二级资本债(期限10年,固定利率4.5%)全额减计。

徽商银行收购包商银行4家异地分行,承接与收购资产账面净值等额的负债。根据徽商银行《收购承接包商银行部分资产负债须予披露的交易》公告,承接的资产账面价值和负债总额均为983.83亿元,资产评估值为653.47亿元。因此,包商银行330.36亿元资不抵债金额由徽商银行承接。徽商银行收购4家分行的业务价值为人民币153亿元,无须为本次收购向包商银行支付对价。承接负债与收购资产评估值轧差的金额,扣减应支付的业务价值金额,剩余款项为177.35亿元,由存保基金在收购协议签署后30个工作日内转账至徽商银行。

蒙商银行注册资本为200亿元。其中由存保基金出资66亿元持股27.5%,徽商银行出资36亿元持股15%,建信投资出资12亿元持股5%,内蒙古自治区财政厅、包头市财政局及多家当地国企共出资126亿元,持股52.5%。蒙商银行共募资240亿元,其中约40亿元股本溢价用于支付偿还包商银行的债务缺口。

存保基金直接按市场价收购"明天系"形成的不良资产1 500亿元(超出存保基金可承受部分由央行再贷款支持)。据此测算,最终包商银行大额债权人须承担约329.65亿元的资金损失。长期以来,包商银行一直缺乏核心存款,过度依赖同业负债融资。按照《存款保险条例》,同业债权并不属于刚兑范畴,受损失的大额债权人多为同业债权,如徽商银行、贵州银行、青岛农商银行等同业债权人均有所损失。

综合国内的商业银行破产案例及其监管处置来看,陷入财务困境的银行大多为中小银行,且政府也一直对所有债权人(含存款人)进行全额担保。相比对以往银行破产的处置,监管机构处置包商银行破产最大的不同在于政府未对所有银行债权人做全额担保。其中5 000万元以下的债权人均得到本息全额保障,但5 000万元以上的债权人承受部分损失。根据《中国金融稳定报告(2021)》,整体而言,包商银行破产后,所有债权人的整体保障覆盖率高于90%。

---

① 周臻,刘力源,王先爽.打破中小银行隐性担保预期的影响——来自包商银行破产事件的证据[J].清华金融评论,2023(7):109-112.

二、全领域监管

在全领域监管模式下,监管部门会对银行、证券、保险等不同类型的金融机构的业务进行全面、协调一致的监管。这样可以有效减少各监管机构之间的协调成本和监管漏洞,避免金融市场的复杂性而造成监管空白,减轻监管部门和金融机构的负担,同时有助于增强监管的整体效果。全领域监管有利于促进各金融业务的交互合作,避免金融市场的恶性竞争,防范金融风险的发生,提高金融市场的稳定性和透明度,使整个金融机构更加健康、稳定地发展。

(一)对商业银行的监管

商业银行是现代金融体系的基础,因而银行监管在金融监管中占据核心地位。对其监管主要体现在以下方面。

1. 市场准入监管

银行准入控制的目的是:保证新设立的银行具有良好的品质,保证银行机构的数量、结构、规模和分布符合国家经济发展规划的要求与市场的需求,促进银行业的适度竞争。市场准入监管主要包括对商业银行设立和组织机构的监管以及对商业银行业务范围的监管。市场准入监管的核心内容是注册资本金、高级管理人员任职资格和业务范围等。

2. 商业银行日常运营监管

商业银行日常运营监管的重点是:资本充足率监管、流动性监管、贷款集中度监管、资产质量监管、呆账准备金监管、内部控制监管等。

3. 银行危机处理及市场退出监管

(1)商业银行危机处理的方式有紧急救助、接管和并购。紧急救助是指对于面临暂时流动性困难的银行,监管当局既可以给予直接的资金借贷,也可以出面担保来帮助银行渡过难关。2023年3月,瑞士信贷银行在经历美国硅谷银行和签名银行接连倒闭后,出现了股价暴跌和严重的亏损,瑞士央行向其提供了540亿美元的紧急救助,以帮助其渡过危机。

接管是指当面临财务困难的银行继续经营的价值大于立即破产清算的价值时,为保护债权人利益、避免因银行倒闭造成震荡,监管层可予以接管。在2020年8月包商银行进入破产程序前,中国人民银行、中国银保监会会同中国建设银行对其进行了接管。

并购分援助性和非援助性两种。援助性并购下,监管当局会提供资金援助,并购者只承担部分债务。非援助性并购下,并购者要承担全部债务,不过可以享受到开办新业务、增加分支机构等方面的优惠。

(2)市场退出监管。当监管当局对危机银行的各种挽救性措施均告失败之后,那么法院将依法宣布该银行破产。破产并不是银行退出市场的唯一方式。若银行在经营中违法违规,监管机构会令其限期整改,情节特别严重或逾期不加改正者,监管机构将吊销其营业执照,关闭该银行。此外,银行也可能由于合并、分立或是基于银行章程规定的解散事由而自行解散。

(二)对证券行业的监管

1. 对证券交易所的监管

(1)对证券交易所的市场准入监管,分为特许制、登记制、承认制三种类型。特许制即持牌照经营,例如日本等国规定,证券交易所的设立须经有关管理部门批准。我国及大多数国家采取特许制。登记制规定在证券交易额规定限额以上的交易机构必须向证券交易管理机构登记,以美国 NASDAQ(纳斯达克)为代表。承认制则为英国伦敦证券交易所(LSE)所特有。

(2)对交易所的监管主要是对欺诈和操纵等不法行为进行监管。监管机构主要通过审查交易所章程、业务规则和决议的内容,规定交易所报告业务,监督检查交易所的业务、财务状况,调查违法、违规事件等方式对证券交易所进行监管。

监管机构对欺诈行为监管。首先,监管层(即中国证监会)定期审查交易所的章程、业务规则和决议,以确保其符合相关法律法规和监管要求,以防止欺诈行为的合法漏洞。其次,监督交易所报告业务,并对其进行审查,以确保交易所提供的信息真实准确,防止虚假信息误导投资者。同时,监管机构会对交易所内部的潜在欺诈行为进行调查,以发现和查处可能存在的欺诈行为,保护投资者的合法权益。

监管机构同样对操纵行为进行监管。监管机构会对交易所内的市场操纵行为进行监督检查,确保市场公平、公正、透明。对于怀疑存在操纵市场的行为,监管机构会展开调查,追查相关当事人的交易活动,防止市场操纵行为对投资者造成不公平损失。监管机构也会规定交易所报告关于操纵行为的情况,使其更易于被发现和查处。

监管机构监督证券交易所的业务、财务状况。监管机构会对交易所的业务和财务状况进行监督检查,以确保交易所的运营符合规范,保证市场的稳健运行。监管机构会审查交易所的财务报告,确保交易所合理运营、财务状况健康,防止出现违规行为或风险积聚。

监管机构会对涉嫌违法、违规的事件进行调查,包括涉及交易所本身或交易所参与者的行为。监管机构会采取必要的措施,如听证、调查取证等,以查清事实,对涉事方采取相应的法律制裁或行政处罚。

2. 对券商的监管

(1)业务范围监管,主要是证券业和银行业是分业经营还是混业经营的问题。在我国,后者主要是采取金融控股集团的形式实现的。然而,随着金融市场的发展和金融创新的推进,为了适应经济的需要和金融业的多元化,中国引入金融控股集团这一形式,实现了证券业和银行业的混业经营。金融控股集团由一个控股公司牵头,旗下拥有证券公司、银行、保险公司等多家金融子公司,实现不同类型金融业务的跨界整合。这种混业经营的模式旨在促进金融机构间的资源共享和业务协同,提高整体金融体系的效率和稳健性。

(2)经营行为监管,各国一般都通过相应的法律法规对券商的经营行为作出许多禁止性的规定,以防止券商损害委托人的利益。例如,《证券公司监督管理条例》作为中国的重要法规,对证券公司的经营行为进行监督管理。其中对券商的经营行为作出的禁止性规定主要包括以下几项。

① 禁止欺诈行为:禁止证券公司进行虚假陈述、误导性宣传等欺诈行为,以确保投资者获得真实、准确的信息。

② 禁止内幕交易:禁止证券公司及其雇员利用未公开信息进行交易,保护投资者的合法权益。

③ 禁止操纵市场:禁止证券公司和投资者通过不正当手段操纵市场价格或市场行为,维护市场的公正和透明。

④ 禁止违规披露:禁止证券公司故意隐瞒重要信息或进行虚假披露,确保投资者获得充分的信息。

⑤ 禁止违规交易和操作:禁止证券公司违反交易规则和操作准则,维护市场秩序和稳定。

(3)财务监管。财务监管的目的是对证券商所持有的客户的资金和证券提供安全保证,使券商资产保持合理的流动性,以保障市场的稳定和投资者的权益。监管机构采取多种方式来进行财务监管,包括但不限于以下几个方面。

① 监管机构规定了证券公司必须满足的最低资本要求。这些资本要求通常基于公司的规模、业务风险、持有的资产和承担的责任等因素。证券公司必须确保其资本水平不低于监管机构规定的最低标准,以确保其具备足够的资本实力来应对潜在的风险。

② 监管机构对证券公司的资金运营进行监督,确保客户资金安全。监管机构通常要求证券公司将客户资金与自身运营资金严格分离,确保客户资金不会被挪用或用于其他用途。同时,监管机构还会监督证券公司的资金流动,以确保其资金来源合法合规,并保持合理的流动性,防止资金链断裂。

③ 监管机构要求证券公司建立完善的风险管理体系,包括市场风险、信用风险、操作风险等的管理措施。证券公司必须对可能面临的风险进行评估和制定应对策略,并定期向监管机构报告其风险状况和应对措施。

④ 监管机构要求证券公司按规定定期向其报告财务状况,包括资产负债表、利润表、现金流量表等。这些财务报告应当准确、透明,反映证券公司的真实经营状况,供监管机构监督和评估其财务健康状况。

⑤ 监管机构会定期对证券公司进行审计监督,确保其财务报告的准确性和合规性。审计过程中,监管机构可能会检查证券公司的账务处理、内部控制体系等,以确保其财务管理符合监管要求。

3．对上市公司的监管

对上市公司的监管主要是执行信息披露制度，规范上市公司行为。证券发行和上市前，上市公司必须向投资者提供招股说明书、上市公告书、债券募集办法及其他资料。证券上市后，上市公司对有关信息须进行定期披露，主要包括反映经营业绩和财务状况的年度报告与中期报告。2023 年，我国股票发行注册制全面实施，相比过去的核准制，注册制发行条件更加精简优化，更具包容性，尤其是审核流程可预期性更高，发行承销机制也更加市场化。然而，注册制在监管上更加强调以信息披露为核心，压实发行人信息披露第一责任及投行等中介机构的"看门人"责任，信息披露质量和投行执业质量的监管力度将得到强化。

4．对证券从业人员的监管

（1）证券从业人员资格管理。国际通行的做法是对证券从业人员进行资格考试和注册认证。证券从业人员在取得证券从业人员资格证书后，方能从事证券专业工作。

（2）证券市场禁入制度。该制度规定，进行欺诈活动或其他严重违法违规行为者可被监管机构认定为市场禁入者，在一定时期内或永久性不得从事证券业务。

（3）监管从业人员培训和持续教育。中国监管机构要求证券公司建立健全从业人员培训和持续教育制度。证券从业人员在获得从业资格后，需要定期参加培训，以更新他们的专业知识，了解最新的监管政策，并提高业务能力，为投资者提供更加专业的服务。

（三）对保险行业的监管

1．市场准入监管

市场准入监管的目的是确保保险公司具备一定的资质、实力和稳健性，以保障保险市场的稳定和消费者的权益。其主要体现为保险公司设立审批、新设立保险公司的资本金和保证金要求、保险公司的组织形式的确定等。

保险公司须满足一定的注册资本要求，确保其具备足够的资金实力来承担保险责任和应对可能的风险。不同类型的保险公司可能有不同的资本要求。保险公司需要具备充足的偿付能力，即保险公司应有足够的资金来履行保险合同项下的理赔和赔款义务。保险公司需要建立完善的内部管理制度和风险管理体系，确保公司的经营管理合规、稳健。保险公司需要提交风险评估报告，评估公司可能面临的各种风险，并提出相应的防范和控制措施。

2．日常运营监管

日常运营监管主要体现为对保险公司的经营范围的监管、对保险产品的条款和费率的审查与监管、对保险公司偿付能力的监管、对保险公司承保限额的监管等。

（1）对保险公司的经营范围的监管。确保保险公司只在其获得准入许可的业务范围内开展经营活动，防止保险公司跨界经营或从事未经批准的业务，从而维护市场秩序和消费者的权益。

（2）对保险产品的条款和费率的审查与监管。保险条款必须符合相关法律法规,合理明确各方的权利、义务,防止不合理或含糊的条款损害消费者权益。费率监管主要确保保险费率公平合理,既不损害保险公司的经营,也不过度损害消费者权益。

（3）对保险公司偿付能力的监管。偿付能力是指保险公司有足够的资金来承担其保险责任,包括支付理赔和赔款。监管机构会对保险公司的偿付能力进行评估和监管,确保其在经营过程中不会因为资金短缺而无法承担保险责任,保障保险合同的履行。

（4）对保险公司承保限额的监管。保险公司在承保保险业务时,需要遵守一定的承保限额,旨在控制保险公司在某一类业务或某一风险上的暴露程度,防止公司过度集中风险,确保公司资金充足和风险分散。

（四）对信托行业的监管

扩展阅读8.2　安邦保险破产案的启示

信托行业的监管参与方有国家金融监督管理总局、中国信托业协会和中国信托登记有限责任公司。国家金融监督管理总局为信托行业的监管机构,中国信托业协会为行业自律组织,中国信托登记有限责任公司则为信托产品的登记和信息管理机构。

1. 国家金融监督管理总局

国家金融监督管理总局依托相关法律法规,明确信托公司的经营行为规范,加强风险防控,保护投资者利益。

国家金融监督管理总局的监管措施主要包括:规定信托公司设立和运营的准入条件,以确保行业健康发展;要求信托公司向投资者充分披露产品信息、风险提示等,提高透明度,防范信息不对称;要求信托公司保持足够的资本充足率,防范经营风险;加强对信托公司的风险监测和评估,及时发现和应对潜在风险;对违规违法的信托公司进行严厉处罚,维护市场秩序和投资者权益。

2. 中国信托业协会

中国信托业协会通过一系列措施来进行行业自律,以确保信托行业的规范经营和良好发展。中国信托业协会制定并发布行业内的自律规则和标准,规则和标准涵盖了信托公司的经营行为、内部管理、风险控制、信息披露等方面。这些规则和标准旨在约束信托公司的经营行为,维护行业整体稳定和信托产品投资者的合法权益。

中国信托业协会对所有加入会员的信托公司进行监督和管理。通过开展日常检查和定期审查,中国信托业协会监督信托公司是否遵守行业规则和标准,是否合规经营。对于发现的问题和违规行为,中国信托业协会将及时进行警示、整改或纠正,并依据情况采取相应的惩罚措施。

同时,作为行业组织,中国信托业协会参与与信托业相关的法律法规、政策制定过程,向政府和监管部门反映行业意见,推动行业规范建设和改革。

3．中国信托登记有限责任公司

中国信托登记有限责任公司是于 2016 年成立的机构,其主要职责是在信托行业监管中发挥重要作用,其使命在于规范信托产品的发行和运作,涵盖信托产品的发行、交易、清算、结算以及信息披露等环节,并在信托行业监管中发挥了较为重要的作用。通过对信托产品的登记、信息披露和受益权流转的管理,中国信托登记有限责任公司保障了投资者的权益,促进了信托市场的健康发展。

(五) 对新兴金融业态的监管

1．新兴金融业态的发展背景和特点

互联网技术的蓬勃发展和数字化浪潮的兴起,为新兴金融业态的发展提供了有利条件。以互联网金融和数字金融为代表的新兴金融业态异军突起,成为推动经济转型升级和金融创新的重要力量。

移动互联网、人工智能、区块链等技术的成熟应用,为金融行业带来了前所未有的机遇,满足了人们对金融服务的多样化需求。新兴金融业态的核心是创新。其通过运用先进科技、金融工具和商业模式,满足用户多样化的金融需求,为传统金融行业未能涉足或未能有效满足其需求的领域提供服务。新兴金融业态通过技术手段,大大降低了金融交易的时间成本和空间成本,扩大与提升了金融服务的覆盖范围和用户体验,体现出高效、便捷的特点。同时,新兴金融业态不拘泥于传统金融业的边界,在技术和资本的推动下,积极拥抱其他领域,形成融合创新,如金融和科技的融合、金融和医疗的融合等。然而,新兴金融业态由于其创新性和复杂性,也带来了一些风险和挑战:如信息安全、数据隐私保护等问题,需要得到有效应对;新兴金融业态通常跨越传统金融和科技领域,监管涉及多个部门和机构,需要加强跨界合作和信息共享;监管可能滞后于创新,需要监管部门采取更加灵活和高效的监管模式等。

2．新兴金融业态的监管措施

新兴金融业态的监管主体多样化,除了传统的金融监管机构外,还需要网络信息安全监管机构、科技部门甚至司法部门的参与,同时展开国际合作。其具体的监管措施如下。

(1) 准入门槛和审批制度:制定明确的准入门槛,对新兴金融业态中的金融机构进行审批,确保其合规运营,防范金融风险。

(2) 信息披露和透明度:要求新兴金融业态中的机构向公众充分披露其业务模式、风险管理措施、收费标准等信息,提高市场透明度,让用户充分了解相关产品和服务的风险与利益。

(3) 风险评估和监测:建立风险评估和监测机制,对新兴金融业态进行风险评估,及时发现和应对可能存在的风险问题,以防范系统性风险的发生。

(4) 制定法律法规和标准:针对新兴金融业态的发展,制定相关法律法规和标准,明确各方责任和义务,规范行业发展,保护投资者权益。

（5）鼓励创新与监管并重：政府鼓励金融科技创新，为新兴金融业态提供政策和资金支持，但同时要求监管部门密切跟踪行业发展，及时出台相应监管措施，保障创新与稳健并行。

（6）加强国际合作：新兴金融业态往往具有跨境性质，涉及多个国家和地区。因此，加强国际合作，建立跨境监管机制，共同应对跨境金融风险，是监管新兴金融业态的重要一环。

三、我国未来金融监管的趋势及方向

2023年3月，中国金融监管框架进行了最新调整，这标志着中国金融监管将进入一个新的发展阶段。随着金融创新的不断深化，传统的机构监管模式已经难以适应现代金融市场的复杂需求。未来中国金融监管的发展趋势将以逐步建立"三层＋双峰"的立体式监管框架为核心，强调功能监管和行为监管，突出金融消费者保护，优化现代中央银行制度，完善国有金融资本管理体制。这些措施将有助于应对日益复杂的金融市场挑战，推动中国金融监管体系更加高效、灵活、适应性强地发展。

（一）现代中央银行制度下货币政策更加精准

为了提高货币政策的传导效果和实施成效，中国人民银行将进一步厘清货币政策的传导途径，构建现代中央银行制度。撤销大区分行，按行政区设立分支机构，能够更加精准地推进货币政策的传导，提高货币政策的针对性和有效性。

（二）从机构监管向功能监管和行为监管过渡

面对金融创新带来的监管难题，中国金融监管将从过去的机构监管模式转变为更加注重功能和行为监管。由于金融混业经营的趋势日益明显，不同类型机构的业务交叉越来越多，传统的机构监管已经难以应对，因此，未来监管机构将更加注重金融行为的监管，确保金融机构的行为符合监管标准，避免监管空白和监管重叠。

（三）逐步确立"三层＋双峰"的立体式监管框架

中国金融监管框架将逐步确立"三层＋双峰"的模式，即中央金融委员会、中央金融工作委员会作为顶层，统筹协调金融稳定和发展的工作；国家金融监督管理总局、中国证监会等作为中间层，负责行为监管和具体机构监管；地方金融监督管理局作为底层，负责地方金融稳定和发展。这种多层次、多部门协同的监管模式将更好地适应金融市场的多样性和复杂性。

（四）重视金融消费者保护

随着金融市场的不断发展，大量长尾用户进入金融领域，对金融消费者保护提出更高要求。因此，未来中国金融监管将更加注重金融消费者保护，保障消费者权益，防范金融风险，维护金融市场秩序。

即 测 即 练

- **思考与练习**

1. 金融监管的主要原则有哪些?

2. 分别简述商业银行、保险公司、证券公司的监管内容。

3. 谈谈你对全周期监管、全领域监管的理解。

4. 谈谈你对我国未来金融监管趋势的看法。

第九章

商业银行金融风险管理领域前沿问题思考

- **本章学习要点**

1. 了解中国银行业监管实践方面的问题；

2. 了解中国金融机构风险管理水平提升的问题；

3. 了解银行业目前在风险管理中的难点及对问题思考。

本章所列问题是我国商业银行经历 20 多年风险管理之后，仍然没有解决的问题，既包含基本理念、基础理论问题，也包含业务操作和管理中的实际问题，均属于业务前沿的问题，并对业务的发展和管理形成束缚和桎梏。作为金融风险管理的学生或业界人士，在完成相关专业领域的知识学习时，在已从事相关工作或即将走向工作岗位时，有必要对本学科领域中目前尚未解决的前沿问题有一个大致的了解。带着这些问题去思考金融风险领域的很多问题，将会有更多的感悟和收获。

所列问题并非穷尽，仅仅起到抛砖引玉的作用。未尽问题还需要我们在工作实践中从专业视角不断发现、归纳和总结。

第一节 商业银行监管实践问题

本节所列问题是从商业银行被监管的视角，通过业务实践归纳总结形成，所有问题都直接涉及商业银行的具体经营和风险管理工作，需要从监管者和被监管者视角分别思考，可能会有不同的答案，甚至一些问题从银行视角已经有了比较清醒的认识，而从监管者视角则可能会有不完全相同的结论。

一、监管理念

（1）金融体制方面，针对混业经营应该如何监管？金融机构混业经营的优势是不是混业经营的风险隐患所在？

（2）巴塞尔委员会并非一个具有法律地位的国际组织，该组织的本质是什么？中国作为巴塞尔委员会成员即使履行其规定也只是承担其成员的义务和责任。作为发展中国家，面对当前的国际环境，中国有必要紧跟巴塞尔委员会的监管要求吗？

（3）银行业不同规模的银行在区域范畴和业务领域方面如何管控？什么规模的银行可以跨区经营？什么业务可以跨区开展？

（4）金融从业人员是否应有准入门槛？资质如何确定？如何监督？退出机制由谁决定？信息如何采集、汇总、共享？

（5）判断中国金融生态环境的指标有哪些？标准是什么？

（6）银行的业绩是什么？其与宏观经济指标是什么关系？考核银行经营状况是以盈利水平为主，还是以盈利能力为主？

（7）商业银行的社会责任和贡献率以哪些指标进行考核？银行不良资产率与 GDP 和失业率是什么关系？

（8）2010 年出台的巴Ⅲ以及以后的监管理念与商业银行自身的风险管理需求渐行渐远，这种监管的确有利于商业银行风险管理和经营吗？2017 年巴Ⅲ最终版出台所反映出的监管趋势对中国银行业和实体经济真的有利吗？我们的监管之路必须照单全收吗？

（9）以操作风险为例，巴Ⅲ所反映的巴塞尔委员会的监管理念是银行的风险会随着银行业务的扩大而增加，且与银行的风险管理水平无关。这在现实和逻辑上成立吗？

（10）企业负债与企业经营周转是什么关系？在维持原有经营规模的前提下（非扩大再生产），企业用于正常周转的流动资金（含合理库存）如何核算？逐笔借与还符合经济规律吗？

（11）控制商业银行经常发生且影响很大的风险是银行内控工作的重点吗？银行内控工作的首要任务（切入点）就是遏制重大案件的发生吗？

（12）商业银行合规经营就是要防范合规风险的发生，以内控促合规，那么是否只有加强了内控的充分性，才能保证其有效性？商业银行内部控制体系建设的原则是充分性还是适当性？

（13）对操作风险零容忍是否意味着零风险？操作风险管理的对象是什么？如果欺诈舞弊是操作风险的话，它与工作中疏忽导致的风险性质一样吗？操作风险管理具体工作中，削减违规存量问题与遏制违规增量问题如何结合？

（14）防风险与稳增长如何兼顾？如何在稳增长的基础上防范风险并治理金融乱象？

（15）强大惩治力度为什么是防范风险、治理乱象的重要手段？其对于中国股市适用吗？

（16）一家商业银行内部会有多少风险点？这些风险点可能发生的操作风险事件有哪些？未来一年发生的概率是多少？其可能导致的损失有多大？其中有多少会触发系统性风险？

（17）在党委的全面领导下，内部审计的独立性体现在哪里？内部审计可以独立于党委履行职责吗？

（18）以目前商业银行的风险管理水平和能力，风险管理是对过程进行管理还是对结果进行管理？对风险管理的考核对象是管理过程还是管理结果？如果是前者为什么揪住结果不放？如果是后者又如何科学地考核管理结果？

（19）监管规则的前瞻性与处罚标准如何协调？是否允许商业银行的管理水平超越监管规则？

（20）商业银行公司治理、资本管理（运作）与风险管理的关系是什么？监管规则如何引导三者互动？

二、监管规则

（1）按照巴塞尔委员会的要求，对于大型银行而言，达到总损失吸收能力的要求后，资本充足率将高达 21%～23%。如此高的充足率要求，在当前中美贸易冲突中，对于我国银行业的冲击以及对于我国如何冲破美国的遏制的影响是什么？

（2）以三大风险为例，资本充足成为银行防范风险的首要手段。巴塞尔委员会只盯着银行的资本充足率，就可以保证银行不发生破产倒闭吗？

（3）国际货币基金组织在金融稳定评估报告中对我国银行业资产质量的真实性提出质疑，并因此提出我国商业银行的资本充足率应提高 1～2 个百分点的建议。我国银行业真实的不良率是多少？其对资本充足率的影响有多大？

（4）巴Ⅱ关于操作风险高级测量法在中国 10 多年的实践，已经证明其方法是失败的。而在修改的巴Ⅲ最终版本中关于操作风险资本需求的计算方法仍保留了历史损失数据的相关内容，如何保证相关数据上报的真实性和财会数据的完整性？

（5）商业银行风险管理与内部控制体系的评价标准是什么？用什么科学、可行的技术和方法做到及时、有效地发现体系和流程中的风险隐患、发出预警且被市场认可？

（6）8%的监管资本头寸在商业银行资产负债表中如何摆放？

第二节　金融机构风险管理水平提升

"金融风险管理不仅是一门技术，更是一门艺术"，道出了风险管理实践中的难度。本节以商业银行为例，从风险管理专业人士如何提升风险管理水平的角度，提出一些值得探讨和研究的话题。

一、研究方向

（1）区域性、系统性金融风险的成因、机理、传染、扩散及容忍度。

（2）同时满足 COSO 与巴塞尔委员会监管理念的风险管理技术与方法。

（3）符合巴塞尔委员会监管规则的规避技术和方法。

（4）互联网、物联网、大数据、云计算、区块链等技术对金融行业系统性影响（正负面、自身与对家）。

（5）金融企业风险管理技术的延伸和创新。

二、具体的课题

（1）宏观经济环境（政策、周期等）对金融行业的顺（逆）周期效应以及对组合管理在广度和深度上的影响。

（2）宏观经济政策（财政、货币）对金融系统性风险聚集的作用及效应研究。

（3）单一金融企业对系统性金融风险的相关性与贡献度研究。

（4）满足 ISO 技术标准，符合 COSO 和巴塞尔委员会监管规则的行业标准。

（5）强势监管下，银行经济资本与监管资本的剪刀差对银行资本管理影响及反作用的研究。

（6）公司治理层面中董事会、党委与监事会的关系问题。

（7）一把手负责制与党的民主集中制的关系。

（8）职业经理人是否需要爱岗敬业，如何才能保证职业经理人完成绩效。

（9）商业银行第三道防线在党委全面领导下的独立性内涵与保障。

（10）企业战略失误与风险损失延迟性的评估、测量与防范。

（11）大数据、心理测试等技术在企业风险管理中的作用研究。

（12）三大风险以外其他风险的测量途径与方法。

（13）银行内部各类风险的边界、重叠、融合、传染、传递的界定划分、阻断隔离、评估测量。

（14）风险管理案例教学的目的和方法。

（15）商业银行引入国外风险管理理念方法 10 年后反映出的问题在风险管理技术四个层级中的体现。包商银行和恒丰银行暴露出的问题已经超出企业风险管理范畴，底层风险管理技术是否有用。

第三节　商业银行风险管理亟待解决的实际问题

本节所列问题是商业银行风险管理中亟待解决的现实问题，抛出这些问题是为了让大家正视它们，部分问题可能没有标准答案，但在一定条件下提出有效的解决之道将具有重要的现实意义。

一、信用风险管理领域

（1）资本充足率的临界点对银行组合管理及风险收益会产生什么影响？

（2）授信审批权（限额/额度）一放就乱、一收就死的痼疾如何有效解决？

（3）如何从根本上减少过桥贷款的存在？

（4）夏普比率如何更好地应用于信贷资产配置？

二、市场风险管理领域

（1）如何对产品管理与客户管理进行有效分界？

（2）债务市场违约率与间接融资违约率有哪些相关性？

（3）在市场风险中如何对金融机构的信用风险进行防范？

三、操作风险与内部控制领域

（1）金融机构内部控制的切入点和首要任务分别是什么？

（2）有哪些防范操作风险发生的基本方法？

（3）如何对操作风险发生的概率进行测度？

（4）如何对操作风险损失比率进行测度？

（5）如何对操作风险引发重大事故进行临界点及前兆分析？如何进行有效预警？

（6）对于道德风险及欺诈舞弊案件有哪些技术防范方法？

四、流动性风险领域

（1）如何建立资产负债表中短期负债与长期资产占用的最佳平衡点？其中，有关期限和风险平衡的测度方法有哪些？

（2）在商业银行资产负债管理中，对资金头寸非主观因素变化的趋势判断有哪些分析方法？

（3）资金市场流动性变化趋势与经济周期存在什么样的联系？对于资金市场流动性风险有哪些预警方法？

五、资本经营与绩效考核

（1）RAROC 在商业银行机构管理中是如何运用的？

（2）商业银行基层机构经营中，如何根据 RAROC 的指引设置夏普比率的运用方法？如何将 RAROC 向非利差业务延伸？

本章所列问题主要集中于商业银行业务领域，几乎没有涉及非银行金融机构。这是由于非银行金融机构的风险管理远落后于商业银行。这些商业银行经历实践发现的问题，除商业银行独有的以外,非银行金融机构在完成相应的风险管理阶段后也会逐步显现,虽然非银行金融机构所独有的问题在现阶段由于管理水平问题暂时没有暴露,但随着风险管理战略的逐步落实也会不断地暴露,因此风险管理的思想、理念、手段具有相通性。

即 测 即 练

• **思考与练习**

1. 列出上述银行业风险管理问题中自己过去所学的知识体系内完全没有涉及的课题内容。

2. 上述监管问题中哪些与巴塞尔委员会监管理念有关?

3. 金融机构风险管理水平提升过程中,你觉得有哪些具体问题需要关注?

参 考 文 献

[1] 桑德斯,科尼特.金融风险管理[M].王中华,陆军,译.北京:人民邮电出版社,2012.

[2] 汉普尔,辛普森.银行管理——教程与案例[M].陈雨露,刘毅,郑艳文,译.北京:中国人民大学出版社,2003.

[3] 赫尔.风险管理与金融机构[M].王勇,董方鹏,张翔,译.北京:机械工业出版社,2021.

[4] 赫尔.期货期权及其他衍生产品[M].王勇,索吾林,译.北京:机械工业出版社,2019.

[5] 拉夫特里.项目管理风险分析[M].李清力,译.北京:机械工业出版社,2003.

[6] 巴曙松,金玲玲,等.巴塞尔资本协议Ⅲ的实施:基于金融结构的视角[M].北京:中国人民大学出版社,2014.

[7] 陈创练,姚树洁,郑挺国,等.利率市场化、汇率改制与国际资本流动的关系研究[J].经济研究,2017(4):64-77.

[8] 陈小宪.中国商业银行风险管理的认识与实践[J].中国金融,2004(3):47-49.

[9] 陈选娟,柳永明.金融机构与风险管理[M].上海:格致出版社,2018.

[10] 陈颖,纪晓峰.重新审视危机后的信用风险和市场风险相关性[J].金融研究,2009(11):185-193.

[11] 陈忠阳,刘志洋,宋玉颖.中国系统性风险监测与分析研究[J].吉林大学社会科学学报,2012(4):128-135.

[12] 陈忠阳.风险的国际协议与国际协议的风险——评巴塞尔新资本协议正式出台[J].国际金融研究,2004(8):4-10.

[13] 陈忠阳.论现代金融机构风险管理十项原则[J].国际金融研究,2005(4):58-65.

[14] 陈忠阳.金融机构现代风险管理基本框架[M].北京:中国金融出版社,2006.

[15] 陈忠阳.我国金融风险管理与监管问题研究[M].北京:中国金融出版社,2017.

[16] 范小云,王道平,方意.我国金融机构的系统性风险贡献测度与监管——基于边际风险贡献与杠杆率的研究[J].南开经济研究,2011(4):3-20.

[17] COSO.企业风险管理——整合框架[M].方红星,王宏,译.大连:东北财经大学出版社,2005.

[18] 高洁,黄莉.国际结算[M].北京:中国人民大学出版社,2019.

[19] 高全胜.金融风险计量理论前沿与应用[J].国际金融研究,2004(9):71-78.

[20] 胡曙光.利率理论与利率风险管理[M].北京:中国人民大学出版社,2006.

[21] 黄志凌.风险经营:商业银行的精髓[M].北京:人民出版社,2015.

[22] 黄志凌.金融变革与银行守正[M].北京:中国金融出版社,2022.

[23] 黄志凌.困而不惑:辨析中国投资与金融疑惑[M].北京:人民出版社,2021.

[24] 廖岷,杨元元.全球商业银行流动性风险管理与监管的发展状况及其启示[J].金融研究,2008(6):69-79.

[25] 刘春航,朱元倩.银行业系统性风险度量框架的研究[J].金融研究,2011(12):85-99.

[26] 刘啟仁,黄建忠.人民币汇率、依市场定价与资源配置效率[J].经济研究,2016(12):18-31.

[27] 刘少波,杨竹清.资本市场开放及金融自由化的经济后果研究述评[J].经济学动态,2012(5):137-145.

[28] 刘晓星,段斌,谢福座.股票市场风险溢出效应研究:基于EVT-Copula-CoVaR模型的分析[J].世界经济,2011(11):145-159.

[29] 陆静.金融风险管理[M].北京:中国人民大学出版社,2021.

[30] 苏宗祥,徐捷.国际结算[M].北京:中国金融出版社,2008.

[31] 王益平.国际支付与结算[M].北京:清华大学出版社,2009.

[32] 魏国雄.如何有效管理商业银行操作风险[J].银行家,2005(5):46-49.

[33] 魏国雄.商业银行的风险管理在危机中迎接挑战[J].银行家,2009(1)：23-24.

[34] 肖远企.巴塞尔Ⅲ改革的"终结"与逻辑[J].中国金融,2018(1)：85-87.

[35] 武艳,代蕾,张静,等.企业风险管理[M].北京：清华大学出版社,2021.

[36] 张承惠.新常态对中国金融体系的新挑战[J].金融研究,2015(2)：9-15.

[37] 张守川,任宇宁.风险计量模型的属性与应用[J].中国金融,2013(7)：66-67.

[38] 章政,田侃,吴宏.现代信用风险度量技术在我国的应用方向研究[J].金融研究,2006(7)：71-77.

[39] 中国保监会保险教材编写组.风险管理与保险[M].北京：高等教育出版社,2007.

[40] 周玮,苏妍.企业风险管理：从资本经营到获取利润[M].北京：机械工业出版社,2020.

[41] 周玮.商业银行操作风险管理暨内部控制评价理论与方法[M].北京：中国金融出版社,2014.

[42] 周玮,李莉.商业银行内部风险评估方法研究[J].经济理论与经济管理,2008(4)：44-48.

[43] 周玮,王卉.Basel与COSO风险管理理念差异研究[J].经济理论与经济管理,2008(11)：54-58.

[44] 周玮,苏妍.反思银行业操作风险测量[J].中国金融,2018(8)：63-65.

[45] 周小川.金融政策对金融危机的响应——宏观审慎政策框架的形成背景、内在逻辑和主要内容[J].金融研究,2011(1)：1-14.

[46] 朱良平.商业银行模型风险：管理模式和验证技术[J].金融监管研究,2015(10)：52-65.

[47] 朱小黄.银行风险管理脱胎换骨的一次革命[J].中国金融,2008(13)：16-18.

[48] Basel Committee. Basel Ⅲ: international regulatory framework for banks [EB/OL]. https://www.bis.org/bcbs/basel3.htm.

[49] Basel Committee on Banking Supervision. Basel Ⅲ: international framework for liquidity risk measurement, standards and monitoring[EB/OL]. (2010-12-16). https://www.bis.org/publ/bcbs188.htm.

[50] BERKOWITZ J, CHRISTOFFERSEN P, PELLETIER D. Evaluating value-at-risk models with desk-level data[J]. Management science,2011,57(12)：2213-2227.

[51] BONGAERTS D, DE JONG F, DRIESSEN J. Derivative pricing with liquidity risk: theory and evidence from the credit default swap market[J]. The journal of finance,2011,66(1)：203-240.

[52] BREMUS F,BUCH C M. Granularity in banking and growth: does financial openness matter? [J]. Journal of banking & finance,2017,77：300-316.

[53] BROWNLEES C,ENGLE R F. SRISK: a conditional capital shortfall measure of systemic risk[J]. The review of financial studies,2016,30(1)：48-79.

[54] BRUSTBAUER J. Enterprise risk management in SMEs: towards a structural model [J]. International small business journal,2016,34(1)：70-85.

[55] CASTELLANO R,D'ECCLESIA R L. CDS volatility: the key signal of credit quality[J]. Annals of operations research,2013,205(1)：89-107.

[56] Bank for International Settlement. Core principles for effective banking supervision[EB/OL]. (2006-10-05). https://www.bis.org/publ/bcbs129.htm.

[57] COSO Committee. Enterprise risk management-integrated framework[Z]. COSO,2017.

[58] DANIEL B C,JONES J B. Financial liberalization and banking crises in emerging economies[J]. Journal of international economics,2007,72(1)：202-221.

[59] GOODHART C,BRACON O A. Towards a measure of financial fragility[C]. Financial Markets Group,2006.

[60] LI R,HUANG Y. How does financial opening affect industrial efficiency? The case of foreign bank entry in the People's Republic of China[J]. Asian development review,2015,32(1)：90-112.

[61] LUO Y,TANNA S,DE VITA G. Financial openness, risk and bank efficiency: cross-country evidence[J]. Journal of financial stability,2016,24：132-148.

[62] MINSKY H P, KAUFMAN H. Stabilizing an unstable economy [M]. New York: McGraw-

Hill,2008.

[63]　MISHKIN F S, HERBERTSSON T T. Financial stability in Iceland [M]. London: Palgrave Macmillan UK,2011.

[64]　NADAULD T D,SHERLUND S M. The impact of securitization on the expansion of subprime credit [J]. Journal of financial economics,2013,107(2): 454-476.

[65]　NICOLO G D, KWAST M L. Systemic risk and financial consolidation: are they related? [J]. Journal of banking and finance,2002,26(5): 861-880.

[66]　NIJSKENS R,WAGNER W. Credit risk transfer activities and systemic risk: how banks became less risky individually but posed greater risks to the financial system at the same time [J]. Journal of banking and finance,2011,35(6): 1391-1398.

[67]　OKADA K. The interaction effects of financial openness and institutions on international capital flows[J]. Journal of macroeconomics,2013,35: 131-143.

[68]　PADOA-SCHIOPPA T. The Euro goes east [J]. Comparative economic studies, 2003, 45 (3): 215-231.

[69]　PARLOUR C A,WINTON A. Laying off credit risk: loan sales versus credit default swaps[J]. Journal of financial economics,2013,107(1): 25-45.

[70]　PATRO D K,QI M,SUN X. A simple indicator of systemic risk[J]. Journal of financial stability, 2013,9(1): 105-116.

[71]　QIAN Y,ROLAND G. Federalism and the soft budget constraint[J]. American economic review, 1998,88(5): 1143-1162.

[72]　REINHARDT D,RICCI L A,TRESSEL T. International capital flows and development: financial openness matters [J]. Journal of international economics,2013,91(2): 235-251.

[73]　SEGOVIANO BASURTO M, GOODHART C. Banking stability measures [J]. Journal of information processing,2009,23(2): 202-209.

[74]　World Economic Forum. Global Risks Report 2022 [EB/OL]. (2022-01-11). https://www. weforum. org/publications/global-risks-report-2022/.

[75]　VAUSE N. Enhanced BIS statistics on credit risk transfer[J/OL]. BIS quarterly review,2011: 85-89. https://www. bis. org/publ/qtrpdf/r_qt1112i. pdf.

[76]　WAGNER W,MARSH I W. Credit risk transfer and financial sector stability[J]. Journal of financial stability,2006,2(2): 173-193.

[77]　WIGAN D. Credit risk transfer and crunches: global finance victorious or vanquished? [J]. New political economy,2010,15(1): 109-125.

教师服务

　　感谢您选用清华大学出版社的教材！为了更好地服务教学，我们为授课教师提供本书的教学辅助资源，以及本学科重点教材信息。请您扫码获取。

≫ 教辅获取

本书教辅资源，授课教师扫码获取

≫ 样书赠送

财政与金融类重点教材，教师扫码获取样书

清华大学出版社

E-mail: tupfuwu@163.com
电话：010-83470332 / 83470142
地址：北京市海淀区双清路学研大厦 B 座 509

网址：https://www.tup.com.cn/
传真：8610-83470107
邮编：100084